全国教育科学规划教育部重点课题“地方高校延伸到县域办学的现象研究”
（DIA170422）资助成果

地方高校面向县域办学的人才培养研究
——以供应链管理专业为例

陈民伟　吴青兰　著

湘潭大学出版社
XIANGTAN UNIVERSITY PRESS

图书在版编目(CIP)数据

地方高校面向县域办学的人才培养研究 : 以供应链管理专业为例 / 陈民伟, 吴青兰著. -- 湘潭 : 湘潭大学出版社, 2023.1
ISBN 978-7-5687-1029-9

Ⅰ. ①地… Ⅱ. ①陈… ②吴… Ⅲ. ①高等学校一供应链管理一人才培养一研究一中国 Ⅳ. ① F252.1

中国国家版本馆 CIP 数据核字(2023)第 043227 号

地方高校面向县域办学的人才培养研究 : 以供应链管理专业为例

DIFANG GAOXIAO MIANXIANG XIANYU BANXUE DE RENCAI PEIYANG YANJIU :

YI GONGYINGLIAN GUANLI ZHUANYE WEILI

陈民伟 吴青兰 著

责任编辑: 丁立松 陈秀红
封面设计: 熊猫图书
出版发行: 湘潭大学出版社
社　　址: 湖南省湘潭大学工程训练大楼
电　　话: 0731-58298960 0731-58298966(传真)
邮　　编: 411105
网　　址: http://press.xtu.edu.cn/
印　　刷: 长沙印通印刷有限公司
经　　销: 湖南省新华书店
开　　本: 787 mm×1092 mm 1/16
印　　张: 16
字　　数: 390 千字
版　　次: 2023 年 1 月第 1 版
印　　次: 2023 年 1 月第 1 次印刷
书　　号: ISBN 978-7-5687-1029-9
定　　价: 88.00 元

序

党的十九大报告提出的“乡村振兴”战略，是决胜全面建成小康社会、全面建设社会主义现代化国家的重大历史任务，是新时代我国“三农”工作的总抓手。同时，面对世界百年未有之大变局，党和国家从国际经济政治形势变化和国家经济社会发展的战略全局出发，将建设现代供应链上升为国家经济社会发展的重要战略。在此背景下，地方高校如何更好地培养既能满足经济社会发展新变化，又能满足县域乡村振兴战略新需求的新时代供应链管理人才呢？

本研究聚焦地方高校面向县域办学的供应链管理专业人才培养问题，基于教育供给端与产业需求端的适应性分析，按照理论与实践相结合、历史与现实相结合的研究思路，从社会背景、实践考察、现实问题、国际经验与改革发展五个方面展开研究。本研究力图阐明全球供应链经济发展、县域经济社会发展对地方高校供应链管理专业人才培养的深刻影响，明晰供应链行业企业对地方高校供应链管理专业本科生的用人需求，揭示我国地方高校供应链管理人才培养面临着的诸多发展问题；参照欧美等发达国家服务基层供应链发展的有关经验，分析美、英、德等国应用型高校供应链管理专业的教育实践和发展趋势；提出县域乡村振兴时代背景下地方高校供应链管理人才培养理念与实践改革创新的具体策略。

从社会背景看，随着全球供应链经济发展呈现新的变化，我国县域供应链行业企业发展对供应链人才培养也提出了新的要求。地方高校要进一步优化供应链管理专业人才培养规模与结构，深化供应链人才培养理念与实践模式改革创新，提高供应链人才培养质量，更好地满足供应链经济发展，尤其是县域经济产业发展对供应链管理人才的社会需求。为此，我国地方高校需要不断优化供应链管理学科专业布局，深化供应链管理新文科、新商科建设。到 2021 年，全国已有 55 所本科高校获批设立供应链管理专业，取得了重要的历史性突破，初步形成了以研究型高校为引领，地方应用型高校为主导的人才培养格局。

从教育实践来看，地方高校供应链管理专业制定了较为完善的人才培养方案，形成了较为明确的专业目标定位，构建起全过程、多层次、模块化的课程教学体系，较好地满足了供应链管理专业学生发展的教育需求。尤其是以武汉学院、合肥学院、厦门华厦学院等为代表的地方应用型高校专业特色较为鲜明，育人质量成效较为突出，对我国其他地方的高校供应链培养改革实践具有重要的借鉴意义。

但是，地方高校面向县域的供应链管理专业建设仍处于起步发展阶段。学科专业发展仍不成熟，人才培养面临着学科专业设置混乱、专业发展不明确、与社会需求结合不紧密、办学特色不够凸显、师资建设相对不足、课程设置不够规范、课程教学质量不高、学科交叉不够深入、产教融合不够显著、资源保障不够有力、质量保障不够有效等诸多现实问题，严重影响着我国地方高校供应链管理专业人才培养质量的提升，也未能满足我国县域供应链经济发展的需要。

纵观全球，美、英、德等西方发达国家供应链专业教育经验丰富，在长期的办学实践过程中已经形成了较为完整的教育体系和较为鲜明的办学特色，对我国深化供应链专业人才培养具有重要的借鉴和启示意义。例如，美国应用型高校供应链管理专业教育注重通过通识教育来培养学生的通识能力和综合素养，注重学生商科教育基础，鼓励学生跨学科选修课程；英国应用型高校供应链管理专业以商业与供应链管理和物流与供应链管理为主要特色，前者偏重商科教育，培养企业供应链管理领域的商业精英，后者偏重工程教育，强调将物流运输与供应链管理相结合，培养物流与供应链领域的高级工程师；德国作为先进的制造业国家，其应用型高校供应链管理专业聚焦生产制造领域，关注工业 4.0 的发展与应用，满足制造业发展对供应链管理的现实需求，课程设置注重工业工程、商业管理、大数据等多学科专业知识的交叉融合，重视供应链成本控制、能源节约等。

未来，我国地方高校面向县域的供应链管理人才培养应当聚焦新时代数智供应链经济发展对供应链人才的需求，深化人才培养理念和实践模式的改革创新，整合政、校、行、企等多方资源和力量，加快地方高校供应链管理专业的新文科、新商科建设，探索校企合作与产教融合、多学科交叉融合的协同育人机制，推进“课、岗、证、赛、创”一体化、文理工交叉融合、学用一体化，构建全员参与、全程贯通、全方位协同的智慧供应链育人体系，完善供应链管理师职业技能认证评价体系与专业教学质量保障体系，保障供应链管理专业教育质量的持续改进，实现地方高校更好地服务于县域经济的高质量发展。

目录

第一章

绪　论

进入新世纪以后，供应链竞争已经成为一个国家或地区产业核心竞争力的重要组成部分，尤其是在新一轮科技革命和产业革命发展的浪潮之下，供应链已经成为国家经济社会发展和企业赢得市场竞争的一项战略性资产，被称为“第四利润源”。[①]在当前和未来一段时间内国家和地区之间的竞争将紧紧围绕数字供应链、区块链、5G 通信等高新科技领域展开，供应链管理人才必将成为新一轮人才竞争的重要焦点。[②]

正如英国著名学者马丁·克里斯托弗（Martin Christopher）所言，“21 世纪的竞争不是单个企业和企业之间的竞争，而是供应链与供应链之间的竞争”[③]。供应链竞争已经上升到国家战略和全球治理的重要层面，成为各国政府提升国家经济发展实力、助推科技产业革命和增强产业竞争力的重要战略工具，也是维护国家安全与发展利益、开展国际交流合作的重要方面。特别是，近年来突如其来的新冠肺炎疫情在全球范围内迅速蔓延，世界正面临着百年未有之大变局。诸如政治、疫情、种族、宗教冲突等诸多因素所带来的不确定性风险，给全球产业链、供应链发展带来了一系列新的风险和挑战。而各国政府供应链管理政策法令的相继出台，如美国供应链行政令、日印澳供应链联盟的形成及德国供应链法的出台，标志着全球已进入大国竞争的供应链时代。2017 年，我国提出实施乡村振兴战略，那么现代供应链的发展将对我国广袤的乡村发展带来什么机遇？对地方高校供应链人才培养带来怎样的挑战？地方高校应该如何更好地面向县域经济社会发展和乡村振兴需求，改革供应链人才模式，提升人才培养质量？

---

① 毛江华.“第四利润源”来自供应链管理[N]. 计算机世界, 2009-02-09（30）.

② 人力资源和社会保障部. 新职业——供应链管理师就业景气现状分析报告[EB/OL]. http://www.mohrss.gov.cn/SYrlzyhshbzb/dongtaixinwen/buneiyaowen/rsxw/202104/t20210421_413242.html, 2021-04-21.

③ [英]克里斯多夫. 物流与供应链管理（第五版）[M]. 何明珂，译. 北京：电子工业出版社，2019.

第一节 研究缘起与意义

一、研究缘起

自 2014 年以来，习近平总书记在多个重要场合做了要“勇于并善于在全球范围内配置资源”“打造全球价值链、全球供应链、全球产业链”“在现代供应链领域培育新增长点、形成新动能”等重要论述。我国政府已经将供应链创新发展摆在落实新发展理念、推动县域乡村振兴的重要战略位置。2017 年 10 月，国务院办公厅印发的《关于积极推进供应链创新与应用的指导意见》明确指出：加快供应链创新，建设现代供应链，现代供应链创新与应用已经成为落实新发展理念的重要举措和推进供给侧结构性改革的重要抓手，也成为我国经济发展方式转型的重要途径和引领全球化提升竞争力的重要载体。[①]2017 年 12 月，党的十九大报告中明确提出，加快建设制造强国，加快发展先进制造业，在现代供应链等领域培育新的增长点，形成新动能，[②]并且正式提出实施乡村振兴战略。在此时代背景与国家战略下，必须加快供应链人才培养改革步伐，推进农业农村现代化，建立既能面向全球市场，又能服务于县域乡村基层的现代供应链体系。

地方高校供应链人才培养作为支撑供应链创新和县域经济发展的重要一环，直接关系到国家供应链创新发展的成败得失。为贯彻国务院提出“加快培养多层次供应链人才，支持高等院校和职业学校设置供应链相关专业和课程”[③]的意见，中央财经委员会、商务部等部委建议中国高校开展供应链管理专业本科教育。在中国物流与采购联合会（以下简称“中物联”）和教育部高等学校物流管理与工程类专业教学指导委员会（以下简称“物流教指委”）的推动和指导下，2017 年武汉学院向教育部申请设置并获批了国内第一个供应链管理本科专业；到 2020 年全国实现招生的供应链管理本科专业点 39 个；2021 年度教育部再批准新增 16 个专业点，2017—2021 年度共批准设置专业点 55 个，专业布点势头和速度不可谓不快。

但从供需看，现阶段地方高校供应链人才培养数量规模和质量效益还远远无法满足国家和区域经济社会发展对供应链创新人才培养的现实需求，特别是高层次供应链人才短缺问题已经成为制约我国供应链创新发展和产业企业转型升级的关键。完善供应链人才培养体系，推进地方高校供应链管理专业建设，加快培养高层次供应链人才正成为当前解决我

① 国务院办公厅. 关于积极推进供应链创新与应用的指导意见[EB/OL]. http://www.gov.cn/zhengce/content/ 2017-10/ 13/content_5231524.htm, 2017-10-13.

② 习近平. 决胜全面建成小康社会，夺取新时代中国特色社会主义伟大胜利——在中国共产党第十九次全国代表大会上的报告[R/OL].http://www.12371.cn/2017/10/27/ARTI1509103656574313.shtml, 2017-10-18.

③ 国务院办公厅. 关于积极推进供应链创新与应用的指导意见[EB/OL]. http://www.gov.cn/zhengce/content/2017-10/13/content_5231524.htm, 2017-10-13.

国供应链产业行业发展人才短缺问题和加快推进供应链创新发展的重要抓手。同时，当今世界，新冠肺炎疫情暴发、中美贸易争端、俄乌地缘冲突等事件接连爆发，对高等教育应对全球突发事件挑战能力的要求进一步提升。高等教育不但需要适应和引领经济社会发展，满足经济社会发展对各行业各领域专业人才的现实需要，还要瞄准国家经济社会发展对国计民生、前沿科技、国家安全等的迫切需要，主动引领国家和社会科技变革，促进产业技术转型升级，提高对全球危机与挑战的应变能力。①“逆全球化”倾向加速了大国竞争的供应链时代的到来，高校加快培养高层次供应链人才是现实的需求，也是时代的使命。

作者作为物流教指委委员、供应链管理专业建设组副组长，经常参与供应链管理人才培养的各类会议、学术论坛，与供应链管理相关专家、学者和学生进行了广泛的交流与互动，深切认识到不少高校师生对供应链管理专业是否开设、如何开展、有无适切可借鉴的专业课程框架和教学方法等问题普遍存有疑惑并渴望了解，因此萌生了系统研究高校供应链管理专业本科人才培养的想法；导师也鼓励我积极针对关乎国计民生的物流与供应链领域的人才培养开展研究，增强学习与工作的关联性；同时，作者承担着物流教指委首批物流管理与工程类专业新文科建设“供应链管理专业课程体系和教材体系建设实践”项目，这些因素都使我坚定了论文的选题和研究的方向。

二、研究意义

本研究聚焦地方高校供应链管理人才培养问题，从产业需求侧和教育供给侧的协调性发展出发，对高校供应链管理专业建设、人才培养、师资建设、课程体系等诸多问题展开了全面深入的研究。研究意义主要在于以下几点。

一是通过县域乡村主要产业以及相关企业对供应链人才需求的广泛调研，力图阐明乡村振兴背景下县域乡村供应链经济发展对供应链人才的需求以及需求的岗位特征、具体要求。以此探明县域乡村“产业端需求”状况，为高校供应链人才培养提供指导方向。

二是通过对现阶段我国地方高校开展供应链管理人才培养的逻辑思考和实践考察，以专业人才培养方案和办学资源保障分析为主线，揭示地方高校供应链管理人才培养所面临的发展困境。在此基础上，对地方高校供应链管理人才培养的教育理念与实践模式展开全面、深入的反思。

三是通过对总体情况和典型个案的分析，概括我国地方高校供应链管理人才培养中的共性问题和典型经验，进而通过域外应用型高校的比较研究，对尚处于起步阶段的我国高校供应链管理人才培养的经验和不足进行阶段性总结，明晰发展建设方向。

四是通过对我国地方高校供应链管理人才培养的研究，可以为高校特设专业（主要体

① 刘海峰，韦骅峰. 高瞻远瞩：中国高教 2035 与世界高教 2050[J]. 高等教育研究, 2021, 42（07）: 1-10.

现为解决县域乡村经济社会发展需求而培养专业人才，通常以新兴学科、交叉型学科、应用型学科理论为基础）培养复合型人才提供可借鉴的理论和方法，在一定程度上丰富与拓展我国高等教育人才培养的理论与实践。

第二节 概念界定

概念是思维的基本单元，反映客观事物的一般本质特征。核心概念界定是开展教育科学研究的基础性工作，明确界定这些核心概念对深入开展教育科学研究具有重要的促进作用，也直接关系到教育科学研究工作的质量成效。对本研究中主要涉及研究的县域办学、供应链管理、人才培养等一系列的核心概念的界定，有助于我们澄清这些概念的内涵和外延，加深对高校供应链人才培养的理论认识，为下一步研究工作的顺利开展奠定重要的研究基础。

一、县域办学

“县域”主要指以县为行政区划的地理空间。随着我国社会经济的发展及城市化进程的推进，自 20 世纪 90 年代中期以来，我国大城市和特大城市周围的郊县存在较多“撤县设区”的情况。撤县设区主要是直辖市、副省级城市、地级市通过行政手段将其所管辖的县或县级市调整为地级以上中心城市的市区。然而，城市化推进是一个较为漫长的过程，新近由县或县级市转为中心城市下辖区的区域，其空间形态仍留有较多原有县域的特征，仍与中心城市的中心区域存在较大区别，在管理上依然保留着县级政府管理的诸多机制体制。由此，仍需把这些中心城市非中心城区的新设区按县域进行对待，对落户这些区域办学的相关高校按照“县域办学”高校进行研究和分析。

“县域办学”主要指通地方高校落户到中心城市非中心城区的县（市、区）开展办学活动，包含高校从中心城市迁建落户到县域办学、高校在县域举办分校区办学、新建高校直接落户县域办学等多种形式①。县域办学在更广泛意义上是高校地方办学或高等教育地方化。高等教育地方化指为满足经济社会发展需求，高等教育发展重心下移，主要表现为高校下移至地方办学，即高等教育要适应地方经济、政治、文化等各方面的发展需要，提高地方服务适切性；高等教育的举办权、管理权由中央下放至地方，地方掌握更多的办学自主权；地方要给予高校必要的支持，地方财政或集资是办学资金的主要来源等②。

地方高校面向县域办学与地方经济社会发展之间具有紧密联系，一方面可以通过面向

① 徐军伟．县域办学：浙江省高等教育第三次布局调整研究[D]．厦门：厦门大学，2018.

② 姚奇富．高职院校县域办学模式与机制研究[D]．厦门：厦门大学，2019.

县域办学促进县域经济发展、乡村振兴。如李茂林通过对波士顿地区 8 所大学对地区的经济贡献进行研究发现，大学是当地经济增长的重要推动力[①]。另一方面，地方高校面向县域办学本身也会受到县域经济社会发展水平的制约。如潘懋元先生认为，教育受一定社会政治、经济、文化、科学所制约[②]。总体而言，地方高校面向县域办学是服务乡村振兴的国家战略，是应对县域经济社会发展新形势、高等教育发展新态势的重要途径，是地方高校提升自身竞争力、创新发展与可持续发展的必然选择，也是促进县域产业发展、经济发展、文化提升、乡村振兴等的客观要求，本研究主要考察地方高校面向县域办学的人才培养状况（以供应链管理专业为例），以为促进地方高校面向县域办学质量提升提供理论与实践启示。

二、供应链管理

“供应链”（Supply Chain）概念自 20 世纪 80 年代由欧美学者率先提出以后，其概念内涵一直伴随着经济商业模式的快速变化而不断地发展。如今高校教科书中最常见的定义是：“供应链是围绕核心企业，通过对信息流、物流、资金流的控制，从采购原料开始，制成中间产品及最终产品，最后由销售网络把产品送达消费者手中的将供应商、制造商、分销商、零售商，直到最终用户连成一个整体的功能网链结构。”[③]

2017 年国务院办公厅印发的《关于积极推进供应链创新与应用的指导意见》则明确将供应链界定为：“供应链是以客户需求为导向，以质量提升和效率提高为目标，以资源整合与优化为手段，实现产品研发、采购、生产、销售、回收以及服务等全过程高效协同的组织形态。”[④]这一定义将供应链的形成看成一种自觉的组织行为，通过有组织的管理活动，把各类资源有效地整合在一起，通过相互之间的协同运作，实现组织运营管理的最终目标。

具体到“供应链管理”，英文名称为“Supply Chain Management”，简称 SCM。这一概念是博兹艾伦咨询公司（Booz Allen Hamilton）顾问基思•奥利弗（Keith Oliver）于 1982 年在接受英国《金融时报》采访时首次提出的，当时并未引起广泛重视。直至 20 世纪 90 年代初，在世界经济飞速转型与发展的大背景下，供应链管理理论才开始在美国学术界兴起，如美国供应链管理教科书《供应链物流管理（第四版）》很生动地解释了这个术语：“供应链管理”就是“使围绕核心企业建立的供应链最优化，并使它能以最低的成本、最好的服务水平来实现供应链从采购到制成产品再到满足最终顾客需求的所有流程的有效运作，

① 李茂林. 大学群落的地域性经济贡献探究——以美国波士顿地区的 8 所研究型大学为例[J]. 比较教育研究, 2009, 31（01）: 48-52.

② 潘懋元. 高等教育学的若干问题[J]. 高等教育研究, 1983(01):4-26.

③ 马士华, 林勇. 供应链管理（第六版）[M].北京: 机械工业出版社, 2020: 12.

④ 国务院办公厅. 关于积极推进供应链创新与应用的指导意见[EB/OL].http://www.gov.cn/zhengce/content/2017-10/13/content_5231524.htm, 2017-10-13.

把合适的产品、以合理的价格、及时地送到消费者手上。”①

“系统”思维观（System Thinking）和“流”思维观（Flow Thinking）被认为是供应链管理的核心思想，对供应链中一切活动的优化要以整体最优为目标，对各个环节的运作管理要实现像小河流水般的顺畅。②因此，供应链管理本质上就是对企业内部与企业之间的供应与需求的整合、协同和管理，而其精髓在于供应链的整合已经不再是原始的单个企业之间交易契约型关系，关键节点落在了战略联盟的高度协同。该思想对供应链管理的理论创新和应用实践影响深远，也以其为基础提出了基于价值链视角的供应链管理模型。该模型如图 1-1 所示。

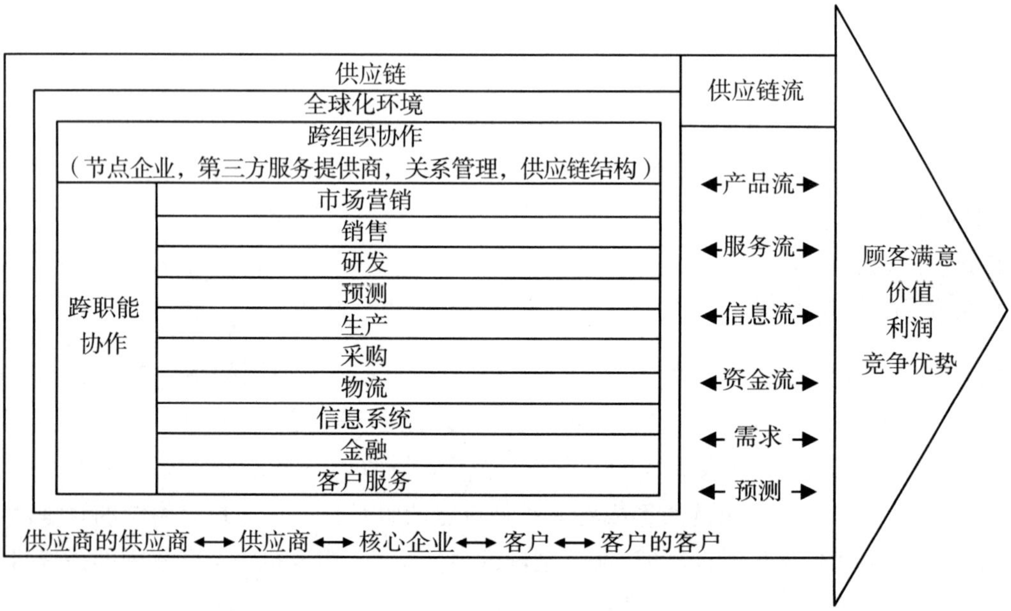

图 1-1　基于价值链视角的供应链管理模型③

企业供应链管理思想主要是为了顺应企业市场竞争环境的快速变化而产生的一种新型经营管理模式。这种经营管理模式的变化体现了企业市场竞争环境和竞争要素的改变，如从 20 世纪 70 年代以前以成本为中心到 80 年代以质量为中心，再到 90 年代以时间为中心的效率竞争，再到 21 世纪初期的敏捷性竞争，市场竞争环境的快速变化要求企业必须以

① [美]唐纳德 J.鲍尔索克斯，戴维 J.克劳斯，M.比克斯比 · 库珀，等．供应链物流管理（第四版）[M].北京：机械工业出版社，2014：12.

② 周任千．贸易型企业向供应链企业转型的思考[J]．商场现代化，2012（23）：45-46.

③ Mentzer J T, Dewitt W, Keebler J S, et al. Defining Supply Chain Management[J]. *Business Logistics*, 2001, 22（22）：1-25.

最快的速度响应市场需求的变化，满足客户多样化的需求。[①]有研究表明，企业通过实施供应链管理可以降低10%的总成本，按时交货率提高15%以上，订货生产周期缩短25%~35%，企业生产率提高10%以上。[②]

从历史追溯看，供应链管理发端于物流管理，但其概念的内涵和外延又远远超出物流管理。[③]“供应链管理是物流、信息流和资金流等管理的有机统一，而物流只是供应链管理的一个组成部分”[④]。虽然有学者认为“物流管理是供应链管理核心能力的主要构成部分”[⑤]，其在供应链管理的整个链条环节中发挥着不可忽视的重要作用，但供应链管理除了包含物流管理的内容之外，还包含供应链运作中必不可少的其他环节，比如采购管理、制造计划与控制、企业之间的协同和合作等。根据美国供应链管理协会的供应链管理定义，供应链管理的核心职能包括采购管理、制造计划与控制、物流管理、需求管理等。[⑥]

事实上，现阶段人们对物流管理与供应链管理的逻辑关系通常存在两种理解：一种是迭代关系。即认为供应链管理是对物流管理的迭代升级与替代发展，把二者当成一种企业经营与管理理念和方式的迭代转换，其背后所隐含的是产业转型升级、大国科技企业竞争、国际企业跨国竞争等背景下企业经营目标与战略管理理念的发展；另一种是包含关系。即从各自所指向的内涵的角度来讲，物流管理被供应链管理所包含，物流管理是供应链管理的重要组成部分。

综上所述，供应链和物流本质上是两个不同的概念。但从目前学术界的研究来看，供应链管理和物流管理有融合的趋势，两者的内涵区别已逐渐缩小，甚至有学者提出物流管理就是供应链管理。[⑦]即便如此，在本研究中我们还是做明确界定：二者虽有密切联系，但存在根本区别。不能将两者完全混淆，以免造成人们思想观念和实践行动的混乱。

三、人才培养

教育活动本质上就是人才培养活动，尽管高等教育具有人才培养、科学研究、社会服务、文化传承创新等多项职能，但人才培养是高等教育的首要职能和本质功能，没有人才培养的高等教育将难以称其为高等教育。[⑧]

---

① 马士华. 供应链管理（第二版）[M]. 武汉：华中科技大学出版社, 2014: 13-14.
② 马士华, 林勇. 供应链管理（第六版）[M]. 北京：机械工业出版社, 2020: 8-10.
③ 周丽娜. 供应链管理环境下企业物流管理[J]. 北方经贸, 2009（04）: 62-65.
④ 何明珂. 供应链管理的兴起：新动能、新特征与新学科[J]. 北京工商大学学报（社会科学版）, 2020, 35（03）: 1-12.
⑤ 马士华. 供应链管理（第二版）[M]. 武汉：华中科技大学出版社, 2014: 184.
⑥ 齐军领, 孟庆春. 供应链管理培养体系探究[J].物流技术, 2019, 38（07）: 144-151.
⑦ 刘志学, 付国庆, 许泽勇.物流管理与供应链管理的比较[J].计算机集成制造系统, 2004（S1）: 126-130.
⑧ 吴康宁. 人才培养：强化大学的根本职能[J]. 江苏高教, 2017（12）: 1-4.

通常来说，人才培养是指“教育主体为了实现特定的人才培养目标，在一定的教育理念和教育制度的保障下组织开展的有目的、有计划对受教育者施加教育影响的实践活动”①。与其他教育活动一样，高等教育作为一项人才培养的系统性工程，涉及教育理念、教育目标、教育主体、教育客体、教育内容、教育方法、教育评价等一系列要素。②

按照联合国教科文组织的《国际教育标准分类法》，将教育类型划分为普通教育/学术教育和职业教育/专业教育两大类，以及结合我国对高等教育层次类型的具体划分，③高校人才培养又进一步被划分为普通本科教育、应用本科教育、职业本科教育和职业专科教育等类型，分别对应着学术研究人才、应用技术人才和职业技能人才的培养。④

研究型高校开展的本科教育主要是培养具有深厚的理论功底、学术创新意识和学术研究能力的高素质学术研究人才，应用型高校开展的本科教育主要是培养具有实践创新能力和能够运用理论知识创新性地解决实际问题的应用技术人才、工程技术人才，职业技术高校开展的职业技术教育主要是培养在某一职业领域熟练掌握某一专业技能的高级职业技术人才。⑤目前人才培养的三种典型模式如表 1-1 所示。

表 1-1 高校人才培养的三种典型模式

	学术研究型	应用技术型	职业技能型
培养目标	培养具有学术创新能力的学术研究人才	培养知识、能力、素质全面协调发展的高级应用型人才	培养在专门领域具备高技能、熟练性、专业度的一线高素质技术技能人才
培养过程	科教融合，强调学术理论与知识创新	产教融合，强调技术应用与创新	工学交替，强调熟练掌握某一技能
课程体系	以学科为中心的课程体系	以技术为中心的课程体系	以职业技能为中心的课程教学体系

在本研究中，地方高校供应链管理人才培养主要是指在政府推动下，地方高校围绕县域供应链经济发展需要，以供应链管理专业为基础，融合工商管理、物流管理、采购管理、电子商务、金融管理等专业知识，培养面向制造、流通等行业企业和政府部门等单位，系统掌握供应链管理理论与方法，熟悉供应链地区、行业背景并精通全球化背景下供应链管

① 王凡. 教育生态学视域下地方本科院校工程教育人才培养模式改革思考[J]. 南阳理工学院学报，2022，14（01）：90-96.

② 董泽芳. 高校人才培养模式的概念界定与要素解析[J]. 大学教育科学, 2012（03）: 30-36.

③ 潘懋元, 董立平. 关于高等学校分类、定位、特色发展的探讨[J]. 教育研究, 2009, 30（02）: 33-38.

④ 潘懋元, 周群英. 从高校分类的视角看应用型本科课程建设[J]. 中国大学教学, 2009（03）: 4-7.

⑤ 井文, 匡瑛. 我国本科职业教育专业设置的逻辑机理与管理机制——基于类型教育的视角[J]. 中国职业技术教育, 2021（15）: 13-20.

理专业知识，具有高度的社会责任感和使命感、良好的科学文化素养和国际视野，具备较强的创新精神、创业意识和创新创业能力，能够在供应链管理从事科学研究、应用实践等工作，善于发现问题并提出创新性供应链优化方案的复合型管理人才。

本研究围绕乡村振兴背景下地方高校供应链管理专业培养问题，主要对地方高校供应链人才培养的一系列活动要素、活动过程和教育结果等内容展开全面深入的探讨，以此来揭示和阐明地方高校供应链管理人才培养的活动规律和本质特征，为地方高校供应链管理人才培养的实践发展提供重要的理论指导。

需要说明的是，教育作为一种培养人的社会活动，遵循内外关系规律，[①]人才培养有诸多渠道、不同方式。本研究聚焦地方高校供应链管理人才培养问题，重点探讨 21 世纪以来，面对大国竞争和经济转型发展、实施“双循环”战略背景下县域经济发展对供应链人才的需求和岗位特征，以及 2017 年国内高校诞生第一个以“供应链管理”命名的专业人才培养的现状、问题、原因以及适应性改革发展的路径。由于历史原因，中国内地、台湾、香港、澳门高校供应链管理人才培养特点可能不同，且皆有研究价值。但由于笔者研究能力所限，同时疫情阻断造成深入调研难以开展，资料难以充分掌握，因此本研究主要以中国内地地方高校的供应链管理人才培养为研究对象，港、澳、台高校管理人才培养不在本研究的研究范畴之内。

第三节 文献综述

进入新时期，随着全球政治经济格局发生深刻变革，各国间的竞争愈演愈烈，对全球产业链、供应链提出了新的要求和挑战；与此同时，我国县域经济发展已经步入转型升级的关键阶段，对供应链经济发展和企业供应链管理也都提出了新的要求和挑战。面对新形势下县域经济社会创新发展的新要求，建设现代供应链，推进供应链创新发展已经成为现阶段推动我国经济社会转型发展、推进供给侧结构性改革的重要战略举措。供应链人才培养作为供应链创新发展的关键环节，近年来受到党和政府、企业和高校以及社会各界的广泛重视，许多学者和专家也从不同维度上，对我国县域经济发展背景下地方高校供应链人才培养问题做了较为全面的研究和总结，以下主要从两个方面进行梳理。

一、县域经济社会发展对供应链人才需求的研究

县域经济社会发展是以县级行政区为地理空间载体，以县城为中心、以乡镇为纽带、以农村为腹地的区域经济社会发展形势，涵盖了县城、中心乡镇、村落等发展载体，国有

① 潘懋元. 新编高等教育学[M]. 北京：北京师范大学出版社, 1996.

或集体中小企业、乡镇企业、服务产业、农业经济等产业内容。县域经济既是承载中国经济发展重大战略目标的基础，也是城市经济与乡村经济结合的重要纽带，还是多样化产业协同发展与结构优化的关键载体。目前，针对县域经济发展下供应链人才需求问题进行探讨的研究相对较少，但仍有学者在研究县域经济发展时提出了对供应链人才的相关需求。

吴盼秋（2021）在分析太康县肉牛产业发展时发现，太康县的经济与社会环境有利于肉牛产业发展，但该产业仍存在产业链不完善、价值链水平低等问题，尤其是供应链方式单一，主要表现为缺乏新型供应链模式，并且缺乏专业化人力资本支撑相关供应链创新发展，需要强化支撑地方供应链健全与发展的人力资本。[①]裘宏志（2019）认为电子商务作为一种新型业态产业对推动县域经济的发展具有重要作用，其通过对博爱县电子商务产业园运行策略进行研究与分析发现，该产业园在供应链管理方面存在供应链信息共享平台定位不精准、投资回报率较低等问题，各产业园区应该加强与各高校的“产、学、研”合作协议，加大供应链从业人才的引进，为电商产业园发展提供内生动力。[②]惠文静（2016）认为“互联网+”时代，在云计算、物联网及大数据等技术的带动下，我国农业电子商务应用发生了根本性的改变，从以往的单一销售渠道转向为更广泛的应用领域，是促进县域经济发展的重要方面。该研究以陕西眉县猕猴桃产业为研究对象，通过对电商模式下“互联网+现代农业”进行了研究，发现由于猕猴桃自身特点，该产业农业电商难以实现规模化配送，物流成本相对较高。这对供应链管控提出了更高要求，应该加强该区域农业供应链人才梯队建设，为推动“互联网+现代农业”发展奠定基础。[③]张国锋（2014）以河南省柘城县金刚石产业集群为例，针对中小企业集群的创新问题进行了研究。其认为，自20世纪90年代以来，河南省县域经济取得了长足进步，但与发达省市相比仍有较大差距，表现在供应链方面的问题为供应链市场反应速度相对较低，使整体效率降低、成本提高，不利于县域中小企业发展。为此，需进行联合创新，使中小企业主动融入到下游企业经营链条中；改变供应链产地方式，逐渐从传递式信息链接过渡到全通道式信息链接，这背后都需供应链人才作为人才与技术支撑。[④]唐佩（2013）认为，农业物流逐渐成为增加农民收入的重要手段，也成为促进湖南县域经济的新增长点。该研究以湘潭县为例，通过对其农产品物流进行分析发现，供应链存在交通条件有待改善、农产品企业规模小、技术落后、供应链人才稀缺、供应链各结点之间信息不流畅等问题，应继续培育供应链相关人才，建设农产品物流基础设施，连接、完善供应链各结点信息。[⑤]

---

① 吴盼秋. “三链”视角下太康县肉牛产业发展问题研究[D]. 郑州：河南工业大学, 2021.

② 裘宏志. 博爱电子商务产业园运营策略研究[D]. 洛阳：河南科技大学, 2019.

③ 惠文静. 电商模式下“互联网+现代农业”前景研究[D]. 咸阳：西北农林科技大学, 2016.

④ 张国锋. 河南省县域中小企业产业集群创新的困境与对策——以柘城县金刚石产业集群为例[J]. 河南商业高等专科学校学报, 2014, 27（05）: 36-40.

⑤ 唐佩. 湖南县域农产品物流发展研究——以湘潭县为例[J]. 商, 2013（04）: 210, 201.

徐亮（2011）将来安县物流产业发展与地域经济增长相结合，从物流产业对经济增长的贡献率和地区经济基础对物流产业的影响两个方面出发，对县域经济发展与供应链的关系进行了分析。其认为，在知识经济时代，人才作为推动县域经济发展的重要因素，发挥了关键作用，物流产业要跟上时代步伐，需依赖新的资源与技术，由此对具备各种物流实际操作技能和管理信息化系统操作技能的高素质人才需求迫切。各县域应该充分认识到现代高科技物流对于高素质人才的需求，重视人才、培育人才，以人才建设作为经济发展的强大后盾。[①]张钊等（2022）以凉山县域部分特色农产品为例，分析了偏远乡镇特色农产品上行可能存在的问题。该研究认为，由于我国地域辽阔复杂，不同县域因其独特气象优势所培育出的农产品拥有其自身的营养价值性和独特性，对促进县域经济发展具有重要意义。然而，在对凉山县域农产品上行进行分析的过程中，仍发现其存在农产品难以集中收购、产品不足、标准化程度低、一级供应链上游网络覆盖不足等问题。[②]由此，迫切需要培育相关专业人才，助力建设农产品电商平台，促进农产品县域流通，推动供应链高效运行。

二、地方高校培养供应链管理人才的研究

与企业的实践主体相对应，高校则是培养高层次供应链人才的重要主体。绝大多数学者专家的研究是站在高校培养供应链人才的角度，从不同的角度出发对国内高校供应链人才的社会需求、人才培养模式、课程教学改革等内容展开了具体研究，可细分为几个领域阐述。

（一）供应链管理专业人才培养的研究

学科专业是高校人才培养的重要基础，供应链管理作为一门新兴的学科专业，其发展还处于起步阶段，学科专业发展依然还不成熟，其发展依然面临着诸多的理论和实践问题。对此，国内外学者从不同角度出发对高校供应链管理学科专业发展展开了较为深入的研究分析，如下所示。

何明珂（2020）较早关注供应链管理学科专业建设的基础逻辑问题。通过历史追踪，分析了供应链管理在我国兴起的原因和过程，提出应加快推进我国供应链管理学科的建立，并从学科设置目的、学科定义、要解决的科学问题、学科层次、学科结构、学科属性、学科分类、学科框架等方面做了具体设想。[③]刘晓红等（2021）系统地从中国情境下的供应链管理理论发展、理论驱动的供应链管理研究的实践关联、基于“新商科”建设的供应链管

---

① 徐亮. 来安县物流产业与经济增长关系研究[D]. 合肥：安徽大学, 2011.

② 张钊, 张治国. 以凉山州县域偏远乡镇为例浅析特色农产品上行存在的问题及对策建议[J]. 粮食问题研究, 2022（01）: 49-54.

③ 何明珂. 供应链管理的兴起：新动能、新特征与新学科[J]. 北京工商大学学报（社会科学版）, 2020, 35（03）: 1-12.

理学科创新等方面，层层递进地对我国供应链管理理论的引进、应用和发展做了深入研究。她认为西方的供应链管理研究正在走向成熟，但中国却处于起步阶段，供应链管理学科专业发展要兼顾“科学效用”和“实践效用”，进而在跨学科知识体系融合、实践引领下的供应链管理学科理论开发、学科创新统领下的供应链管理人才培养、学科创新的制度安排等提出具体建议。[①②③]

王秀梅等（2021）基于三大招聘网站招聘信息，从组织类型、工作地区、行业类型、任职基本要求、职业素养要求和岗位人才类型等方面进行数据分析，具体分析了物流与供应链金融岗位招聘的基本特征和人才需求情况，在此基础上提出了高校加强培养物流供应链金融人才的具体建议。[④]彭纯军（2013）对高校应用型采购与供应链管理人才培养的社会需求、培养模式等展开了具体研究，指出高校应当以市场需求为导向，以采购与供应流程为主线，按照任务驱动模块化教学的设计理念，构建融通理论知识、工作任务和职业能力于一体的“工作任务驱动教学与实践实境耦合”的人才培养模式。[⑤]王长琼等（2015）基于 Rhodes 的创造性理论对供应链管理人才培养展开了具体研究，分析了 Rhodes 创造性理论 4P 维度（Person、Product、Process、Press）的具体内涵，并基于创造性理论的 4P 维度对供应链管理课程教学改革目标进行了深入分析，从考评方式和教学方式两个方面提出了高校供应链管理课程教学改革的思路建议。[⑥]林强（2020）对我国西部内陆地区高校供应链管理本科人才培养面临的战略机遇与现实挑战、发展路径与培养模式等开展了具体探讨，指出西部内陆高校应当结合自身学校发展定位，走差异化发展道路，致力于培养具有国际视野的高素质应用型供应链管理人才。[⑦]

益达（广州）教育科技有限公司等机构（2018）从智慧供应链的角度出发，撰写出版了《智慧供应链人才培养教程》，对智慧供应链人才培养方案规划、实践应用、改革发展等内容进行了全面系统的研究，为高校提高供应链管理人才培养质量提供了重要的参考依据。

---

① 刘晓红，艾伦·麦肯农. 基于中国情境的供应链管理理论发展研究[J]. 供应链管理, 2021, 2（09）: 76-102.

② 刘晓红，艾伦·麦肯农. 基于理论驱动的供应链管理研究的实践关联性[J]. 供应链管理, 2021, 1（12）: 85-104.

③ 刘晓红. 供应链管理学科创新：基于“新商科”的思考[J]. 供应链管理, 2021, 2（07）: 83-90.

④ 王秀梅，钟肖英. 物流与供应链金融职位特征和人才需求研究——基于三大招聘网站招聘信息的分析[J]. 物流工程与管理, 2021, 43（02）: 166-170.

⑤ 彭纯军. 需求导向的高职采购与供应链管理人才培养模式探寻[J]. 职业教育研究, 2013（06）: 31-33.

⑥ 王长琼，黄花叶，申文. 基于创造性理论的供应链管理人才培养与教学改革研究[J]. 科技创业月刊, 2015, 28（09）: 74-75.

⑦ 林强. 西部内陆高校供应链管理本科人才培养路径与模式研究[J]. 物流工程与管理, 2020, 42(09): 169-172.

[①]潘鹏（2018）探讨了通过优化国际合作办学模式框架下的教学模式，促进高校教育教学模式的快速转变，分析了当全球物流业迈进供应链管理时代，高校如何迎合国家发展战略并与国际对接，实现具有指向性的产教融合，为国家培养具有国际视野的高素质物流与供应链专业人才。[②]苏定东（2014）对外贸服务行业供应链人才培养进行了具体研究，认为外贸服务供应链是一个新兴的领域，需要大量外贸服务供应链人才；进一步分析了外贸服务行业供应链企业岗位设置的基本特点及其对人才的知识能力要求，提出了嵌入 NITBPO 教学模式。[③]吴迪等（2021）试图将协同论和人才培养相结合，以学生、学校、产业人才培养利益共同体为基础构建产学协同的人才培养模式，并基于产学协同探讨了信息管理专业供应链管理人才培养的具体实践。[④]

（二）课程建设与教学模式改革的研究

王波等（2019）分析了高校物流与供应链管理课程设置的现状及其存在的问题，并以供应链金融课程为例具体分析了高校供应链金融课程建设的目标定位、建设内容和教学方法等，从而为培养复合型供应链管理人才提供重要参考。[⑤]朱文娟（2019）基于应用型人才培养的目标定位，对现行高校供应链管理课程存在的问题进行了具体分析，并从教学内容、教学方法、考核方式三个方面提出了高校供应链管理课程改革的策略建议。[⑥]林青秀（2021）基于职业能力培养对工商管理专业供应链管理课程改革提出要立足于学生就业需要，运用“供给侧改革”思维重构课程内容，构建基于职业能力培养的“横梯式教学方案”，以提升高校供应链人才培养质量。[⑦]

陈勇等（2021）认为智慧物流以及智慧供应链是未来行业发展的重要趋势，分析了智慧供应链虚拟仿真现实实训平台的建设思路，并以此为基础探讨了供应链人才培养的实践做法。[⑧]蔡建湖等（2019）基于对“互联网+”学习平台混合教学模式的具体分析，提出高校通过构建“互联网+学习平台”来实现供应链管理人才培养的创新实践，即通过开展线上线下相结合的混合学习模式来推动高校案例教学创新、校企互动、学术研讨等内容方法的

① 益达（广州）教育科技有限公司，益达供应链管理（广州）有限公司，深圳市怡亚通益达教育服务有限公司. 智慧供应链人才培养教程[M]. 北京：中国财富出版社，2018.

② 潘鹏. 基于国际化视野下物流专业人才培养模式探索[J]. 中国商论，2018（13）：11-12.

③ 苏定东. 外贸服务供应链专业人才培养模式研究[J]. 现代企业教育，2014（22）：207-208.

④ 吴迪，官毅. 基于产学协同的供应链管理人才培养探索[J]. 物流科技，2021，44（05）：172-175.

⑤ 王波，刘建功，李海燕. 融合供应链管理与金融创新的人才培养课程建设——以供应链金融课程为例[J].物流工程与管理，2019，41（09）：161-163，175.

⑥ 朱文娟. 基于应用型人才培养的供应链管理课程教学改革[J]. 物流技术，2019，38（03）：152-155.

⑦ 林青秀. 基于职业能力培养的“供应链管理”课程改革[J]. 科技与创新，2021（05）：74-76，79.

⑧ 陈勇，于斌，李琰芬. 基于智慧供应链的虚拟仿真现实实训平台建设[J]. 电子技术与软件工程，2021（04）：56-58.

创新融合，从而实现高校供应链管理本科人才培养的教育创新。[①]王雪姣（2022）从高校“供应链管理”课程改革的现实需求出发，结合当前高校课程教学改革所倡导的线上线下混合式教学改革路径，在 BOPPPS 模型的基础上构建了线上线下混合式的供应链管理课程教学模式，实现了校企合作育人环境、课程内容、课程教学和育人过程的协同教学，有效地激发了学生的参与性学习，促进了学生学习能力的提升。[②]吕昳苗等（2021）基于当下供应链管理课程教学改革过程中面临的一系列现实问题，将 BOPPPS 教学模型中的导入、目标、预评、参与、总结等一系列技术引入到供应链管理的 Hy-Flex 混合弹性课程教学之中，有效地提升了学生学习的自主权，扩展了学生学习的自主空间，提升了教师教学信息技术的实践能力，改善了供应链管理课程教学的实践效果。[③]李泽欣（2021）结合新文科建设对供应链管理专业人才培养的现实需要，对成都工业学院供应链管理课程改革的实践探索进行了具体分析，总结提出了供应链管理课程“学思练固”能力训练模式和“问题导向性的专业思政理论教学＋应用操作性的实训教学＋企业顶岗实习的实践教学＋项目开发制的自主学习”教学模式，从而促进供应链管理学生专业知识能力的快速养成。[④]董欣等（2016）从教育国际化的视角出发，对供应链管理中国际化课程体系的建设问题展开了具体研究，提出高等院校要加强供应链管理国际化课程对学生创新能力的培养，深化研究供应链管理的教学改革，为我国供应链行业的发展培养出更多国际化、高素质、管理型的应用型人才。[⑤]

（三）高校供应链管理专业技能需求研究

高校供应链管理专业教育旨在培养学生什么样的学科知识和专业技能，能否满足供应链行业发展的现实需要等问题，一直困扰着高校供应链管理专业教育的开展。对此，国内外学者从不同角度展开了研究，尤其是国外学者的研究比较深入，积累了丰富的研究成果，概述如下。

20 世纪 90 年代初期，随着物流与供应链行业和供应链管理学科的快速发展，人们对供应链管理人员专业技能的需求也在不断发生变化。为深入了解供应链行业对供应链管理岗位知识技能的要求，美国学者 Paul R. Murphy 等（1991）率先对物流与供应链管理从业人员的技能要求展开了深入的调查研究，并基于商业—物流—管理（BLM）框架构建了高

① 蔡建湖，宣丽园，倪瑛，等. 面向供应链管理人才培养的“互联网+”学习平台建设研究[J]. 科技与经济, 2019, 32（06）: 51-55.

② 王雪娇. 基于线上线下混合式的校企协同“供应链管理”课程改革研究[J]. 物流科技, 2022, 45（07）: 179-182.

③ 吕昳苗，王文娟，王国庆，等. 基于 BOPPPS 技术的供应链管理课程 Hy—Flex 教学研究[J]. 物流工程与管理, 2021,43（11）: 178-181.

④ 李泽欣. 新文科背景下供应链管理课程设计[J]. 物流工程与管理, 2021, 43（10）: 175-176, 185.

⑤ 董欣，牟韦霖. 供应链管理国际化人才培养研究[J]. 合作经济与科技, 2016（01）: 128-129.

级供应链经理的知识技能框架，通过深入的调查研究发现，物流与供应链管理人员首先应当是优秀的高级管理者，然后才是物流与供应链人员，这一观点至今仍然影响着高校供应链管理专业教育的发展。[①]他们于 2007 年再次就供应链管理人员技能需求展开了深入的调查研究，并将其与 20 世纪 90 年代初期开展的调查研究进行了纵向比较，通过比较发现，首先，再次印证了供应链管理人员首先是管理者，其次才是物流人员的观点；其次，与 20 世纪 90 年代初期的调查研究相比，在物流方面的技能具有较高的相似性，而在商业管理方面的技能相似性较小；同时，也更加重视供应链管理方面的专业技能。[②]

进入新世纪以后，随着供应链行业的快速发展，企业供应链管理岗位要求毕业生具备广泛的实践技能，不再局限于操作理解（Ankers 等，2002[③]；Bak 等，2013；Sheffi 等，1997[④]）。因此，随着对供应链技能需求认识的不断深入，高等教育迫切需要加深对供应链的深入理解（Bak 等，2013[⑤]；Hoffman，2005[⑥]）。然而，Stank 等（2011）[⑦]指出“目前供应链管理等方面的学术研究很少关注供应链管理人员的培养过程”。Purcell 等（1999）[⑧]在回顾毕业生的早期职业经历时，发现刚步入职场的毕业生较少使用学术技能，这表明了高校需要更多地关注特定行业技能的培养。“从特定行业的角度来看，高校必须能够培养相当高素质的毕业生来满足劳动力市场的用人需求”（Gravier 等，2008[⑨]）。与此同时，供应链行业的快速发展，对高校供应链管理专业本科毕业生的知识技能提出了更高的要求，这些技能要求比“传统”技能更“适用”于现在的专业岗位，而“传统”技能指的是更通用，

① Paul R. Murphy, Richard Poist. Skill Requirements of Senior-Level Logistics Executives: An Empirical Assessment[J]. *Business Logistics*, 1991, 12（02）: 73-94.

② Paul R. Murphy, Richard Poist. Skill Requirements of Senior-level Logisticians: A Longitudinal Assessment[J]. *Supply Chain Management*, 2007, 12（06）: 423-431.

③ Ankers P, Brennan R. Managerial Relevance In Academic Research: An Exploratory Study[J]. *Marketing Intelligence and Planning*, 2002, 20（01）: 15-21.

④ Sheffi Y, Klaus P. Logistics at Large: Jumping the Barriers of the Logistics Function[C].*Proceedings of the Twenty-Sixth Annual Transportation and Logistics Educators Conference*, 1997: 1-26.

⑤ Bak O, Boulocher-Passet V. Connecting Industry and Supply Chain Management Education: Exploring Challenges Faced in A SCM Consultancy Module[J]. *Supply Chain Management*, 2013, 18（04）: 468-479.

⑥ Hoffman W. Logistics Evolving Curriculum[N]. *Traffic World*, 2005-01-10.

⑦ Stank T.P, Paul Dittmann J, Autry C.W. The New Supply Chain Agenda: A Synopsis and Directions for Future Research[J]. *Physical Distribution & Logistics Management*, 2011, 41（10）: 940-955.

⑧ Purcell K, Pitcher J, Simm C. Working Out? Graduates' Early Experiences of the Labour Market[J]. *Higher Education Academy*, 1999, 28（02）: 272-282.

⑨ Gravier M.J, Farris M.T. An Analysis of Logistics Pedagogical Literature: Past and Future Trends in Curriculum, Content, and Pedagogy[J]. *Logistics Management*, 2008, 19（02）: 233-253.

并且与特定岗位无关的知识技能（Gammelgaard 等，2001[①]）。Ballou（2007）[②]强调需要更好地理解供应链的跨界特征并将其纳入专业课程之中。因此，高校供应链管理专业的本科生课程应当侧重于培养具有专业分析能力、批判性思维、反思性、变革性并能够深入推动供应链管理变革发展的毕业生（Bak 等，2013[③]）。

为了应对不断变化的全球竞争环境及其对供应链业务需求所提出的一系列挑战，供应链管理必须具备更加多样的灵活性，能够应对复杂艰巨的管理任务，具备跨边界协同管理的能力。Mangan 等（2005）[④]认为供应链管理在不断变化的管理边界及其结构中具有更为重要的意义。Van Hoek（2001）[⑤]提出教育工作者需要跟上供应链行业的最新发展，学校教科书式的教学方式容易落后于时代发展，要鼓励学生将知识技能应用到工作场所。与此同时，部分供应链学者的研究强调基于信息技术（IT）的供应链技能需求变化（Bowersox，2002；Lorenz 等，2013），商业全球化（Basnet，2000[⑥]；Bowersox，2002[⑦]；Lorenz 等，2013[⑧]）以及供应链管理向综合管理的业务转变（Bowersox，2002）。Kirby（2003）认可 IT、新概念及其在推进供应链方面的重要作用，但也强调了供应链管理技能在推动供应链管理变革中的关键作用。

更进一步来说，随着企业供应链业务需求和全球竞争环境的不断变化，诸如体现在人类主体上的情感能力等技能（Van Hoek 等，2002[⑨]）和软技能（包括沟通和谈判等）的重要性日益增加，这在当前供应链管理实践中发挥着不可忽视的关键作用。如 Van Hoek 等

---

① Gammelgaard B, Larson P.D. Logistics Skills and Competences for Supply Chain Management[J]. *Business Logistics*, 2001, 22（02）: 27-50.

② Ballou R.H. The Evolution and Future of Logistics and Supply Chain Management[J]. *European Business Review*, 2007, 19（04）: 332-348.

③ Bak O, Boulocher-Passet V. Connecting Industry and Supply Chain Management Education: Exploring Challenges Faced in A SCM Consultancy Module[J]. *Supply Chain Management*, 2013, 18（04）: 468-479.

④ Mangan J, Christopher M. Management Development and the Supply Chain Manager of the Future[J]. *Logistics Management*, 2005, 16（02）: 178-191.

⑤ Van Hoek R. Logistics Education: Achieving Market and Research Driven Skill Development[J].*Physical Distribution and Logistics Management*, 2001, 31（07）: 505-519.

⑥ Basnet C.Production Management in New Zealand: Is Education Relevant to Practice[J]. *Operations & Production Management*, 2000, 20（06）: 730-745.

⑦ Bowersox D.J. Educating Managers for A Complex Environment[J]. *Logistics Management*, 2002, 41（12）: 19.

⑧ Lorenz H, Toyli J, Solakivi T, et al.Priorities and Determinants for Supply Chain Management Skills Development in Manufacturing Firms[J]. *Supply Chain Management*, 2013, 18（04）: 358-375.

⑨ Van Hoek R, Chatham R, Wilding R.Managers in Supply Chain Management, the Critical Dimension[J]. *Supply Chain Management*, 2002, 7（03）: 119-125.

（2002）注意到供应链经理作为“关键维度”的重要角色，更加强调流程管理而不是职能管理作为供应链管理的基础，再次强调了未来供应链管理技能需求的重要变化（Mangan 等，2005[①]）；Myers 等（2004）[②]确定了社交技能、决策、解决问题和时间管理技能对供应链管理显得尤为重要；Closs（2000）[③]认识到“推动物流与供应链教育的重大变革”对有效应对供应链行业不断面临的现实挑战是必要的。

然而，Gravier 等（2008）[④]的研究表明，人们高度依赖学校提供的课程教学，而不是评估不断变化的技能需求，这表明供应链课程教学和供应链管理实践之间存在着较大的差距，学校供应链管理教育已经从概念知识的简单传授转变为更加强调学生“动手”实践的技能获得，包括使用案例研究、虚拟仿真模拟、计算机辅助教学等（Bowersox，2002[⑤]）；同样，Basnet（2000）[⑥]认为高校供应链教学应该采取更多跨越管理边界、管理职能的系统综合方法，而不是单一的职能视角。

与此同时，伴随着全球供应链行业的快速变化，教育学术界也相应地开发了几种旨在评估供应链管理技能需求的框架模型。例如，Paul R.Murphy 等（1991）[⑦]认为供应链管理者必须具备商业、物流和管理等方面的综合技能，其中管理技能被认为是最重要的技能，除了分析推理和解决问题的能力外，还包括激励、计划、组织和有效沟通等能力。再如，Gammelgaard 等（2001）[⑧]开发的另一个技能模型强调了基于人际管理的基本技能、定量分析技能和供应链管理核心技能的重要性。再者，Mangan 等（2001）探讨了在未来哪些技能会更加重要，其中最重要的五项技能是沟通/谈判、计算机、工作经验、物流/供应链管理和人际管理；另外，Mangan 等（2005）[⑨]确定了诸如财务、IT、管理、供应链运营等方面的

---

① Mangan J, Christopher M. Management Development and the Supply Chain Manager of the Future[J]. *Logistics Management*, 2005, 16（02）: 178-191.

② Myers M.B, Griffith D.A, Daugherty P.J, et al. Maximizing the Human Capital Equation in Logistics: Education, Experience and skills[J]. *Business Logistics*, 2004, 25（01）: 211-232.

③ Closs D. J. Preface[J]. *Business Logistics*, 2000, 21（01）: 1-3.

④ Gravier M.J, Farris M.T. An Analysis of Logistics Pedagogical Literature: Past and Future Trends in Curriculum, Content and Pedagogy[J]. *Logistics Management*, 2008, 19（02）: 233-253.

⑤ Mangan J, Christopher M. Management Development and the Supply Chain Manager of the Future[J]. *Logistics Management*, 2005, 16（02）: 178-191.

⑥ Basnet C. Production Management in New Zealand: Is Education Relevant to Practice?[J]. *Operations & Production Management*, 2000, 20（06）: 730-745.

⑦ Paul R. Murphy, Richard Poist. Skill Requirements of Senior-Level Logistics Executives: An Empirical Assessment[J]. *Business Logistics*, 1991, 12（02）: 73-94.

⑧ Gammelgaard B, Larson P.D. Logistics Skills and Competences for Supply Chain Management[J]. *Business Logistics*, 2001, 22（02）: 27-50.

⑨ Mangan J, Christopher M. Management Development and the Supply Chain Manager of the Future[J]. *Logistics Management*, 2005, 16（02）: 178-191.

学科知识和供应链规划分析、人际关系、领导力和风险管理等类似的技能。因此，供应链管理技能的全面整合对于确保学生深入供应链管理工作实践是十分必要的。例如，Bak 等（2013）[①]认为，随着供应链管理朝着促进各链条之间的整合和协调方向发展，旨在协调这些链条的管理技能和沟通技巧被认为比其他管理活动的能力和技能更为重要（Sheffi 等，1997[②]；Mangan 等，2001[③]；Lutz 等，2013[④]）。

尤其是，在现代互联网等信息技术的推动下，沟通技巧对于供应链运营规划和沟通交流将显得至关重要。与此同时，为适应供应链行业的快速变化，供应链管理经理还应当熟练掌握项目管理、领导力和团队建设等技能（Hoffman，2005[⑤]；Kovacs 等，2012[⑥]；Lutz 等，2013）。

尽管围绕这一问题开展的相关研究在不断发展，但许多行业组织也认识到需要进一步提高供应链行业从业人员的技能水平，如 APICS 开发了供应链运营管理的知识技能框架，该框架借鉴了供应链管理专业人士对知识技能的广泛要求，为高校开展供应链管理专业教育提供了重要的参考依据（Castle 等，2015）[⑦]。然而，该框架是以知识为中心而不是以技能为中心，研究表明，除了知识外，还需要更多地关注学生从高校中获得的技能组合。

除此以外，英国学者 Chee Yew Wong 等（2014）[⑧]结合英国企业不同薪级供应链管理岗位对知识技能的工作要求，对英国 18 所高校中的 22 门供应链管理本科课程内容和知识技能进行了具体分析，深入探讨了英国高校供应链管理本科课程能否满足企业雇主对供应链管理专业学生特定知识和技能需求的现实问题。研究表明，不同薪级的供应链管理岗位对从业者知识技能有着不同的要求，如企业雇主对寻求初级和中级供应链管理岗位的毕业生要求更多的是一般商业管理知识和技能，如口头沟通技能、人际交往技能、团队合作技

① Bak O, Boulocher-Passet V. Connecting Industry and Supply Chain Management Education: Exploring Challenges Faced in A SCM Consultancy Module[J]. *Supply Chain Management*, 2013, 18（04）: 468-479.

② Sheffi Y, Klaus P. Logistics at Large: Jumping the Barriers of the Logistics Function[C]. *Proceedings of the Twenty-Sixth Annual Transportation and Logistics Educators Conference*, 1997: 1-26.

③ Mangan J, Gregory O, Lalwani C. Education, Training and the Role of Logistics Managers in Ireland[J]. *Logistics*, 2001, 4（03）: 313-327.

④ Lutz H, Birou L. Logistics Education: A Look at the Current State of the Art and Science[J]. *Supply Chain Management*, 2013, 18（04）: 455-467.

⑤ Hoffman W. Logistics Evolving Curriculum[N]. *Traffic World*, 2005-01-10.

⑥ Kovacs G, Tatham P, Larson P. D. What Skills are Needed to be A Humanitarian Logistician? [J]. *Business Logistics*, 2012, 33（03）: 245-258.

⑦ Castle D, Jacobs F. R. APICS Operations Management Body of Knowledge Framework（3rd ed.）[EB/OL]. https://www.apics.org, 2015-12-12.

⑧ Chee Yew Wong, David B. Grant, Barbara Allan, et al. Logistics and Supply Chain Education and Jobs: A Study of UK Markets[J]. *Logistics Management*, 2014, 25（03）: 78-91.

能、领导技能等，而非更为专业的供应链管理学科知识，该研究有力地支持了“毕业生需要首先成为优秀的管理者，其次才是物流与供应链人员”的观点，而现实中只有不到一半的供应链管理本科课程能够满足这一要求，即英国高校供应链管理专业课程过分强调了供应链管理的专业技术和分析技能，而忽略了一般商业管理技能的重要性，而随着企业供应链管理岗位薪级的不断提高，供应链管理的学科知识和工作经验显得更为重要。

另外，英国学者 Christine Jordan 等（2016）①通过对英国高校供应链管理专业毕业生、企业雇主和学者等利益相关者群体展开调查研究，深入了解企业雇主对供应链管理专业学生专业技能的实际需求，强调高校供应链管理专业课程应当紧跟企业雇主对供应链管理专业技能的实际需求而不断变化，同时在已有相关研究的基础上确定了供应链管理专业学生发展的 23 项关键技能（详见表 1-2），包括时间管理、协作学习、团队合作和解决问题等，为英国高校供应链管理专业教育改革提供了重要的参考依据，也为我国高校供应链管理专业人才培养提供了重要的启示。

① Christine Jordan, Ozlem Bak.The Growing Scale and Scope of the Supply Chain: A Reflection on Supply Chain Graduate Skills[J]. *Supply Chain Management*, 2016, 21（05）: 610-626.

表 1-2　高等教育对学生供应链管理技能的具体要求[①]

供应链技能	商业道德	沟通	协作学习	项目管理	跨界管理	工作经验/企业合作	客户服务	风险管理	信息技术	金融计算	定量统计分析	领导能力	团队合作	时间管理	问题解决	人际管理	组织技能	动机热情	灵活性	主动性	计划技能	压力管理	谈判
Bak and Boulocher-Passet（2013）						×																	
Ballou（2007）					×																		
Christopher（2004）					×		×	×	×							×							
Dubey and Gunasekaran（2015）	×																						
Gammelgaard and Larson（2001）									×		×		×	×	×			×					
Gravier and Farris（2008）						×																	
Handfield（2004）					×																		
Hoffman（2005）		×		×								×											
Kopcza and Fransoo（2000）				×																			
Kovács et al.（2012）		×		×			×		×	×					×	×						×	×

① Christine Jordan, Ozlem Bak. The Growing Scale and Scope of the Supply Chain: A Reflection on Supply Chain Graduate Skills[J].Supply Chain Management, 2016, 21（05）: 610-626.

续表

供应链技能	商业道德	沟通	协作学习	项目管理	跨界管理	工作经验/企业合作	客户服务	风险管理	信息技术	金融计算	定量统计分析	领导能力	团队合作	时间管理	问题解决	人际管理	组织技能	动机热情	灵活性	主动性	计划技能	压力管理	谈判
Knemeyer and Murphy（2001）						×																	
Knemeyer and Murphy（2002）						×																	
Lutz and Birou（2013）		×			×								×			×	×	×	×	×	×		
Mangan and Christopher（2005）				×				×	×	×	×	×				×							
Mangan et al.（2001）		×									×												
Murphy and Poist（1994）															×		×						
Murphy and Poist（2007）									×		×												
Myers et al.（2004）		×											×	×	×	×			×			×	
Nicholson et al.（2015）				×		×									×								
van Hoek（2001）		×																					
Sheffi and Klaus（1997）		×																					
Sohal（2013）	×	×		×					×				×			×							
Thomchick（1997）			×										×										
Yew Wong et al.（2014）						×				×		×											

（四）高校供应链管理本科人才培养的国际比较研究

供应链管理最先兴起于欧美等西方发达国家，其在长期的办学实践过程中有着较为丰富的办学经验，引领着世界供应链管理的发展趋势，对其他国家供应链管理专业发展有着重要的启示意义。对此，国内学者为了顺应当下供应链管理专业人才培养的现实需要，对美国等域外国家供应链管理专业人才培养展开了较为丰富的比较研究，具体如下所示。

齐军领等（2019）研究了国外供应链管理专业的发展，认为物流管理已经发展到供应链管理阶段，通过对供应链管理理念的梳理、欧美高校供应链管理专业设置情况的比较以及结合国际权威的供应链类行业协会教育培训内容的解读，提出基于跨学科性和应用性的系统供应链管理专业培养体系。①黄颖等（2019）基于对中美两国高校供应链管理本科人才培养情况的比较，指出我国高校供应链人才培养尚处于起步阶段，与美国等发达国家还存在较大的差距，在此基础上提出了加快专业标准化、构建产教联盟、推进职业资格认证等具体建议。②

王晓艳（2018）对美国高校供应链人才培养展开了具体研究，剖析了美国高校供应链人才培养的现状和趋势，指出美国高校供应链人才培养强调更广泛供应链知识的培养，倡导学习更多新技术、关注社会责任和可持续发展，加强对管理学中的软性技巧等能力的培养，强调课程设计与企业研究项目或实习结合更紧密，在此基础上提出了我国高校供应链培养的一系列具体建议。③高珊等（2017）对中美物流/供应链管理专业本科课程体系进行了比较，分析了美国高校着眼专业特点形成具有学科优势的特色课程体系的经验，在设置衔接课程、注重实践教学、增强学生动手能力、丰富教学模式和提高学生上课积极性等方面对我国高校物流/供应链人才培养提出建议。④

三、研究述评

既有的研究从不同的角度出发，对我国县域经济发展、高校供应链人才的社会需求、培养模式、课程改革、国际比较等诸多相关议题展开了具体的探讨。这些研究涉及内容较为广泛，研究视角也多维多样，为本研究提供了有益视角和良好基础，也存在进一步阐述和扩展补充的空间。

---

① 齐军领，孟庆春. 供应链管理培养体系探究[J]. 物流技术，2019, 38（07）: 144-151.

② 黄颖，王金慧. 供应链管理专业人才培养之中美比较[J]. 物流科技，2019, 42（09）: 140-144.

③ 王晓艳. 美国高校供应链人才培养的借鉴与思考[J]. 应用型高等教育研究，2018, 3（04）: 90-95.

④ 高珊，孙术发，陶新民，等. 中美物流/供应链管理专业本科课程体系比较及启示[J].物流技术，2017, 36（07）: 179-185.

（一）既有研究的成果不够系统性和全面性，难以整体分析和全景透视高校供应链管理人才的发展规律

既有研究大多选择从典型问题出发，结合当地县域乡村产业特点以及研究者自身工作经历进行经验反思，并提出了有益的建议，但还需要进一步提升问题分析的广度和理论研究的深度。

一是尚缺乏基于教育供给侧和产业需求侧协调发展逻辑的系统分析。因此，有必要系统调研并真实了解我国县域经济发展中对供应链管理的职业岗位需求以及高校供应链管理人才培养的教育供给情况；并在此基础上反思我国地方高校供应链管理人才培养存在的现实问题，对高校供应链管理人才培养理念和实践模式展开深入研究。

二是需要更广泛地开展美国、英国、德国等发达国家或地区的国际比较。围绕高校供应链管理人才培养的四个基本要素（培养目标、培养制度、培养过程和培养评价）等进行全面的调研分析、开展深入的国际比较，以借鉴学习发达、先行国家和地区的高校供应链管理专业发展的经验和趋势。

既有的研究成果还难以对供应链管理人才的发展规律作出整体分析和全景透视，难以满足新时期地方高校供应链管理专业创新人才培养的现实需要；同时，各高校供应链管理专业多为新设，学科专业建设处起步阶段，需要更多更全面的相关研究为新学科新专业的建设情况做阶段性总结、趋势性拓展工作，以更好地服务我国供应链行业产业的创新发展与实践应用。

（二）既有研究的领域、工具和方法较单一，缺少理论与实践的有效复合

既有研究的领域选择中，国内多数专家学者主要将研究精力聚焦在县域经济发展、供应链管理理论和实践研究上，较少有学者将研究精力聚焦到县域经济发展过程对供应链管理人才需求以及供应链管理人才培养问题上，这也造成我国学术界较少有学者对地方高校供应链管理人才培养问题展开全面深入的理论研究和实践总结。

既有研究的工具和方法选择中，国内多数专家学者在一定程度上借鉴和应用了一些新的分析理论、工具和方法，但从总体的范式来看，对我国供应链管理人才的开发和培养进行的研究，仍缺乏系统和有效的分析工具。多数研究以文献研究的传统方式为主，缺乏第一手的基础数据，得出的结论较为笼统，研究成果应用性不强。同时，在质性和实证研究的方法应用上，相当多的成果未能做到规范和统一，研究的信度和效度有待提高。

（三）在乡村振兴背景下，服务于县域乡村供应链产业发展的供应链人才培养研究有待深入

地方高校供应链人才培养如何服务于乡村振兴国家战略，如果更好地服务于县域乡村

供应链产业发展的诸多研究还不够深入。地方高校供应链人才培养，如何在起步阶段就高位嫁接、深度融入一流教育、新文科建设等新时代发展潮流，需要我们对高校供应链管理人才培养进行阶段性反思和前瞻性探索。

综上所述，既有的研究成果和存在的不足为本研究的深入开展提供了重要的现实基础和拓展空间。本研究力图聚焦乡村振兴、县域经济产业发展与地方高校供应链人才培养的理论逻辑与实践问题，从地方高校供给和产业需求的适应性调研和分析出发，对供应链人才培养的教育理念与实践模式展开全面的梳理和反思，试图弥补当前我国地方高校供应链人才培养研究的一些不足。同时，为我国各地方高校供应链人才培养实践提供一定的理论指导和参考，进一步推进供应链人才培养的改革与创新，更好地服务于乡村振兴国家战略。

第四节　研究方法

一、调查研究法

大量的调查研究是本研究的基础。在产业需求侧，主要开展了我国供应链管理专业人才需求情况调查以及供应链人才的需求特征调查，深入调查我国县域地区供应链人才需求企业行业分布、岗位设置、学历经验要求、知识能力素质要求等具体情况；在教育供给侧，主要开展了我国地方高校供应链管理人才培养情况调查、我国地方高校供应链管理专业开设条件和人才培养现实调查，掌握我国地方高校供应链管理专业的培养目标定位、课程体系设置、产学合作、学科交叉等诸多方面情况，从而为我们全面深入了解当前我国地方高校供应链管理人才培养的具体情况提供重要的研究基础。

本研究开展的教育供给侧和产业需求侧情况主要调研项目，如表 1-3 所示。

表 1-3　教育供给侧和产业需求侧情况调研项目表

	调研项目	调研方法或途径	有效样本或数据	调查内容
产业需求侧调研	我国供应链管理专业人才需求情况调查	“问卷星”问卷调查全国供应链经济企业	共 158 家有效样本	供应链人才需求情况
	我国供应链人才的岗位特征调查	爬虫技术等对“前程无忧（51job）”供应链及物流类岗位招聘信息进行数据挖掘和分析	近 2 万条招聘信息，筛选近 1800 条岗位信息	对招聘信息中物流与供应链相关的岗位描述进行语义提取和数据挖掘，分析市场和企业对供应链人才的需求特征

续表

	调研项目	调研方法或途径	有效样本或数据	调查内容
高校供给侧调研	我国高校供应链管理本科人才培养调查	“问卷星”问卷调查全国已开设和有开设基础的本科高校	共 89 所高校（已招生 34 所），共 106 份有效答卷	供应链管理专业开设意愿、发展现状
	我国高校供应链管理专业开设条件和发展现状	调研已开设和新申请开设供应链管理专业的高校	高校供应链管理专业设置申请表 23 份；已招生的 32 家高校人才培养方案	我国供应链管理人才培养的实践考察和发展困境

二、案例分析法

本研究从国内已经开设并招生的供应链管理专业的 39 所地方高校中选取多所高校为典型案例，以此来为我们更加全面深入地了解高校供应链管理人才培养的具体情况提供重要的研究基础。同时，通过对这些高校典型案例的深入分析，总结当前我国不同类型县域高校供应链管理人才培养的有益经验和宝贵教训，为我国其他高校供应链管理人才培养模式的改革创新提供重要的借鉴和启示。

三、比较研究法

供应链管理专业最先兴起于欧美等发达国家，欧美国家高校在供应链管理本科人才培养方面积累了丰富的经验，对这部分国家高校供应链管理本科人才培养的改革实践进行深入研究，有助于我们全面了解欧美等西方发达国家供应链管理本科人才培养的实践现状和发展趋势，从而为我国高校供应链管理本科人才培养的改革实践提供重要的启示和借鉴。因而，本研究选取了美国、英国、德国三个发达国家，对其高校供应链管理本科人才培养进行分析，以此来归纳其典型经验和具体做法。

四、文本分析法

本研究对我国政府制定和出台的有关供应链发展的政策法规进行了文本分析，从而全面了解国家供应链经济发展和供应链人才培养的具体政策，为地方高校供应链管理本科人才培养提供具体的指导。同时通过地方高校供应链管理本科人才培养方案和院校资料等，分析人才培养目标定位、课程教学体系、师资队伍建设、实习实训教学等。另外，本研究亦对国内外供应链管理职业技能认证的制度、机构、标准等进行了分析，也为研究高校供应链人才培养的适应性提供参考基础。

五、统计分析法

统计分析法是开展教育科学研究工作的基础性研究方法，本研究涉及大量的数据资料，需要对调查取得的资料数据展开分析。一是为掌握产业需求侧情况，本研究对招聘数据进行了职位描述、词频统计、聚类分析，也对回收的企业供应链管理本科人才培养问卷进行了数据分析；二是为掌握教育供给侧情况，本研究对收集的普通本科高校供应链管理专业设置申请表、已招生的本科高校供应链管理本科人才培养方案的基础数据和高校调研资料进行了深度数据挖掘和统计分析。在此基础上解析高校供应链管理本科人才培养的实践现状和现实困境，为下一步解答高校供应链管理本科人才培养的理论和实践问题奠定重要的研究基础。

综上所述，本研究聚焦县域高校供应链管理人才培养的理论与实践问题，从教育供给与产业需求的协调性发展入手，综合运用调查研究法、案例分析法、比较研究法、文本分析法及统计分析法等研究方法，对高校供应链管理专业培养的社会需求、实践考察、现实问题、国际经验与改革发展五个方面展开全面深入的研究，以此来回应我国县域经济发展对地方高校供应链管理人才培养的理论关切，推动高校供应链管理人才培养理念与实践模式的改革创新，满足数智化时代背景下县域企业供应链发展对地方高校供应链管理人才培养的现实需求，为深化高校供应链管理人才培养的改革发展提供重要的理论指导和思想指南。力争早日实现高校供应链管理专业的高质量发展和现代供应链经济的创新实践。

第二章

县域经济发展对地方高校供应链人才新需求

进入新时代，面对世界百年未有之大变局，党和国家从国际经济政治形势变化和国家经济社会发展的战略全局出发，在党的十九大报告中将建设现代供应链上升为国家经济社会发展的重要战略。2017 年国务院颁布出台了《关于积极推进供应链创新与应用的指导意见》，对加快推进供应链创新发展与实践应用，推进供给侧结构性改革作出了全面布局和统一部署，力争到 2020 年形成供应链发展新技术和新模式，建成全球供应链创新与应用的重要中心。①然而，2020 年突如其来的新冠疫情在全球范围内迅速蔓延，加上美国率先在全球范围内挑起中美贸易战、科技战等，给国际经济政治形势带来了一系列风险和挑战，对全球产业链供应链经济发展造成消极影响，进一步加剧了世界变局动荡，也对我国经济社会发展形成了一系列严峻的挑战。

为有效应对国际经济政治形势对我国经济社会发展提出的挑战，党和国家站在国家经济社会发展的战略全局出发，提出构建以国内大循环为主体、国内国际双循环相互促进的新发展格局，这对新时期我国产业链供应链创新发展提出了更加迫切的现实要求和挑战。在"双循环"视角下，县域经济成为形成新发展格局的核心载体。一方面，县域经济涵盖了生产、流通、交换、分配等各个环节，是功能完备的综合经济体系，具备了承载国内国际双循环，尤其是国内大循环的产业基础；另一方面，县域经济可以实现农村市场与城镇市场的有机衔接，是推进城乡一体化建设的重要手段，是依托国内国际双循环的双向互动破解

① 国务院办公厅. 关于积极推进供应链创新与应用的指导意见[EB/OL].http://www.gov.cn/zhengce/content/2017-10/13/content_5231524.htm, 2017-10-13.

“三农”问题的重要抓手，而其中健全、完善的供应链体系是支撑县域经济发展的重要基础。

因而，要聚焦经济“双循环”县域经济发展背景下供应链经济发展的最新趋势，分析全球产业链供应链发展的最新动向，厘清“双循环”背景下县域经济与供应链经济发展的紧密关联，深入了解县域经济发展对高校供应链管理人才培养的社会需求，明确县域行业企业对高校供应链人才培养的岗位用人需求，从而为高校供应链管理人才培养方案的科学编制、教育教学活动的组织实施提供重要的科学依据，提高高校供应链管理人才培养对县域经济发展的适应度，促进高校供应链管理人才培养质量的改善提升。

第一节　经济“双循环”及县域经济发展的新趋势

近年来，随着新冠肺炎疫情在全球迅速蔓延扩散和国际政治形势风云变幻，诸如中美贸易紧张形势，逆全球化、贸易保护主义抬头，欧美等发达国家纷纷强调制造业回流，世界经济格局、产业分工体系、国际经贸规则也都面临着重新调整，给全球产业链供应链带来诸多不确定性的挑战。①

全球的供应链链条越来越短，越来越区域化、本地化、意识形态化，愈加强调安全和本国利益优先，各国先后都将供应链从企业微观层面上升到国家战略和全球治理的宏观层面，通过立法等形式把供应链政策作为提升产业竞争力和经济实力的重要手段，以及推进多边合作的战略工具，世界也由此进入了大国竞争的供应链时代。与此同时，面对人工智能、大数据、5G 网络、量子科技等新一轮信息技术和科技革命的迅速推进，在全球经济社会发展影响下县域经济正经历着前所未有的新变化和新态势，供应链经济发展呈现新的趋势。

一、供应链经济发展进入快速修复期

根据国际货币基金组织的《世界经济展望》报告显示，2020 年全球国内生产总值（GDP）下降了 3.0%左右，下降幅度远大于 2008 年国际金融危机期间的下降幅度。世界银行发布的《全球经济展望》指出，由于新冠疫情的持续影响，各国财政支持减少以及供给瓶颈仍未消退，预计 2022 年全球增长将放缓至 4.1%。②这是自 20 世纪 30 年代美国经济大萧条以来，全球经济面临最为严重的经济衰退。而世界经济和贸易形势的突然转变将直接影响

① 苏庆义. 疫情过后的全球供应链发展趋势[J].中国外汇, 2020（09）: 18-19.

② 世界银行. 全球经济展望[EB/OL]. https://www.shihang.org/zh/publication/global-economic-prospects，2022-01-01.

着国内县域产业链供应链经济的发展，为县域产业链供应链转型升级带来新的挑战。[①]

正如 2009 年，全球供应链经济遭遇金融危机的巨大冲击后，全球经济迅速陷入低迷不振的状态，虽然在全球各国政府的共同努力之下，2010 年全球经济有所反弹，但直到如今全球供应链经济还未恢复到金融危机之前的水平。可见，全球供应链经济受到巨大冲击之后，需要经历多年的恢复期，才能恢复如初。而此次新冠疫情再次让全球供应链经济遭受重创，或使县域供应链经济在未来较长的一段时间内都将处于修复期。从微观角度看，许多县域企业会在此次新冠疫情冲击中关停，县域产业链供应链将面临着重新洗牌和快速调整，加上以美国为首的发达国家为保护本国产业竞争力，率先在全球范围内挑起贸易战，加速推进县域制造业回归美国本土，将对我国县域经济发展造成不可挽回的负面影响。

二、供应链经济发展中政府的作用显著增强

进入新时期，随着中美大国博弈竞争愈演愈烈和新冠肺炎疫情在全球范围内持续蔓延扩散，对全球经济贸易和产业链供应链发展带来诸多不确定性的风险和挑战，尤其是对于长期依赖外国原料、技术和资本的产业企业而言，突如其来的新冠肺炎疫情、政治对立等不确定性因素对产业链供应链造成了较为严重的影响，企业外部经营风险陡然增加，如何有效应对外部风险对产业链供应链发展的不确定性，加强对供应链内外部风险的有效管控，提高产业链供应链应对外部风险的抗干扰能力，增强产业链供应链的安全性和稳定性，提高供应链经济发展的韧性能力，成为当前各国政府和企业亟须解决和关注的重要命题，也成为当前和未来供应链管理理论与实践发展的重要方向。

近年来，产业链供应链管理已逐渐从过去追求成本效率、零库存、现金流转到安全可控、韧性问题，尤其是在中美贸易战愈演愈烈、部分国家或地区政治不稳定风险陡然增加、新冠疫情持续蔓延的大背景之下，追求供应链的稳定可靠已经成为国家和地区产业链供应链发展的基础要求，没有稳定可靠安全的供应链，获取的利润再高、创造的附加值再高也都如空中楼阁般虚幻。[②]

新环境、新形势下企业经营管理面临着诸多不确定性的风险和挑战，如何建立供应链风险防范体系，提高供应链风险预警、防范控制和应急恢复能力，增强企业供应链的韧性能力建设，已经成为全球供应链发展亟须解决的重要课题，也将成为未来全球供应链发展的重要趋势。

由于政府在全球供应链发展和本国产业链供应链发展中的特殊地位，在面对诸如全球

① 国际货币基金组织.疫情期间的经济复苏：健康问题、供给扰动和价格压力[EB/OL].https://www.imf.org/zh/Publications/WEO/Issues/2020/04/12/world-economic-outlook, 2020-10-01.

② 黄有方. 非常态下我国供应链稳健运行的分析、思考与建议[EB/OL].https://www.163.com/dy/article/FC6NCCBI0538FFK2.html, 2020-05-15.

疫情、生态破坏等人类社会共同的挑战面前，需要发挥政府集中力量办大事的特殊优势，让政府在全球供应链产业链发展中扮演更加重要的角色和发挥更大的作用。同时，基于供应链经济对维护本国经济发展的重要性，各国政府也开始行动起来，主动参与和影响全球供应链的建设和发展，为本国利益争取更多的话语权，加强本国在全球供应链和产业链中的重要地位，降低县域企业经营的外部风险。

三、供应链经济的县域化趋势加强

近年来，以美国为主导的西方发达国家试图通过主导区域贸易协定来强化本国在全球供应链中的绝对优势，迫使供应链成员国参与准入方式由过去基于多元化的形式加入转变为现在根据主导国制定门槛标准有条件准入。[①]与此同时，自动化技术、机器人、人工智能等技术的快速发展也在一定程度上代替部分劳动力，降低高昂的劳动力成本，促使全球供应链经济体系重返区域、走向封闭。[②]

全球供应链也是区域供应链的联合体，当前全球供应链主要由北美、欧洲、东亚三大区域性供应链组成，但区域内部供应链的分工协作程度远大于区域间的联系。自经济全球化以来，三大区域供应链在美国、德国、中国等国家的引领作用之下日益强化其在区域供应链中的枢纽地位。但此次疫情造成的运输中断表明距离仍是障碍，距离越短，受到运输因素的影响也就越小。未来全球这三大区域供应链将会进一步加强区域内部的经济贸易联系，增强区域间的贸易流通，以便增强抵御外部冲击的能力；另一方面，对于企业而言，加强本土化生产和经营能够有效降低外部不确定性因素对供应链的不利影响，有效降低供应链经营管理的外部风险，抵御供应链风险冲击。[③④]

四、供应链经济目标转向可持续发展

伴随着全球可持续发展理念的日益盛行，绿色经济、国民生活幸福指数、节能减排等可持续发展理念和发展指标受到人们愈来愈多的关注，人类社会发展也逐渐从追求单纯的经济发展目标逐渐向追求经济、环境和社会等多方面的可持续综合发展目标转变，这也对全球产业链供应链的绿色可持续发展产生了深刻的影响，推动全球产业链供应链朝着绿色可持续、强化社会公共责任的方向发展。

世界各国政府也纷纷颁布出台相应的法律法规来进一步规范和强化企业在供应链管

① 洪群联，李子文，刘振中，等．推动构建现代供应链的若干思考（笔谈）[J]．宏观经济研究，2019（07）：107-126.

② 刘振中．构建以我为重心的“3+2”区域供应链体系[J]．中国发展观察，2021（16）：19-22.

③ 杨元庆．后疫情时代，中国企业要加强供应链风险管理[N]．新京报，2020-04-02.

④ 苏庆义．疫情过后的全球供应链发展趋势[J]．中国外汇，2020（09）：18-19.

理中的责任行为。[①]如欧盟在 2006 年实施《关于限制在电子电器设备中使用某些有害成分的指令》，把生产企业责任扩展到上游原材料和零部件供应商，从而覆盖到整个产业链供应链；再如，德国计划从 2023 年起开始实施的《供应链法》，规定德国大型企业有义务对其供应商侵犯人权和破坏环境的行为采取行动，否则最高将面临年销售额 2%的罚款。

基于可持续发展理念，供应链核心企业既要追求自身经济效益的最大化，也要提升企业自身的环境效益和社会效益，同时供应链核心企业还要协调监管供应链其他企业，以确保整个供应链经济、环境和社会综合效益的提高，以实现产业链供应链的绿色可持续发展。[②]

五、绿色供应链管理备受重视

在可持续发展理念下，全球各国也都相继制定出台了控制碳排放、实现碳中和的重要目标。例如，2020 年 9 月我国政府首次提出在 2030 年前碳达峰、2060 年前碳中和的重要目标，而加快推进绿色供应链管理将成为新时期我国政府推动产业链供应链绿色转型发展和打造高质量发展的农业现代化模式的重要手段，有助于提高县域产业链供应链绿色竞争力，助力乡村振兴战略实现。[③]

绿色供应链管理是一种在供应链全流程中综合考虑环境影响、资源利用效率以及企业收益的先进管理方式，相比于传统供应链管理具有更高的管理复杂性和网络化特点。它以社会和企业的可持续发展为出发点，将生态环保的设计思想引入其中，从产品的原材料供应一直到废料的回收再利用进行全过程的生态设计，在企业内部和企业之间的通力合作下，实现环境的最优化。

绿色供应链管理对企业经营管理提出了“协作”和“绿色”两方面的具体要求。所谓“协作”，具体表现为企业将产品制造过程中所涉及的包括供应商、制造商、经销商、消费者等在内的各主体和其他有关因素有机联系起来，促进彼此之间的交流与合作，确保产品质量得到提高；所谓“绿色”，具体表现为在整个供应链流程中企业都要开展绿色经营，确保所能获得的市场机会具有长期性。绿色供应链管理的核心就在于实现统筹协作与绿色经营之间的均衡。统筹协作有利于企业经营效率的提高，对企业短期盈利水平的提高作用明显，绿色经营则能够确保企业获得长期收益。[④]

近年来，我国政府不断完善绿色供应链管理的制度建设，先后颁布出台了《关于积极

---

① 朱庆华，尉芳芳. 动态环境下可持续供应链管理研究[J]. 供应链管理，2020, 1（12）: 32-47.

② 洪群联，李子文，刘振中，等.推动构建现代供应链的若干思考（笔谈）[J]. 宏观经济研究，2019（07）: 107-126.

③ 蔡进. 中国绿色供应链管理发展呈现六大发展趋势[N]. 现代物流报，2021-11-17.

④ 齐文浩. 依托绿色供应链管理实现企业可持续发展[EB/OL]. https://mp.weixin.qq.com/s/-uddj3SIG9oBNd5o BCSXcQ, 2021-08-17.

推进供应链创新与应用的指导意见》《“无废城市”建设试点工作方案》等诸多政策文件，加快推进实施绿色制造系统集成、绿色制造示范、供应链创新与应用试点示范等重要项目，加强绿色供应链管理相关理念和法律政策的宣传教育，促使绿色供应链管理理念逐渐深入人心，成为供应链全行业产业发展的重要趋势。①

六、产业链供应链加快数智化发展

2020年突如其来的新冠肺炎疫情对人类社会生活带来了诸多的负面影响，因疫情防控期间的隔离、封锁管控，远程办公、视频会议、远程沟通成为人们工作和生活的必然选择，也再次将“互联网+”推上新一轮高潮，已经成为当前人类社会发展的主流趋势。虽然这是疫情防控期间不得不采取的一种应对之策，但是随着疫情防控逐渐步入常态化，这种方式将得以延续和发展，深刻地改变着人类社会，同时也将对产业链和供应链发展产生深刻的影响，改变着供应链管理的信息传播、管理运营方式等。

随着人工智能、大数据、区块链、量子科技等新一代信息科技在供应链中的广泛应用，保证了信息传递的高效畅通，更高效和快速地实现了供应链的整合精简，未来信息科技的广泛应用将成为推动供应链经济发展的一股重要力量，也会在供应链经济的发展中得到更多应用。②

在疫情后期，现代信息技术与供应链管理的深度融合加快进行，数字化供应链平台得到广泛运用，助推企业生产组织与管理方式的数字升级，传统的物资商品采购平台逐渐发展成为向上链接生产、向下链接客户的供应链数字平台，基于数字化，企业采购与供应链突破了单个模块的边界，形成了全流程化的组织方式，为企业、客户等提供全流程的供应链解决方案，供应链的服务和组织能力得到显著提升，形成新的经济业态、新的生产组织模式，提高了企业组织生产与管理效率，降低了企业生产与经营成本，提高了企业组织的创新能力。③

人工智能、机器学习、物联网、5G、AR、VR、机器人、可再生能源、区块链技术等在供应链中的运用，将会推动供应链发展进入智能化的阶段，让供应链具有自我感知能力、协同能力，学习能力可以兼顾协同性、创造性、一致性、可控性、感知性，进一步推动供应链发展以用户为中心，帮助客户实现和创造更高的价值。④通过数字化的技术手段，实现

① 毛涛．打造绿色供应链，服务好“双循环”发展新格局[N].中国环境报，2020-09-16.

② 洪群联，李子文，刘振中，等．推动构建现代供应链的若干思考（笔谈）[J]．宏观经济研究，2019（07）：107-126.

③ 蔡进．以供应链创新发展推进构建“双循环”新格局——在首届国有企业采购供应链创新峰会上的致辞[EB/OL].https://baijiahao.baidu.com/s?id=1680426865175538570&wfr=spider&for=pc, 2020-10-11.

④ 王国文．双循环背景下的全球供应链机遇与挑战[EB/OL].https://blog.csdn.net/CECBC/article/details/111678541, 2020-12-25.

供应链的数字协同和网络智能，有助于打破我国广大偏远县域的地域限制，构建供应链服务体系，利用网络优势发展当地乡村产业。

第二节　我国县域供应链产业对人才的新需求

全球供应链经济发展新趋势和我国国内国外“双循环”现实造就了经济发展新格局，带来了强劲的供应链人才新需求。2017 年国务院办公厅出台了中国第一部供应链政策性文件《关于积极推进供应链创新与应用的指导意见》，明确指出，要加快培育多层次供应链人才。[①]因而，随着供应链创新与应用上升为国家战略，我国供应链行业企业对供应链管理专业人才的社会需求不断增加，尤其是在乡村振兴战略的背景下，县域企业对县域经济的主推作用愈加凸显，供应链的竞争优势将增强县域企业的赢利优势。供应链管理涵盖了企业运营管理几乎 70%的功能，因此复合型供应链人才的需求日渐加大，据估算，全国供应链方面的岗位需求量大约为 433 万人。[②]

近年来，随着供应链管理逐渐成为县域企业核心竞争力的重要组成部分，成为县域企业经营管理的战略性资产，供应链管理在企业经营管理过程中的作用愈来愈凸显，受到企业管理者的高度重视，县域企业对供应链管理的职业需求也愈来愈迫切。因而，从产业需求侧出发，全面了解供应链管理职业需求的企业状况，深刻把握县域企业对供应链人才的迫切需求，对深化高校供应链人才培养改革、提高高校供应链人才培养质量具有重要的现实意义。

一、供应链管理的职业岗位需求情况

供应链经济发展主要取决于两个因素，一是社会经济发展总规模；二是企业供应链管理服务外包需求。[③]相关分析报告还显示，目前供应链从业人员主要供职的企业中，150～500 人的中型企业占比 26%，少于 50 人的小型企业占比 10%，10000 人以上的大型企业占比 9%。可见，不同经营规模的企业均需要设置供应链岗位，需要从事供应链管理工作的专业人才。[④]

---

① 国务院办公厅.关于积极推进供应链创新与应用的指导意见[EB/OL].http://www.gov.cn/zhengce/content/2017-10/13/content_5231524.htm, 2017-10-13.

② 詹川，龚英，杨婷婷. 大数据视角下供应链人才需求分析及其在重大疫情下变化趋势的研究[J]. 供应链管理, 2020, 1（09）: 14-20.

③ 前瞻产业研究院. 2018 年全球供应链管理服务行业市场分析[EB/OL].https://bg.qianzhan.com/report/detail/459/190604-5a067b56.html, 2019-06-04.

④ 人力资源和社会保障部.新职业-供应链管理师就业景气现状分析报告[EB/OL].http://www.mohrss.gov.cn/SYrlzyhshbzb/dongtaixinwen/buneiyaowen/rsxw/202104/t20210421_413242.html, 2021-04-21.

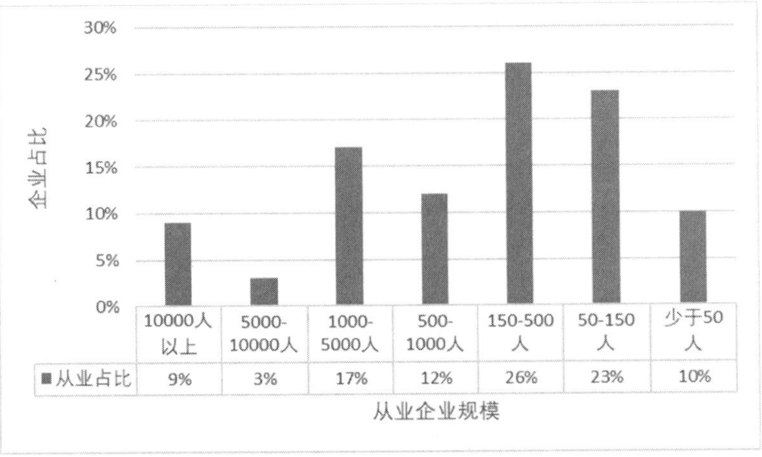

图 2-1 供应链管理师从业的企业规模分布

在行业分布方面，企业供应链人才主要分布在互联网/电子商务、贸易批发零售、制造业等行业。其中，互联网/电子商务行业占比达到 22.76%；其次为贸易/批发/零售行业，占比达到 19.36%；再次，制造业和信息技术业也有较多的从业者，占比都超过了 16%。另外，交通/运输/物流、建筑业等行业也有较多的岗位从业者，对供应链管理人才的需求较为旺盛。①②

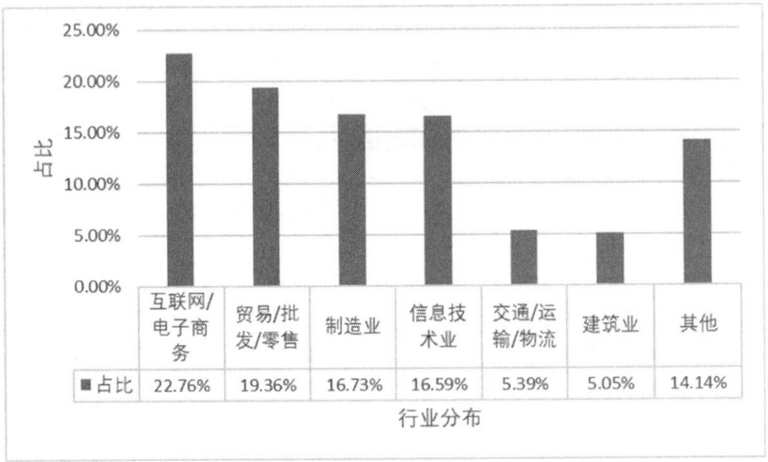

图 2-2 供应链管理师的行业分布

① 人力资源和社会保障部.新职业——供应链管理师就业景气现状分析报告[EB/OL]. http://www.mohrss.gov. cn/SYrlzyhshbzb/dongtaixinwen/buneiyaowen/rsxw/202104/t20210421_413242.html, 2021-04-21.

② 詹川，龚英，杨婷婷. 大数据视角下供应链人才需求分析及其在重大疫情下变化趋势的研究[J]. 供应链管理, 2020, 1（09）: 14-20.

在企业性质方面，供应链管理职业岗位的需求企业包括国有企业、民营企业、外资企业和中外合资企业等，其中就职于民营企业的比例最高，达到 69.87%；其次为外资企业，占比达到 13.16%；再次为中外合资企业和国有企业，分别是 9.03%和 6.13%；其他类型的企业占比 1.81%。

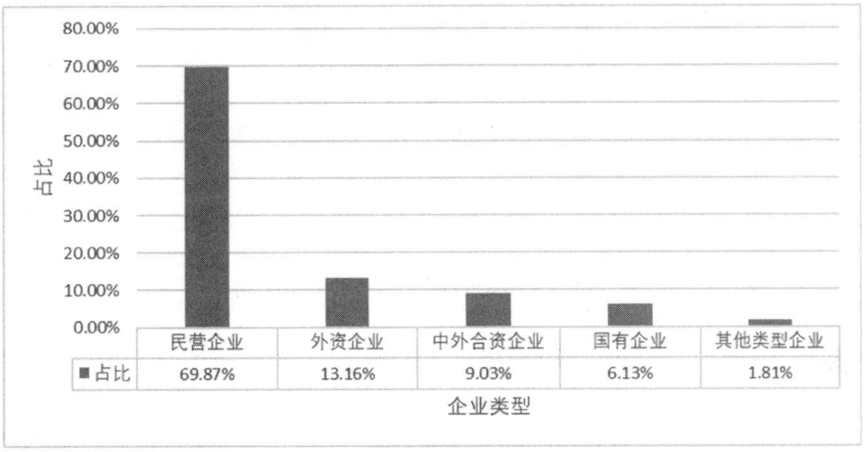

图 2-3　供应链管理师的企业类型分布

在就职企业中，供应链管理的职业岗位主要包括大中型商品流通及制作企业中的采购员、订购员、采购经理、生产计划员、生产主管、采购主管、物料主管、客户服务主管、ERP 软件从业人员、ERP 软件资深顾问等。对于一个大型企业，尤其是 500 强企业来说，一个企业就需要几十个相关岗位的从业人员。150～500 人的中型企业占比最大，因为该类企业通常是核心大企业的供应商，从而也设置供应链管理岗位。①

在从业经验方面，企业要求供应链人员应当具有一定的工作经历，具有相关岗位的工作经验。相关分析报告中显示，企业对供应链人才工作经验要求 1～2 年、3～4 年和 5～7 年的占比均为 27%左右，大约有 10%的企业/组织需要 8 年以上工作经验的员工。②

① 詹川，龚英，杨婷婷. 大数据视角下供应链人才需求分析及其在重大疫情下变化趋势的研究[J]. 供应链管理, 2020, 1（09）: 14-20.

② 人力资源和社会保障部.新职业——供应链管理师就业景气现状分析报告[EB/OL].http://www.mohrss.gov.cn/SYrlzyhshbzb/dongtaixinwen/buneiyaowen/rsxw/202104/t20210421_413242.html, 2021-04-21.

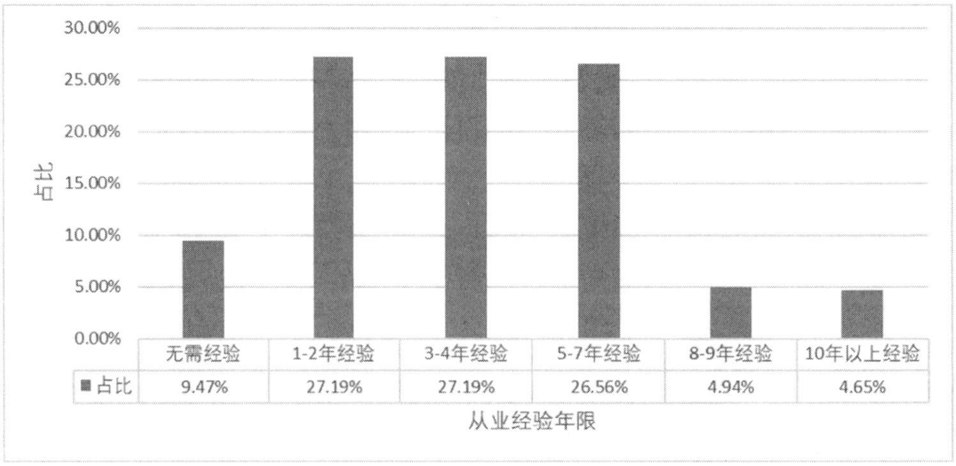

图 2-4　供应链管理师的经验要求分布

二、供应链管理的职业岗位特征描述

该部分研究基于面向企业广泛调研的数据基础。为提高调研数据的信度和效度，调研通过两个渠道同时开展：一是通过“问卷星”线上问卷调查工具对全国超 200 家企业的供应链人才需求情况进行深入调研（最终回收有效问卷 158 份）；二是运用爬虫技术对互联网人力资源服务机构“前程无忧（51Job）”公开发布的 2020 年下半年供应链及物流类岗位近 2 万条招聘数据，筛选出近 1800 条面向应届本科毕业生的招聘信息统计分析。无论从调研企业的性质还是主营业务的内容看，都有广泛的代表性，在源头的数据收集环节保证了后续统计分析的信度和效度。

统计样本的企业性质包括国有企业、外资及合资企业、民营企业及其他企业，如图 2-5 所示。

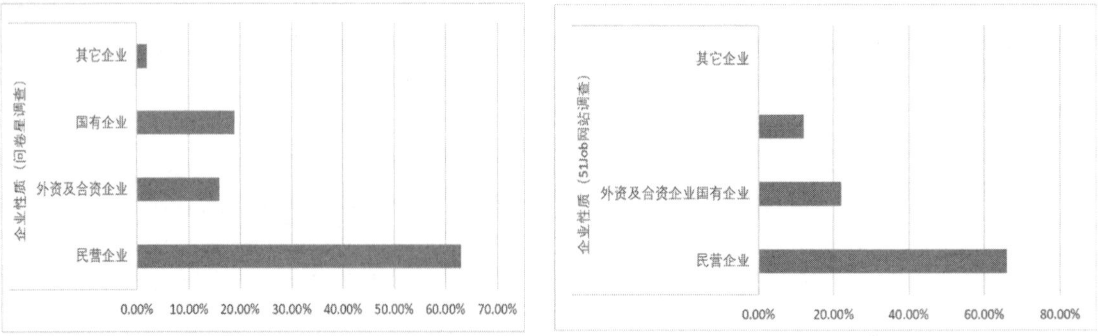

图 2-5　调研企业的性质

样本企业的主营业务涵盖了仓储配送、加工制造、解决方案（第三方物流）、产品销售、物流快递、信息服务、货运代理、金融贸易、原料生产及其他等，其中，仓储配送占比最高，占比为 35%；其次是加工制造，占比为 25%；再之后解决方案（第三方物流），占比为 10%。具体如图 2-6 所示。

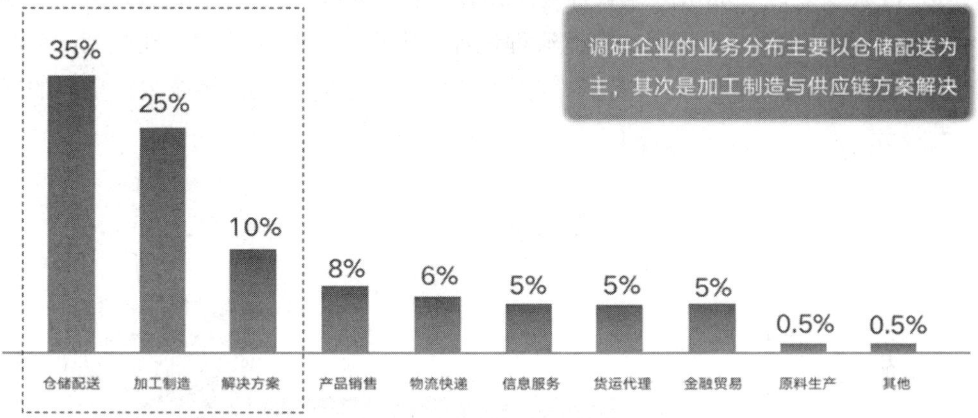

图 2-6　调研企业的主营业务

（一）供应链管理的职业岗位

1. 新职业“供应链管理师”

2020 年 2 月，人力资源和社会保障部等部门联合向社会发布了 16 个新职业，其中就包括供应链管理师，标志着“供应链管理师”这一新的职业获得官方认可，正式纳入国家职业分类大典目录之中。目前国内大多企业已将供应链管理师纳入核心战略岗位之一。

2. 供应链管理师的界定

供应链管理师的职业界定为高校供应链管理人才培养提供了可参考的基准。在相关文件中，供应链管理师职业定义为：“运用供应链管理的理论、方法、工具和技术，从事产品设计、采购、生产、销售、服务等全过程的协同，以控制整个供应链系统的成本并提高准确性、安全性和客户服务水平的人员。”①具体到供应链管理师的主要任务，供应链管理师在供应链行业企业中主要具有供应链的组织、规划、计划、协调、管理等重要职能，这要求企业供应链管理从业人员必须具备供应链管理的战略思维，熟练掌握供应链管理的各个环节、各个领域的专业知识和技能，拥有较为丰富的实践经验和沟通、协调管理能力。②从对供应链管理师的定义和工作任务可以看出，企业需要既有全流程的供应链管理知识又有

① 人力资源和社会保障部. 解读新职业：供应链管理师[J]. 职业, 2021（14）: 16-17.

② 人力资源和社会保障部.新职业–供应链管理师就业景气现状分析报告[EB/OL].http://www.mohrss.gov.cn/SYrlzyhshbzb/dongtaixinwen/buneiyaowen/rsxw/202104/t20210421_413242.html, 2021-04-21.

技术操作能力的复合型供应链管理人才。

具体来说，依照岗位级别和工作层级的不同，供应链管理师又可以划分为三个层级，由低到高依次是供应链管理专员、供应链管理师和高级供应链管理人才。如图 2-7 所示，在最底层的是供应链管理专员，主要侧重于供应链管理流程中某一具体环节的实践操作，按部就班、准确高效地完成供应链管理的工作任务；中间级别的供应链管理师/供应链运营经理，主要针对企业供应链运营的整体流程进行有组织的计划协调和管理控制；最高级别的高级供应链管理师，主要在供应链管理师的职能基础上对供应链系统进行全面的战略规划和运营设计工作。①

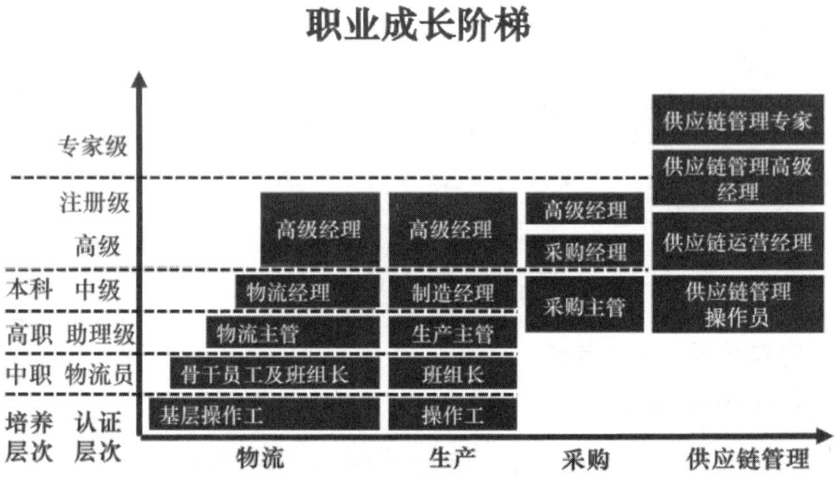

图 2-7　供应链管理师职业成长阶梯②

岗位晋升通道主要有两个：一是岗位轮换晋升，通过在采购、计划、仓储、运输等不同岗位进行轮换任职，熟悉供应链管理的各个流程、各个岗位的具体工作，转而从事需要复合型技术技能的供应链管理师岗位；二是垂直晋升，按照岗位级别从低到高依次实现晋升，依次分别是供应链管理专员、供应链管理师和高级供应链管理人才、供应链管理专家。与之相应的供应链人才的学历学位、工作经验、知识能力等要求也随之提高。

（二）职业岗位的知识能力素质要求

为了更全面地了解企业对供应链管理职业岗位的知识能力素质要求，该部分运用爬虫技术对互联网人力资源服务机构“前程无忧（51Job）”公开发布的 2020 年下半年供应链及物流类岗位近 2 万条招聘数据，筛选出近 1800 条面向应届本科毕业生的招聘信息，进行

① 人力资源和社会保障部. 解读新职业：供应链管理师[J]. 职业，2021（14）：16-17.

② 人力资源和社会保障部. 新职业——供应链管理师就业景气现状分析报告[EB/OL].http://www.mohrss.gov.cn/SYrlzyhshbzb/dongtaixinwen/buneiyaowen/rsxw/202104/t20210421_413242.html, 2021-04-21.

深入的数据挖掘与统计分析（包括关键词聚类分析、词频统计等），分析市场和企业对高校供应链人才需求的具体特征，了解企业对供应链人才的知识能力素质要求。同时，也结合“问卷星”企业端调研数据分析。

1. 招聘信息的数据挖掘与统计分析

从爬虫技术抓取的物流及供应链相关岗位招聘信息中，筛选 1784 条明确信息并形成岗位描述，关键词聚类并进行词频统计。发现企业对供应链人才的能力和素质的要求，主要包含以下几个方面：个人素质及物流管理能力是企业最看重的人才需求特征；供应链业务集成能力和资源协同能力是企业关注的人才核心能力；计划决策能力、数据处理能力和外语沟通能力则因企业性质不同、岗位不同有不同要求，属于分层次人才的标志指标。[①] 用雷达图勾勒出企业对供应链人才能力要求的主干特征，如图 2-8 所示。

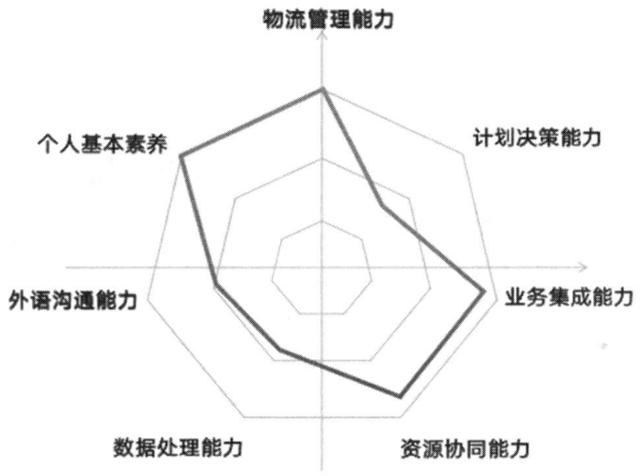

图 2-8　供应链人才的能力、素质要求

对主干能力的标志指标进一步按细分能力进行分解。

（1）业务集成能力（如图 2-9 所示），企业更加关注是否具有供应链设计和系统仿真优化的细分能力；

（2）资源协同能力（如图 2-10 所示），企业对协调管理能力的关注度最高，同时对企业内外部的关系管理和风险管理具有较高关注度；

（3）计划决策能力（如图 2-11 所示），企业更看重信息管理相关的能力；

（4）数据处理能力（如图 2-12 所示），数据挖掘类细分能力更加受到企业的青睐。

① 陈民伟，林宇虹. 供应链人才应用型本科教育的探索与经验[J]. 供应链管理，2021, 2（09）: 59-68.

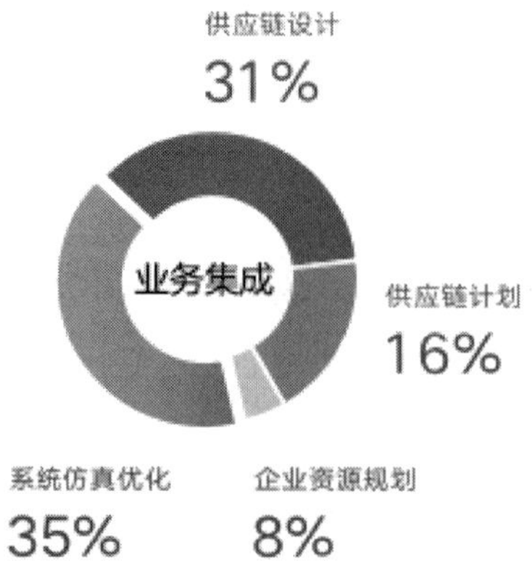

图 2-9　业务集成能力分解

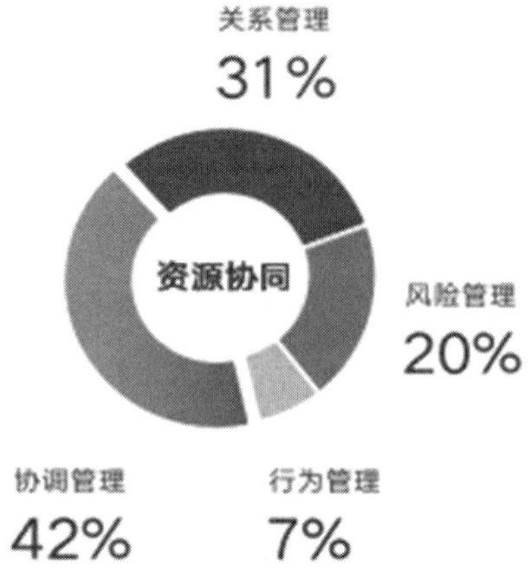

图 2-10　资源协同能力分解

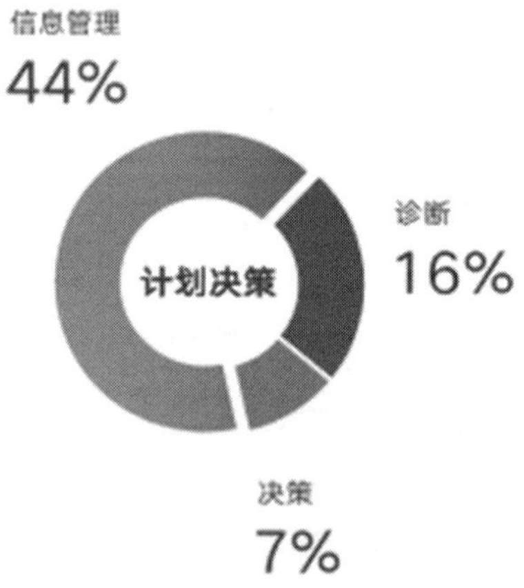

图 2-11　计划决策能力分解

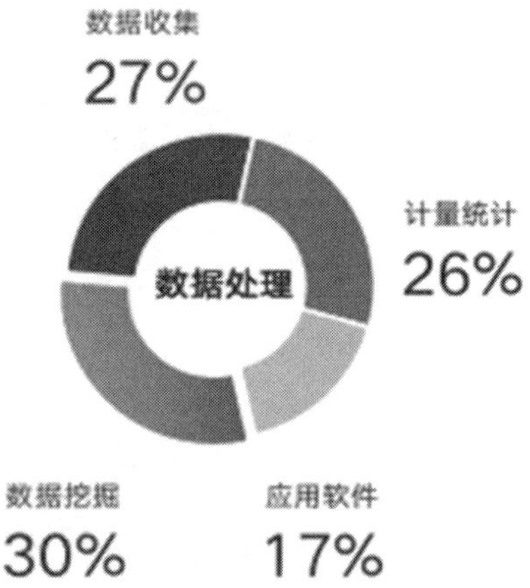

图 2-12　数据处理能力分解

2. “问卷星”企业端调研结果分析

调查的 158 个企业有效样本，统计结果显示企业对于从事供应链管理工作具有如下要求。

（1）从事供应链管理工作的人员应当掌握的知识

调查结果（如表 2-1 所示）凸显了学科交叉构建知识体系的必要性，企业认为从事供应链管理工作的人员应当掌握供应链管理知识、数理统计知识、信息知识、经济管理知识、国际化管理知识、工程知识等。也就是说，对于企业而言，企业更倾向于那些掌握供应链管理、经济管理、信息等专业知识的人员从事供应链管理工作，对从事供应链管理工作的专业知识技能提出了较高的工作要求。

表 2-1　供应链管理的知识要求（可多选）

知识要求	词频	占比
供应链管理知识	148	93.67%
经济管理知识	98	62.03%
国际化管理知识	67	42.41%
工程知识	61	38.61%
信息知识	107	67.72%
数理统计知识	104	65.82%
其他	4	2.53%
企业合计（家）	158	——

（2）从事供应链管理工作的人员应具备的能力

调研结果（如表 2-2 所示）显示了岗位复合能力的特征要求，多数企业认为沟通能力、问题分析能力、设计/开发解决方案能力等是最为重要的，被置于最为优先的序列之中；当然，项目管理能力、现代工具使用能力和研究能力等其他能力对从事供应链管理工作也都较为重要，是顺利完成供应链管理工作必不可少的工作能力。

表 2-2　供应链管理的重要能力特征

至关重要的能力特征	频数	占比
问题分析能力	38	24.05%
研究能力	5	3.16%
现代工具使用能力	13	8.23%
设计/开发解决方案能力	37	23.42%
项目管理能力	20	12.66%
沟通能力	42	26.58%
其他	3	1.90%
企业合计（家）	158	100.00%

（3）供应链管理能力的优先排序

调研结果（如表 2-3 所示）显示，多数企业认为供应链运营管理能力应当是最为重要的，其在调研结果中平均综合得分也最高，平均分为 4.17 分；其次按比例顺序分别为供应链系统规划与设计能力、供应链实践运作能力、供应链协调管理能力、供应链信息管理能力、供应链金融与风险管理能力。供应链金融与风险管理能力在所有选项中被排在最末位，这主要是因为供应链金融与风险管理在供应链管理的所有环节中处于最为关键的环节，企业对从业人员的专业能力素质要求较高，一般需要精通金融、风险管理的专门人员才能胜任该岗位工作，因而从事供应链金融与风险管理岗位的从业人员少而精，专业化要求高，并不需要所有从事供应链管理工作的人员具有供应链金融与风险管理的能力。从调研结果来看，企业对从事供应链管理工作人员的能力要求基本上涵盖了供应链管理的各个环节，要求从事供应链管理工作的人员具备供应链管理的专业能力，尤其是运营管理能力、系统规划与设计能力、实践运作能力、协调管理能力、信息管理能力等。

表 2-3　供应链管理能力要求序列（按平均综合得分排序）

供应链管理能力要求	平均得分
运营管理能力	4.17
系统规划与设计能力	3.88
协调管理能力	3.41
实践运作能力	3.27
信息管理能力	3.16
金融与风险管理能力	2.18

（4）供应链管理专业学生应当保有的素质

调研结果（如表 2-4 所示）显示，企业招聘过程中更看重供应链专业学生所需要具备的基本素质，由高到低依次是个人和团队能力素质、职业规范、创新意识和创新精神、战略思维、擅长谈判和协作、终身学习、可持续发展和社会责任、国际化专业视野等。由此可见，在单位招聘过程中，企业更为看重学生胜任供应链管理工作所必须具备的个人和团队能力素质、职业规范、创新意识和创新精神等；当然，像终身学习、可持续发展和社会责任、国际化视野等其他素质对于学生毕业后更好地胜任供应链管理工作，帮助学生职业生涯长远发展同样具有重要的意义。

表 2-4　供应链人才的素质构成

素质要求	词　频	占　比
战略思维	56	35.44%
国际化专业视野	26	16.46%
职业规范	81	51.27%
可持续发展和社会责任	38	24.05%
个人和团队	83	52.53%
擅长谈判和协作	46	29.11%
创新意识和创新精神	74	46.84%

续表

素质要求	词　频	占　比
终身学习	41	25.95%
其他	2	1.27%
企业合计/家	158	100.00%

根据以上调研数据，整理形成供应链管理专业的知识、能力和素质，如表 2-5 所示：

表 2-5　供应链人才的知识、能力和素质

知　识	能　力	素　质
供应链管理知识（93.67%）	沟通能力（26.58%）	个人和团队能力素质（52.53%）
数理统计知识（65.82%）	问题分析能力（24.05%）	职业规范（51.27%）
信息知识（67.72%）；	设计/开发解决方案能力（23.42%）	创新意识和创新精神（46.84%）
经济管理知识（62.03%）	项目管理能力（12.66%）	战略思维（35.44%）
国际化管理知识（42.41%）	现代工具使用能力（8.23%）	擅长谈判和协作（29.11%）
工程知识（38.61%）	研究能力（3.16%）；其他（1.9%）	终身学习（25.95%）
其他（2.53%）		可持续发展和社会责任（24.05%）
		国际化专业视野（16.46%）其他（1.27%）

综上所述，通过对互联网招聘机构供应链及物流类岗位招聘数据的挖掘分析和对全国 158 家有效样本企业的供应链管理岗位需求的调查，结果发现企业对从事供应链管理岗位人员的知识能力素质有着明确的偏好倾向和具体要求，这为高校供应链人才培养提出了明确的目标要求。高校供应链人才培养不仅要注重对学生供应链管理、数理统计分析、信息技术、经济管理等专业知识与专业技能的培养，还要注重培养学生团队沟通协作、创新意识与创新精神、终身学习、战略思维、国际化视野等方面的核心能力素质，从而更好地满足企业对供应链管理工作的要求，改善企业供应链运营管理水平，提升企业核心竞争实力和整体效能。

对于地方高校而言，供应链专业人才培养要致力于培养能够熟练掌握经济管理、供应链管理、现代信息技术等方面的专业知识和专业技能，能够运用所学知识有效解决企业供应链管理的实践问题，并具有创新意识和创新精神、团队沟通与协作能力、战略思维、良好的职业规范和终身学习、可持续发展能力、国际化视野等，熟悉县域产业特点，了解县域发展现状，能够胜任企业供应链管理岗位工作的复合型高级管理技术人才，促进县域经济发展，服务乡村振兴战略。

第三章

地方高校面向县域供应链管理专业的设置与实践

考察国内外供应链管理理论的发展和应用，有学者做出这样的论断：“始于企业运营，成于政府实践，兴于学界研究，盛于大学教育。”①高等教育是推动供应链管理理论创新和应用的最终，也是最根本环节，而地方高校教育又是高等教育的关键部分。因此，地方高校供应链管理教育的开展是供应链发展战略中极其重要的一环。

面向县域经济社会发展的供应链管理虽然重要，但在国内人们对其的认识才刚刚开始，地方高校供应链管理人才的培育也相对滞后。2017 年教育部才批准设立本科“供应链管理专业”，旨在满足国家供应链经济发展的特殊需求；2020 年正式纳入《普通高等学校本科专业目录（2020 年版）》，我国供应链管理教育起步虽晚但扩展迅速。显而易见的是，无论是供应链管理的理论发展还是大学教育开展，都是应国家或地方产业发展，具体说是应供应链经济发展的需求，呈现一种政府支持、供应链产业“需求导向式”的发展模式。

第一节　县域产业需求侧与教育供给侧的适应性逻辑

无论是布鲁贝克的高等教育哲学思想，还是潘懋元先生的“教育内外部关系规律理论”，本质上都是强调大学教育应当满足国家经济社会发展需要，培养适应经济发展需求的高素

① 何明珂．供应链管理的兴起：新动能、新特征与新学科[J]．北京工商大学学报（社会科学版），2020，35（03）：1-12.

质专业人才。

本研究以“县域产业需求侧与教育供给侧的适应性逻辑”为基础构建理论分析框架，以此来检视和分析国内外地方高校供应链管理专业人才培养的实践情况。具体来说，高校设置供应链管理专业是主动顺应新时期国家经济发展新格局下，地方经济发展对地方高校供应链专业人才培养的社会需要。作为特设专业，其本身就是应国家、地区经济社会发展的新需求开设的新兴专业。

在地方高校供应链管理专业人才培养中，县域产业需求侧与教育供给侧的协调性发展是其根本性原则，强调供应链人才培养的教育供给侧与产业需求侧的适应性是本研究的“逻辑起点”，也贯穿本研究的分析全过程。同时，从某种程度来说，高校人才培养，不仅是从国家的角度去培养满足经济社会发展需要的高素质专门人才，也要从学生主体发展的个人角度出发，促进学生身心素质健康发展，培养能够适应经济社会变化发展需要、具有社会竞争能力的高素质专业人才，使其实现自我价值和社会价值。①

因而，从县域产业需求侧与教育供给侧的适应性出发，对地方高校供应链管理专业设置和人才培养进行全面深入的研究分析，有助于我们更加全面深入地认识和促进地方高校供应链管理专业和人才培养的高质量发展。

第二节　地方高校供应链管理专业设置的总体状况

在国家政策支持和产业需求的“拉动”下，中国物流与采购联合会和教育部物流教指委携手合作，共同行动，加快推动高校供应链管理专业的申报设置，召开专题会议研究供应链管理的专业申报、培养方案和专业发展，助推武汉学院成为全国第一个获批设立供应链管理专业的本科高校。此外，中物联连续六年承接人社部专业技术人才知识更新工程物流与供应链高级研修项目，启动《供应链管理从业人员能力等级要求》行业人才标准编写工作，并于 2019 年启动第一届全国供应链大赛，至今已连续举办了三届，为高校供应链人才培养营造了良好的社会环境。

供应链管理是基于工商管理和物流管理等其他学科发展而来，通常是先有物流管理或工商管理，后有供应链管理。早在 2017 年供应链管理专业正式获批设立以前，国内一些高校便已经开始在物流管理、工商管理等其他专业开设供应链管理课程，设置供应链管理相关的专业方向，从事供应链人才培养的相关工作。例如，北京物资学院从 1994 年开始招收

① 何文晓. 高等教育合理性存在的哲学基础——兼论高等教育哲学的政治论和认识论[J]. 教育观察，2013, 2（08）: 5-7.

物流管理专业学生，不仅是国内最早开设物流管理专业的院校，也是教育部 2001 年首批恢复物流专业的院校，[①]2013 年在物流管理专业下设置国际物流与供应链方向，招收国际物流与供应链方向的本科生。

由此可见，在高校中供应链管理专业与物流管理专业之间存在着十分紧密的联系。与此相类似，供应链管理与物流工程、采购管理等专业也都存在着十分紧密的联系，它们在学科专业目录中都属于物流管理与工程大类，接受物流管理与工程类教学指导委员的统一指导。不过，相对于供应链管理来说，物流管理、物流工程和采购管理等专业发展时间早，办学历史较长，尤其是近年来随着科技变革和产业转型升级的日益加快，高校学科专业新旧更替趋于频繁，物流管理与工程类本科专业设置的动态调整也势在必行。

根据教育部《关于公布 2021 年度普通高等学校本科专业备案和审批结果的通知》（教高函〔2021〕14 号）[②]，统计整理结果显示（参见表 3-1），2021 年度物流管理与工程类专业共新增 17 个，其中物流管理专业新增 5 个、撤销 4 个，净增加 1 个；物流工程专业新增 1 个、无撤销，净增加 1 个；采购管理专业无新增、撤销 1 个，净减少 1 个；供应链管理专业新增 16 个，无撤销，延续强劲的增长势头。专业布点数量一增一减的变化，恰恰反映出我国高校物流管理与工程类专业此消彼长的发展态势，像物流管理、物流工程、采购管理等传统专业面临着发展压力，要么被撤销，要么需要改造转型；而供应链管理专业则处于蓬勃发展的热潮之中，和人工智能、数据科学与大数据技术、智能制造工程、机器人工程等专业一起成为近些年获准备案的热门专业。

表 3-1　高校物流管理与工程类专业布点情况　（单位：个）

	物流管理	物流工程	采购管理	供应链管理	专业点
2020 年度专业布点数	525	141	7	39	712
2021 年度备案专业数	5	1	0	16	22
2021 年撤销专业点数	4	0	1	0	5
2021 年可招生专业点数	526	142	6	55	729

数据来源：中华人民共和国教育部网站数据整理（不包括军事院校、成人继续教育院校开办的物流管理与工程类专业）

① 胡占君，胡伟. 质量为本，特色立校，创办特色鲜明的精品型大学——访北京物资学院院长谭向勇[J]. 北京教育（高教版），2007（02）：14-16.

② 教育部. 关于公布 2021 本科专业备案和审批结果的通知[EB/OL].http://www.moe.gov.cn/srcsite/A08/moe_1034/s4930/202202/t20220224_602135.html, 2021-12-10.

一、本科教育的启动和专业布点

2017 年度在中物联和教育部物流教指委的共同努力和积极推动下，武汉学院成为第一所设立“供应链管理”本科专业的院校。此后，2018 年度、2019 年度、2020 年度和 2021 年度又分别有 7 所、17 所、14 所、16 所高校陆续开设“供应链管理”本科专业，截至 2021 年大陆地区共有 55 所高校获批设立“供应链管理”本科专业（如表 3-2 所示），主要分布在北京、重庆等 20 个省、市、自治区，其中公办高校 37 所、民办高校 17 所、中外合作办学 1 所。

从办学层次来看，55 所高校中“双一流”高校占有 7 所，分别是山东大学、中央财经大学、对外经济贸易大学、西南财经大学、东华大学、大连海事大学、南京信息工程大学等高校。虽然只占到全部高校的 13%，但是“双一流”高校开设“供应链管理”本科专业，将对其他高校开设供应链管理专业起到重要的导向作用，将进一步推动我国高校供应链管理本科教育高质量快速发展。

表 3-2 国内高校供应链管理本科专业布点的情况

（共 55 所，截至 2021 年度）

开设单位	所在地区	备案时间	性质层次	学校类型
武汉学院	湖北省	2017 年	民办	财经类
中央财经大学	北京市	2018 年	公办、双一流	财经类
北京物资学院	北京市	2018 年	公办	财经类
保定学院	河北省	2018 年	公办	综合类
营口理工学院	辽宁省	2018 年	公办	理工类
上海海事大学	上海市	2018 年	公办、双一流	理工类
西交利物浦大学	江苏省	2018 年	中外合作	综合类
合肥学院	安徽省	2018 年	公办	综合类
山东大学	山东省	2019 年	公办、双一流	综合类
西南财经大学	四川省	2019 年	公办、双一流	财经类
大连海事大学	辽宁省	2019 年	公办、双一流	理工类
北京工商大学	北京市	2019 年	公办	财经类
北京城市学院	北京市	2019 年	民办	综合类
浙江万里学院	浙江省	2019 年	公办	综合类
安徽师范大学	安徽省	2019 年	公办	师范类
蚌埠学院	安徽省	2019 年	公办	综合类
厦门华厦学院	福建省	2019 年	民办	综合类

续表

开设单位	所在地区	备案时间	性质层次	学校类型
集美大学诚毅学院	福建省	2019 年	民办	综合类
河南工业大学	河南省	2019 年	公办	理工类
湖南工商大学	湖南省	2019 年	公办	财经类
广州城市理工学院	广东省	2019 年	民办	理工类
重庆科技学院	重庆市	2019 年	公办	理工类
重庆移通学院	重庆市	2019 年	民办	理工类
重庆第二师范学院	重庆市	2019 年	公办	师范类
成都信息工程大学	四川省	2019 年	公办	理工类
对外经济贸易大学	北京市	2020 年	公办、双一流	财经类
东华大学	上海市	2020 年	公办、双一流	理工类
内蒙古财经大学	内蒙古自治区	2020 年	公办	财经类
华北电力大学	北京市	2020 年	公办、双一流	理工类
黑龙江八一农垦大学	黑龙江省	2020 年	公办	农林类
浙江财经大学	浙江省	2020 年	公办	财经类
安徽财经大学	安徽省	2020 年	公办	财经类
福州外语外贸学院	福建省	2020 年	民办	外语类
湖北经济学院	湖北省	2020 年	公办	财经类
中南林业科技大学	湖南省	2020 年	公办	理工类
广东财经大学	广东省	2020 年	公办	财经类
重庆人文科技学院	重庆市	2020 年	民办	综合类
云南财经大学	云南省	2020 年	公办	财经类
西安欧亚学院	陕西省	2020 年	民办	财经类
大连东软信息学院	辽宁省	2021 年	民办	理工类
长春工业大学人文信息学院	吉林省	2021 年	民办	综合类
南京信息工程大学	江苏省	2021 年	公办、双一流	综合类
无锡太湖学院	江苏省	2021 年	民办	综合类
福建商学院	福建省	2021 年	公办	财经类
青岛理工大学	山东省	2021 年	公办	理工类
安阳师范学院	河南省	2021 年	公办	师范类
郑州西亚斯学院	河南省	2021 年	民办	综合类

续表

开设单位	所在地区	备案时间	性质层次	学校类型
湖南财经经济学院	湖南省	2021 年	公办	财经类
湖南医药学院	湖南省	2021 年	公办	医药类
深圳大学	广东省	2021 年	公办	综合类
广东金融学院	广东省	2021 年	公办	财经类
广东科技学院	广东省	2021 年	民办	综合类
广东新华学院	广东省	2021 年	民办	综合类
重庆财经学院	重庆市	2021 年	民办	财经类
成都锦城学院	四川省	2021 年	民办	综合类

数据来源：中华人民共和国教育部高等教育司网页资料整理

从区域分布（如表 3-3 所示）来看，目前国内开设供应链管理专业的高校大多分布在经济发达地区的重要城市或省会城市。这些地区供应链行业企业分布较为集中，供应链经济较为发达，对供应链管理专业人才需求也较为旺盛，不仅能够为高校供应链管理本科人才培养提供良好的办学条件和教学资源，同时也能够为深化政校企产学研合作提供充足的发展空间，推动供应链产教融合协同育人，促进高校供应链管理专业高质量发展。

表 3-3　供应链管理专业点区域分布情况

（共 55 所，截至 2021 年度）

地区	数量	院校名称
北京	6	中央财经大学、北京物资学院、北京工商大学、北京城市学院、对外经济贸易大学、华北电力大学
河北	1	保定学院
内蒙古	1	内蒙古财经大学
黑龙江	1	黑龙江八一农垦大学
辽宁	3	营口理工学院、大连海事大学、大连东软信息学院
上海	2	上海海事大学、东华大学
江苏	3	西交利物浦大学、南京信息工程大学、无锡太湖学院
浙江	2	浙江万里学院、浙江财经大学
安徽	4	合肥学院、安徽师范大学、蚌埠学院、安徽财经大学
福建	4	厦门华厦学院、集美大学诚毅学院、福州外语外贸学院、福建商学院
山东	2	山东大学、青岛理工大学

续表

地区	数量	院校名称
河南	3	河南工业大学、安阳师范学院、郑州西亚斯学院
湖北	2	武汉学院、湖北经济学院
湖南	4	湖南工商大学、中南林业科技大学、湖南财政经济学院、湖南医药学院
广东	6	广州城市理工学院、广东财经大学、深圳大学、广东金融学院、广东科技学院、广东新华学院
重庆	5	重庆科技学院、重庆移通学院、重庆第二师范学院、重庆人文科技学院、重庆财经学院
四川	3	西南财经大学、成都信息工程大学、成都锦城学院
云南	1	云南财经大学
陕西	1	西安欧亚学院
吉林	1	长春工业大学人文信息学院

与之相对应的是，由于目前高校供应链管理专业布点存在着空间分布不均衡的状况，且与经济社会发展协调性偏差；加上当前高校供应链管理专业布点数量依然较少，尚未实现对一线经济发达城市和省会中心城市的全覆盖，与国内区域供应链经济的协同发展不够，还难以充分满足区域供应链经济发展对高校供应链管理本科人才培养的迫切需求。例如，在东部沿海经济发达的一线城市，如上海、深圳、苏州、宁波等城市，以及中西部经济发达的省会中心城市，如兰州、西安、乌鲁木齐等，专业布点数量还较少，甚至有的城市高校供应链管理专业布点还为零，与地方供应链经济发展和供应链企业对供应链管理专业人才的需求不相协调，已经影响到区域供应链经济的发展和企业供应链竞争能力的提升。①

二、供应链管理专业的建设和发展

在教育部发布的《普通高等学校本科专业目录（2020 年版）》（以下简称《本科专业目录》）中，“供应链管理”位列其中，正式成为管理学门类物流管理与工程类专业下的特设专业（如表 3-4 所示），专业代码为 120604T，学位授予门类为管理学，修业年限为四年，标志着供应链管理专业正式获得官方认可。

① 梅艺华. 基于演化经济学的供应链管理专业设置区域布局分析[J]. 供应链管理, 2020, 1（08）: 86-96.

表 3-4　物流管理与工程类专业的专业构成

门类	专业类	专业名称	专业代码	学位授予门类	学制
管理学	物流管理与工程	物流管理	120601	管理学	4 年
		物流工程	120602		
		采购管理	120603T		
		供应链管理	120604T		

数据来源：教育部官网资料整理

高校供应链管理专业建设也快速启动。教育部物流教指委等部门和机构围绕供应链管理本科教育相关议题组织召开了多次学术研讨会，加快推进高校供应链管理专业建设工作，积极推进《普通高等学校供应链管理本科专业教学质量标准》研制工作，为高校供应链管理专业质量建设提供了重要的制度保障。

2019 年 5 月物流教指委在四川成都召开的办公会正式启动了《普通高等学校供应链管理本科专业教学质量标准》研制工作；2019 年 7 月在武汉召开“供应链管理本科专业教学质量标准研制研讨会”，起草制定了《普通高等学校供应链管理本科专业教学质量标准》；2021 年 7 月在广西桂林召开了第二十届全国高校物流专业教学研讨会暨物流与供应链产教融合创新发展高峰论坛，会上供应链管理专业建设工作组组长刘志学教授对《普通高等学校供应链管理本科专业教学质量标准》进行了解读，全面深入地介绍了该标准的制定过程、指导原则、核心思想和建设任务等主要内容，并面向与会专家就《普通高等学校供应链管理本科专业教学质量标准》公开征求意见，进一步推动了高校供应链管理专业本科教学质量标准建设，加快了高校供应链管理专业建设的步伐，对推动高校供应链管理专业高质量发展发挥了重要的促进作用。

三、供应链管理专业的新文科建设

自从 2019 年 4 月教育部启动“六卓越一拔尖”2.0 计划，开展新工科、新文科、新医科、新农科等“四新”学科建设以来，物流教指委围绕物流类专业新文科建设展开了充分的研讨和周密的部署，先后于 2020 年 9 月、10 月、11 月分别召开了物流专业新文科建设研讨会、物流教指委主任扩大会议、新文科建设工作会议，就物流类专业开展新文科建设的理念、思路、内容、方法等展开了全面深入的探讨，形成了物流类专业新文科建设的基本思路和工作计划。①

2020 年 12 月，物流教指委启动了物流管理与工程类专业新文科建设试点申报工作，这次新文科建设试点申报工作涉及物流管理、物流工程、采购管理和供应链管理 4 个专业，

① 黄有方. 推进管理学领域新文科建设的方向与举措[J]. 中国高等教育, 2021（01）: 17-19.

申报试点内容涵盖专业建设发展理论研究与实践、专业建设模式创新与实践、专业人才培养改革实践、专业重点工作领域研究、专业师资队伍建设改革实践和特色质量文化建设综合改革实践六大研究领域，涉及以质量提升为核心的管理体制机制建设实践、专业建设改革与发展研究、专业理论体系研究和建设、课程体系和教材体系建设实践、原有专业改造提升改革与实践、专业建设探索与实践、创新创业教育与实践、复合型人才培养创新与实践、高素质涉外人才培养创新与实践、政产学研协同育人机制创新与实践、教师教学发展示范中心建设实践、“文工融合”等领域新文科建设实践、经管法领域新文科建设实践 13 个方面的研究内容。

经过层层申报和严格审核，2021 年 3 月 31 日物流教指委共确定 8 个高校专业点列入首批供应链管理专业新文科建设试点项目名单（如表 3-5 所示），涵盖了研究型和应用型等不同层次、不同类型的高等院校，力图通过三年的试点建设，总结推广试点院校新文科建设的宝贵经验和实践做法，全面推动物流类专业的高质量发展。从入选院校来看，这些院校的供应链管理专业已经在办学实践过程中积累了相对丰富的办学经验，形成了较为鲜明的办学特色，在改革过程中也取得了较为显著的改革成果，对其他高校供应链管理专业建设具有重要的示范意义。

表 3-5　首批供应链管理专业新文科建设试点项目名单

学校名称	试点专业	试点领域	试点内容	负责人
山东大学	供应链管理	专业建设发展理论研究与实践	专业理论体系研究和建设	孟庆春
湖南工商大学	供应链管理	特色质量文化建设综合改革实践	以质量提升为核心的管理体制机制建设实践	周敏
南京信息工程大学	供应链管理	专业建设模式创新与实践	原有专业改造提升改革与实践	邱玉琢
厦门华厦学院	供应链管理	专业建设模式创新与实践	课程体系和教材体系建设实践	陈民伟
武汉学院	供应链管理	专业建设模式创新与实践	课程体系和教材体系建设实践	李延晖
西南财经大学	供应链管理	专业建设模式创新与实践	专业建设探索与实践	张汉鹏
中央财经大学	供应链管理	专业重点工作领域研究	经管法领域新文科建设实践	陈金亮
北京工商大学	供应链管理	专业重点工作领域研究	“文工融合”等领域新文科建设实践	卢强

数据来源：教育部高等学校物流管理与工程类专业教学指导委员会《关于公布物流管理与工程类专业新文科建设试点专业名单的通知》

2021 年 6 月，物流教指委在湖南工商大学组织召开了供应链管理专业新文科建设研讨会，来自全国二十多所高校的参会代表共同研讨了新时代背景下供应链管理专业新文科建设的具体策略。2021 年 7 月，在广西桂林召开的第二十届全国高校物流专业教学研讨会以“新时代、新文科、新物流”为研讨主题，会上正式发布了《物流管理与工程类专业新文科建设行动纲领》，该行动纲领以《新文科建设宣言》为愿景共识、指导思想和根本遵循，从人才培养的新目标、新标准、新模式和学科专业新布局、课程教学新体系、思政课程新要求、教学实践新范式和质量治理新文化七个方面描绘了供应链管理专业新文科建设的理想蓝图和行动路线[①]，确定了供应链管理专业新文科建设的主要目标、实践原则和行动要点，突出了物流管理与工程类新文科建设“文工融合”“文理融合”“人文自然融合”的特征，跨学科交叉互渗、跨领域深度融合，展现中国物流实践、凝练中国物流经验、体现中国物流智慧，充分体现了新时代、新经济、新业态下物流类专业建设的新内涵、新特色与新要求。[②]

由此，我国高校正式拉开供应链管理专业新文科建设的序幕，推动我国高校供应链管理新文科建设进入新的发展阶段。面向现实，展望未来，站在新的历史起点，高校供应链管理专业新文科建设肩负着总结中国特色供应链管理专业发展经验，探索中国特色供应链管理专业发展道路，构建中国特色高水平供应链管理本科人才培养模式的重要使命，并将推动我国高校供应链管理新文科建设高质量发展，为国家供应链创新运用提供教育人才的动力支持。

第三节　地方高校供应链管理培养方案的显著特点

专业是课程的一种组织形式。[③]高校课程教学是高校人才培养的中心环节，课程是高校人才培养的重要载体，承载着高校人才培养对受教育者知识、能力和素质的具体要求，体现着高校人才培养的目标规格和具体要求，也是高校落实人才培养目标的重要渠道，以人才培养理念和目标为依据推进高校课程体系的规划、设计和实施，是高校课程体系建设的主要内容。[④]因而，课程体系建设是高校供应链管理人才培养的关键，通过对地方高校供应链管理人才培养方案中课程体系设置的具体分析，有助于我们更加全面深入地了解地方

① 荆浩，马佳，成丽．新文科背景下航空院校物流管理专业发展模式探析[J]．物流技术，2022, 41（01）：138-141.

② 教育部物流教指委．物流管理与工程类专业新文科建设行动纲领[EB/OL].https://mp.weixin.qq.com/s/zsYLO6nbSe5LbNAEPpAIaA, 2021-07-31.

③ 潘懋元．高等教育学[M]．福州：福建教育出版社，1995:128.

④ 崔颖．高校课程体系的构建研究[J]．高教探索，2009（03）：88-90.

高校供应链管理人才培养的具体实践。

到2021年度，国内已开设供应链管理专业的本科院校为55所，大部分是在已有物流管理等相关专业，通过资源的优化整合，并充分发挥自身优势特征的基础上申办的供应链管理新专业。从各高校公开的专业简介中可以看出，供应链管理专业是涉及多学科专业知识，拥有众多细分就业领域和岗位的新商科专业或新工科专业。各高校一方面积极响应了市场的需求特征，另一方面，通过对供应链内涵的挖掘，在采购管理、运营计划、物流控制等方面提出了更高的专业要求，充分体现了供应链管理的高效协作、整体性思维、运作优化等方面的管理思想。

人才培养方案是高校本科专业建设的核心内容，它不仅是专业开办和教学运行的重要文件依据，也是人才培养和质量提升的根本保证举措，以选择人才培养方案为视角，能够有效透视高校专业建设面临的困境。[①]本部分的研究基于供应链管理专业已招生院校的培养方案的文本分析。研究者通过承担的物流教指委新文科建设试点“供应链管理专业课程体系和教材建设实践”项目，收集到已招生的32所高校（如表3-6所示）的供应链管理本科人才培养方案（纸质版材料），具有广泛性和有效性。从具体课程设置出发，纵览各院校供应链管理专业设置的课程、各类课程设置与占比情况，考察现有课程体系是否与社会、与产业人才需求相适应，为问题分析奠定基础。

表3-6　32所样本高校名单

大学名称	
武汉学院	河南工业大学
中央财经大学	湖南工商大学
北京物资学院	广州城市理工学院
保定学院	重庆科技学院
营口理工学院	重庆移通学院
上海海事大学	重庆第二师范学院
合肥学院	东华大学
山东大学	内蒙古财经大学
西南财经大学	黑龙江八一农垦大学
大连海事大学	浙江财经大学
北京工商大学	安徽财经大学

① 郑继兵，王绍峰．从人才培养方案透视高校专业建设的困境及出路[J].江苏高教，2013（01）：45-47.

续表

大学名称	
大学名称	大学名称
浙江万里学院	福州外语外贸学院
安徽师范大学	湖北经济学院
蚌埠学院	中南林业科技大学
厦门华厦学院	重庆人文科技学院
集美大学诚毅学院	云南财经大学

一、高校供应链管理本科专业人才培养的目标定位

人才培养目标是高校人才培养活动的出发点和落脚点，其对培养目标的具体要求规定了高校人才培养的目标方向和具体规格，不仅是高校办学思想和育人理念的外在表现，也是高校学科专业发展优势特色的具体呈现，更是成为高校规划实施教育教学活动、开展高校人才培养和对高校人才培养质量进行科学评价的重要依据。[①]因而，通过对高校供应链管理专业本科人才培养目标进行具体分析，能够为深入分析高校供应链管理专业人才培养提供重要的认识依据，进一步明确我国高校供应链管理专业本科人才培养的目标定位和发展方向。

具体来说，我国高校供应链管理专业本科人才培养目标主要面向供应链行业领域的企事业单位及相关组织，旨在培养能够从事供应链管理科学研究和应用实践等工作的复合型、应用型、创新型人才。从人才培养的类型定位来看，高校供应链管理专业不仅要培养能够从事供应链管理科学研究的学术研究型人才，也要培养能够从事供应链管理应用实践的应用技术型人才，但不管是学术研究型人才还是应用技术型人才，高校供应链管理专业人才培养都强调学生要适应供应链经济发展的需要，系统地掌握管理学、经济学与工学基本理论知识以及供应链管理领域的相关理论、方法和工具，具有较强的供应链战略决策、系统规划及运作优化能力，能够将供应链管理的专业理论方法运用到供应链管理实践之中，强调供应链管理理论与实践应用相结合的综合能力。除此以外，高校供应链管理专业还要促进学生德、智、体、美、劳全面发展，培养学生具有良好的人文精神与科学文化素养、高度的社会责任感和开放的国际视野，深厚的本土情怀、创新创业意识和团队合作精神等通用能力素质，以更好地满足供应链管理专业学生全面发展的教育需要。

① 钟建平. 应用型本科高校人才培养的目标定位研究——基于全国 21 所转型试点高校的分析[J]. 才智，2022（12）：84-86.

表 3-7 供应链管理本科专业人才培养的知识能力素质结构

知识要求	通识知识：具有一定的人文社会科学和自然科学基本知识；较好的数学、英语、计算机等通用工具知识；基础的工程技术知识。
	学科基础知识：具备扎实的管理学、经济学理论，掌握管理科学与工程基本决策方法，了解供应链相关政策和法律法规，熟悉供应链运作与管理的相关现状、发展趋势和学科前沿。
	专业知识：具有系统的供应链管理理论知识；掌握丰富的供应链管理及运营的技术与方法；掌握供应链建模与仿真相关工具及方法；学会运用供应链战略思维。
能力要求	表达与沟通能力：准确、清晰的中英文口头与书面表达、沟通能力；较好的商务写作、商务沟通和一定的谈判能力。
	专业能力：具有国际化供应链管理的运作管理能力、分析咨询能力、管理决策能力和一定的创新改进能力；能综合运用供应链管理的理论及相关技术手段解决实际问题。
	学习与创新能力：具有主动探索、学以致用、自我更新知识的能力与习惯；勇于并善于进行创新性思考与行动的能力，能够基于供应链管理专业知识采用科学方法对各种专业问题进行研究，并能创造性地提出解决方案。
	工作能力：能够适应跨文化工作要求；综合运用方法与知识独立开展工作的能力；具有较强的计划能力、组织能力、沟通能力、协调能力和信息获取能力；具备较强的调查能力、数据及资料的搜集和处理能力；具有较强的分析问题、解决问题的能力；具有独立获取本专业相关知识的学习能力和创新意识；具备将学习的专业理论与知识融会贯通、灵活应用的实践能力；能够在大型企业、跨国公司从事企业供应链运营管理、国际供应链运作管理等工作。
素质要求	身心素质：具备健全的人格、健康的身体、乐观积极的心理素质和兼容并蓄、勇于创新的求知精神。
	公民素质：理解、认同并遵循国际交往惯例；忠实于我国社会核心价值、基本共识和规则。
	职业素养：具备全球战略眼光和国际化交往能力；具有人文社会科学素养、社会责任感，能够在供应链管理实践中理解并遵守供应链职业道德和规范，履行相应的社会责任；爱岗敬业、追求卓越。
	专业素养：兼具科学精神和人文情怀；积极践行理论结合实践；创新进取、勇于实践；根植供应链相关领域，服务社会、造福大众的专业素养。

表 3-8　全国部分高校供应链管理本科专业人才培养的目标定位

高校/标准	目标定位	专业知识	专业能力与素质	通用能力与素质
本科教学质量标准	在企事业单位及相关组织从事供应链管理科学研究、应用实践等工作的复合型、创新型专门人才。	系统地掌握供应链管理领域的相关理论、方法与工具。		以习近平新时代中国特色社会主义思想为引领，将立德树人作为人才培养的根本任务，培养树立社会主义核心价值观，具有高度的社会责任感和使命感、良好的科学文化素养和国际化视野、高尚的道德情操和德智体美劳全面发展，面向未来发展、面向国际前沿、扎根中国实际，具备较强的创新精神、创业意识和一定的创新创业能力。
北京物资学院	在企事业单位及相关组织从事供应链管理科学研究、应用实践等工作的复合型、应用型人才。	掌握管理学、经济学与工学基本理论知识以及供应链管理领域的相关理论、方法和工具。	具有较强的供应链战略决策、系统规划及运作优化能力，具备国际交流、实践技能等优势。	培养德、智、体、美、劳全面发展，具有历史使命感和社会责任心、国际视野和创新精神。
北京工商大学	“文理兼修，工管结合，跨界融合”的复合型高级供应链管理国际人才。	掌握现代供应链管理理论与方法。	具有复杂数据分析能力、金融投资分析能力、企业咨询能力、有效沟通能力、科学研究能力、战略规划能力、可持续学习和逻辑思维能力。	培养践行社会主义核心价值观，具有社会责任感和创新精神，适应国家经济建设需要，具备人文精神与科学素养，具有国际视野、本土情怀、创新意识、团队精神。

续表

高校/标准	目标定位	专业知识	专业能力与素质	通用能力与素质
合肥学院	能够在生产企业、流通企业、供应链服务业和科研机构等企事业单位从事供应链系统规划与设计、供应链运营管理等工作的“高层次、应用型、国际化”的供应链管理人才。	具备管理学、经济学和物流学等学科相关知识和能力，具有坚实的外语、数学、计算机基础，能够较系统地掌握供应链管理理论、技术与方法。	具备跨职能、跨企业边界的协同管理能力，具有较好的知识应用能力和实践创新能力。	适应我国社会经济发展需要，德、智、体、美、劳全面发展，具有良好的科学文化素养、高度的社会责任感和国际视野。
厦门华厦学院	能在各类组织中从事供应链资源规划、协同运营管理及信息技术服务的高素质应用型人才。	适应国家供应链战略发展需要，系统地学习经济、管理、财会、运营、营销等基础理论，掌握供应链管理的基本理论、方法和技能。	具备跨职能、跨组织边界的协同管理能力。	德、智、体、美、劳全面发展，适应国家供应链战略发展需要。

总体上来看，虽然各高校供应链管理本科专业人才培养目标较为明确，主要内容表述基本一致，都旨在面向供应链行业企业发展培养能够胜任供应链管理岗位工作的复合型专业化人才，但是具体到不同层次、不同类型的高校，供应链管理专业人才培养目标存在着较为明显的差异和特色，尤其是在一些办学定位较为明确和学科专业特色较为突出的高校，其供应链管理专业人才培养具有鲜明的学科专业特色，与学校自身的办学定位、学科专业优势、区位优势等紧密地结合在一起，较好地满足了国家和地区供应链经济发展对供应链管理专业人才培养的多样化需求。例如，北京物资学院供应链管理专业遵循“厚基础、宽口径、重实践、求创新”的教育理念，按照供应链管理对“采购管理—物流管理/物流工程—质量管理”知识结构系统化的具体要求，全面加强学生的供应链管理全流程的理论学习和实践训练，要求学生系统掌握管理学、经济学与工学基本理论知识以及供应链管理领域的相关理论、方法和工具，具有较强的供应链战略决策、系统规划及运作优化能力，具备国际交流、实践技能等优势，可在企事业单位及相关组织从事供应链管理科学研究、应用实践等工作，具有历史使命感和社会责任心、国际视野和创新精神的复合型、应用型人才。再如，西南财经大学供应链管理专业秉承“知行并重，创新引领”的人才培养理念，依托

学校工商、财经等学科领域的特色优势，要求学生通过在校学习系统掌握物流与供应链管理的基本思维和研究方法，掌握统计学、数学、计算机技术等方面的技术方法，熟练掌握经济管理和金融知识，培养学生有效解决供应链金融、运营及数据决策与分析等管理问题的能力，并通过实践教学等提升学生的沟通协调能力、团队合作与领导能力等，从而把学生培养成为具有较强创新精神和国际视野的高素质应用型、复合型高级专门人才。

为了更好地贯彻落实高校供应链管理专业的人才培养目标，大部分高校还专门设计了各种形式的人才培养矩阵，将供应链管理专业培养目标层层分解为若干个知识能力素质指标，然后将培养方案中开设的一门课程与专业培养目标一一对应，以更好地贯彻落实供应链管理本科人才培养目标，促进供应链管理专业知识能力素质的有效达成。其中，中南林业科技大学供应链管理专业制定的培养要求实现矩阵（如表 3-9 所示）具有示范性。人才培养目标具体分解为两个方面的知识要求（通用知识和专业知识）、7 个方面的能力要求（表达能力、创新能力、专业能力、工作能力、合作能力、学习能力和通识能力）和 5 个方面的素质要求（身心素质、公民素质、文化素养、专业素养、职业素养），并详细列出了与之对应的具体课程，明确了哪些课程教学过程对应学生哪方面的知识能力素质，以更好地贯彻落实供应链管理专业的人才培养目标，促进学校供应链管理本科人才培养目标的有效达成。

表 3-9　中南林业科技大学供应链管理专业培养要求实现矩阵

序号	培养要求（指标点）	能力实现的教学过程
1	思想与身心健康： 坚持社会主义核心价值观，具有坚定的政治立场，热爱祖国，具有为国家富强、民族昌盛而奋斗的志向和社会责任感，树立科学的世界观，同时具有遵纪守法、爱岗敬业、团结协作的品质及良好的社会公德和职业道德。	课程：思想道德修养及法律基础、大学生心理健康、军事理论、中国近代史纲要、毛泽东思想和中国特色社会主义理论体系概论、马克思主义基本原理概论、体育、林学概论等； 实践环节：中国近代史纲要课外实践、马克思主义基本原理课外实践、毛泽东思想和中国特色社会主义理论体系概论课外实践； 第二课堂：林学概论、军事训练与安全教育、军事理论与实践。

续表

序号	培养要求（指标点）	能力实现的教学过程
2	专业知识： 能够将数学、管理学、工程基础和专业知识用于解决供应链系统复杂工程问题。	课程：Python、高等数学、大学物理、线性代数、概率论与数理统计、信息素养与信息检索、商务智能与数据挖掘、物流运筹学、供应链管理、供应链信息管理、国际物流学、供应链与物流系统建模、物流数据库原理、大数据与智慧供应链、供应链规划与设计； 实践环节：Python 实验、大学物理实验、商务智能与数据挖掘实验、物流运筹学实验、供应链规划与设计实验、供应链与物流系统建模实验、物流数据库原理实验、大数据与智慧供应链实验； 第二课堂：各类学科竞赛、科技创新活动、校内外教授论坛、校外企业专家专题讲座、面向本科生讲座，如物流大家谈之博士论坛。
3	问题分析能力： 具有逻辑思维、系统分析和发现供应链管理问题的能力，能够应用数学、管理学和工程科学的基本原理，识别、表达、并通过文献研究分析复杂供应链系统决策与优化设计问题，以获得有效结论。	课程：高等数学、大学物理、线性代数、物流运筹学、概率论与数理统计、商务智能与数据挖掘、供应链管理、供应链规划与设计、供应链与物流系统建模、物流数据库原理、大数据与智慧供应链、供应链规划与设计、供应链项目管理、供应链信息管理、供应链金融、供应链风险管理； 实践环节：大学物理实验、物流运筹学实验、供应链与物流系统建模实验、物流数据库原理实验、大数据与智慧供应链实验、供应链管理实验、供应链信息管理实验、供应链金融实训； 第二课堂：各类学科竞赛、科技创新活动、校内外教授论坛、校外企业专家专题讲座、面向本科生讲座，如物流大家谈之博士论坛。
4	设计/开发解决方案： 能够设计针对复杂供应链管理问题的解决方案，并能够在设计环节中体现创新意识，考虑社会、健康、安全、法律、文化以及环境等因素。	课程：供应链与物流系统建模、供应链规划与设计、供应链管理、国际物流学、大数据与智慧供应链、供应链项目管理、供应链信息管理、供应链金融、供应链专题讲座、服务供应链管理、供应链风险管理； 实践环节：供应链与物流系统建模实验、供应链管理实验、大数据与智慧供应链实验、供应链信息管理实验、国际物流学实验、供应链金融实训、供应链项目管理课程设计、供应链规划与设计课程设计、毕业设计（论文）； 第二课堂：生态文明实践（创新创业教育）、就业指导与实践。

续表

序号	培养要求（指标点）	能力实现的教学过程
5	研究、使用现代工具： 掌握供应链管理专业必需的绘图、计算分析、软件操作方法，能够基于供应链管理相关理论与方法，对物流系统复杂工程问题进行研究，包括数据采集、实验、数据处理与分析，并通过信息综合得到合理有效的结论。	课程：AutoCAD、ERP 原理与应用、商务智能与数据挖掘、人工智能导论、大数据与智慧供应链、供应链信息管理； 实践环节：ERP 原理与应用实验、大数据与智慧供应链实验、商务智能与数据挖掘实验、供应链信息管理实验、供应链信息管理课程设计、毕业设计（论文）； 第二课堂：大学生研究性学习及创新实验设计项目、物流设计大赛及各类科技创新活动。
6	专业与社会： 具有人文社会科学素养、社会责任感，能够在供应链管理实践中理解并遵守职业道德和规范，履行责任。	课程：思想道德修养及法律基础、心理健康教育、大学生职业生涯规划、中国近代史纲要、马克思主义基本原理、林学概论、创新创业基础、军事理论等； 实践环节：专业综合实习、毕业实习； 第二课堂：校外企业专家专题讲座、生态文明实践、创新创业教育、心理健康教育实践课、就业指导与实践等。
7	个人和团队： 能够在跨行业和多学科背景下的团队中承担个体、团队成员以及负责人的角色。能够在团队中正确发挥个人作用；能够与团队成员保持协调与合作。	课程：创新创业基础、心理健康教育、大学生职业生涯规划、体育； 实践环节：专业认知实习、专业综合实习、毕业实习、毕业设计（论文）、社会调查等； 第二课堂；军事训练与安全教育、军事理论与实践、心理健康教育实践课、就业指导与实践、党建活动、文体活动、各类学科竞赛、科技创新活动等。
8	沟通： 能够就供应链管理复杂工程问题与业界同行及社会公众进行有效沟通和交流，包括撰写报告和设计文稿、陈述发言、清晰表达或回应指令。并具备一定的国际视野，能够在跨文化背景下进行沟通和交流。	课程：文献检索、大学英语精读、大学英语高级选修课程、大学生职业生涯规划、供应链管理专业英语、应用文写作等； 实践环节：专业认知实习、专业综合实习、国际物流实训、供应链管理课程设计、毕业实习、毕业设计（论文）等； 第二课堂：大学英语自主学习听说训练课、学术论坛、学术讲座、校外企业专家专题讲座、与国外大学合作交流等。

续表

序号	培养要求（指标点）	能力实现的教学过程
9	风险管理： 理解并掌握供应链风险管理原理与经济决策方法，并能在多学科环境中应用。在处理供应链问题中能运用正确的风险管理思维，对供应链管理中的风险问题能够进行经济分析，并做出合理的决策。	课程：供应链风险管理、供应链金融、供应链项目管理、ERP原理及应用等； 实践环节：ERP 原理及应用实验、供应链金融实训、供应链项目管理课程设计、专业综合实习、毕业实习、毕业设计（论文）等。
10	环境和可持续发展： 能够理解和评价针对供应链复杂系统工程问题的实践对环境、社会可持续发展的影响。熟悉供应链管理专业相关的环境保护和可持续发展的方针政策；能从可持续发展的角度对智慧供应链项目进行评价。	课程：供应链管理导论、林学概论等； 实践环节：专业综合实习、毕业实习。
11	文化素养： 具备中西合璧、古今融通的文化素养。	课程：中国近现代史纲要、大学英语精读、大学英语高级选修课程、供应链管理专业英语； 第二课堂：大学英语自主学习听说训练课。
12	职业素养： 具备爱岗敬业、追求卓越的职业素养。	课程：大学生职业生涯规划、创新创业基础； 实践环节：专业认知实习、专业综合实习、毕业实习等； 第二课堂：创新创业教育、就业指导与实践等。
13	公民素质： 具备理解、认同并遵循社会核心价值、基本共识和规则的公民素质。	课程：思想道德修养和法律基础、马克思主义基本原理、毛泽东思想和中国特色社会主义理论体系概论、形势与政策等； 第二课堂：军事训练与安全教育、军事理论与实践等。
14	身心素质： 养成健康的身体与心理素质。	课程：体育、心理健康教育等； 第二课堂：军事训练与安全教育、军事理论与实践、心理健康教育实践课、各种运动比赛、各种运动项目协会、心理健康协会等。

续表

序号	培养要求（指标点）	能力实现的教学过程
15	终身学习： 具有自主学习和终身学习的意识，有不断学习和适应发展的能力。	课程：思想道德修养及法律基础、创新创业基础、心理健康教育、应用文写作、大学生职业生涯规划等； 实践环节：专业认知实习、专业综合实习、毕业设计（论文）等； 第二课堂：创新创业教育、就业指导与实践、各种社团活动、英语角等。

资料来源：中南林业科技大学供应链管理专业培养方案

二、高校供应链管理本科专业课程体系的具体考察

专业是课程的一种组织形式。①专业一般有其明确的目标指向，对人才素养与能力结构提出具体要求，本科专业的建设则离不开指向社会特定职业的人才培养方案与课程体系。②在高校人才培养的诸多环节之中，课程教学是高校人才培养的中心环节，课程是高校人才培养的重要载体，承载着高校人才培养对受教育者知识、能力和素质的具体要求，体现着高校人才培养的目标规格和具体要求，也是高校落实人才培养目标的重要渠道，以人才培养理念和目标为依据推进高校课程体系的规划、设计和实施，是高校课程体系建设的主要内容。③因而，课程体系建设是高校供应链管理专业本科人才培养的关键，通过对高校供应链管理专业本科人才培养方案中课程体系设置进行具体分析，有助于我们更加全面深入地了解高校供应链管理专业本科人才培养的具体实践。

（一）供应链管理专业课程体系的具体构成

具体来说，按照高校供应链管理专业本科人才培养的目标需求，我国高校坚持理论与实践相结合、通识教育与专业教育相结合、多学科课程相结合的教育理念，逐步构建起以“通识教育课程—学科基础课程—专业教育课程—创新创业教育课程”为主要内容的模块化课程体系。④尽管从各个高校制定的人才培养方案来看，不同高校课程模块命名、类型划分和课程归类等不太一致，但大体上主要包括上述几个模块，课程体系结构具有较高的一致性。高校供应链管理专业课程体系主要包括：

① 潘懋元. 高等教育学[M]. 福州：福建教育出版社, 1995: 128.
② 阎光才. 重新思考本科教育定位[N]. 光明日报, 2022-05-24.
③ 崔颖. 高校课程体系的构建研究[J]. 高教探索, 2009（03）: 88-90.
④ 周德俭，莫勤德. 地方普通高校应用型人才培养方案改革应注意的问题[J]. 现代教育管理, 2011（03）: 63-67.

①公共基础课程。如大学英语、大学体育、思想政治理论课程、大学计算机等，是面向全校学生开设的公共基础课程，有的高校也将这一部分课程归类到通识教育课程之中，将其称为通识教育基础课程或通识教育必修课程。

②通识教育课程。旨在满足学校全人教育发展的需求，培养学生的道德情操、价值情怀和健全人格，促进学生创新能力和综合素养的全面发展，面向全校学生开设的、具有跨学科特性的核心课程，一般来说按照不同的学科领域和功能面向可以划分为人文学科、社会科学、自然科学、生命科学等几大模块，供学生自主选择，有的高校也将其称为通识教育选修课程。

③学科基础课程。因专业教育的需要所开设的学科基础课程，如高等数学、经济学、管理学和计算机等学科领域的基础课程，旨在让学生掌握计算机、数理统计、经济管理、财务会计、市场营销、管理信息系统等方面的基础理论和专业知识，为下一步深化供应链管理专业学习奠定坚实的学科知识基础。

④专业基础课程/专业必修课程。主要是指为满足供应链专业人才培养的专业知识需要所开设的与供应链专业直接相关的专业课程，包括物流与供应链管理的专业核心课程，如供应链管埋基础、供应链规划与设计、采购与供应管理、生产运营管理、库存管理控制、物流运营管理、供应链信息管理、供应链战略管理、供应链建模与仿真等。

⑤专业选修课程。主要是指结合学校学科专业特色与人才培养的特色需要，面向本专业学生开设的方向性专业选修课程，旨在拓宽学生的专业基础，促进学生专业知识的深入发展，是在专业范围内为学生提供的个性化课程，比如供应链风险管理、供应链金融、智慧供应链管理、绿色供应链管理、全球供应链管理、供应链质量管理等。

⑥实践教学环节。主要是指为锻炼学生专业实践技能，提高学生实践操作能力所开展的实践教学环节，既包括以入学教育、军事技能训练等为主要内容的基础性实践教学环节，也包括以促进专业理论知识的运用与实践，提高专业实践技能为主要目的，包括认知实习、专业实习、毕业实习和毕业论文设计等在内的专业性实践教学环节，还包含以创新创业能力训练为主要内容，鼓励学生开展创新创业实践，积极参加学科竞赛、社会实践、学术讲座等创新实践教学环节。

各高校还根据学校人才培养的具体特色开设了诸如自由选修课程、全人教育课程、素质拓展课程、跨学科选修课程、职业进阶模块课程等课程，为学生提供丰富的课程教学内容，以满足新时期经济社会发展和学生个性化发展对学校课程教学资源的多样化需求。

如下所示，通过对 32 所样本高校的供应链管理专业培养方案中按课程类别——公共基础/通识教育课程、专业教育课程（包括学科基础课程、专业必修课程、专业选修课程等）、实践教学课程（包括实验实践、创新创业教育课程）等分模块统计整理、统计（如表 3-10 所示），为进一步全面深入分析提供重要的基础数据支撑。

表 3-10 32 所样本高校供应链管理本科专业课程体系分模块学分统计

序号	学校名称	总学分	公共基础/通识教育课程				专业课程类						实践教学环节					
			学分小计	占比	公共基础学分	通识教育学分	小计	占比	必修		选修		小计	占比	实验实践		创新创业	
									学分	占比	学分	占比			学分	占比	学分	占比
1	武汉学院	169	65	38.5%		65	88	52.1%	44	26.0%	44	26.0%	16	9.5%	12	7.1%	4	2.4%
2	中央财经大学	158	69	43.7%	57	12	80	50.6%	45	28.5%	35	22.2%	9	5.7%	7	4.4%	2	1.3%
3	北京物资学院	157	96	61.1%	40	56	33	21.0%	18	11.5%	15	9.6%	28	17.8%	22	14.0%	6	3.8%
4	保定学院	198	53	26.8%		53	100	50.5%	90	45.5%	10	5.1%	45	22.7%	35	17.7%	10	5.1%
5	营口理工学院	172.5	44	25.5%		44	92	53.3%	70	40.6%	22	12.8%	36.5	21.2%	32.5	18.8%	4	2.3%
6	上海海事大学	169	51	30.2%		51	85	50.3%	71	42.0%	14	8.3%	33	19.5%	30	17.8%	3	1.8%
7	合肥学院	234.5	54	23.0%		54	107	45.8%	75.5	32.2%	32	13.6%	74	31.6%	61	26.0%	13	5.5%
8	山东大学	158	48	30.4%		48	97	61.4%	78	49.4%	20	12.7%	13	8.2%	12	7.6%	1	0.6%
9	西南财经大学	160	68	42.5%		68	70	43.8%	40	25.0%	30	18.8%	22	13.8%	20	12.5%	2	1.3%
10	大连海事大学	171.5	53.5	31.2%		53.5	91.5	53.4%	41.5	24.2%	50	29.2%	26.5	15.5%	24.5	14.3%	2	1.2%
11	北京工商大学	156	53	34.0%		53	91	58.3%	61	39.1%	30	19.2%	12	7.7%	9	5.8%	3	1.9%
12	浙江万里学院	160	66	41.3%		66	65	40.6%	33	20.6%	32	20.0%	29	18.1%	20	12.5%	9	5.6%
13	安徽师范大学	160	75	46.9%	28	47	57	35.6%	44	27.5%	13	8.1%	28	17.5%	17	10.6%	11	6.9%
14	蚌埠学院	157	45	28.7%	6	39	71	45.5%	63.5	40.4%	8	5.1%	40.5	25.8%	36.5	23.2%	4	2.5%
15	厦门华厦学院	165	67	40.6%		67	61	37.0%	48	29.1%	13	7.9%	37	22.4%	29	17.6%	8	4.8%
16	集美大学诚毅学院	162	46.5	28.7%	46.5		72.5	44.8%	60.5	37.3%	12	7.4%	43	26.5%	38	23.5%	5	3.1%
17	河南工业大学	154	54	35.1%		54	72	46.8%	41	26.6%	31	20.1%	28	18.2%	26	16.9%	2	1.3%

续表

序号	学校名称	总学分	公共基础/通识教育课程				专业课程类						实践教学环节					
			学分小计	占比	公共基础学分	通识教育学分	小计	占比	必修		选修		小计	占比	实验实践		创新创业	
									学分	占比	学分	占比			学分	占比	学分	占比
18	湖南工商大学	151	52	34.4%		52	75	49.7%	53	35.1%	22	14.6%	24	15.9%	18	11.9%	6	4.0%
19	广州城市理工学院	162	50	30.9%		50	80.5	49.7%	50	30.9%	30.5	18.8%	32	19.8%	30	18.5%	2	1.2%
20	重庆科技学院	162	47	29.0%		47	85	52.5%	67	41.4%	18	11.1%	30	18.5%	29	17.9%	1	0.6%
21	重庆移通学院	158	78	49.4%	60	18	40	25.3%	28	17.7%	12	7.6%	40	25.3%	35	22.2%	5	3.2%
22	重庆第二师范学院	160	47	29.4%		47	92	57.5%	64	40.0%	28	17.5%	21	13.1%	16	10.0%	5	3.1%
23	东华大学	176	55	31.3%		55	77.5	44.0%	68	38.4%	10	5.7%	43.5	24.7%	41.5	23.6%	2	1.1%
24	内蒙古财经大学	150	63	42.0%	51	12	70	46.7%	37	24.7%	33	22.0%	17	11.3%	16	10.7%	1	0.7%
25	黑龙江八一农垦大学	160	44	27.5%		44	79	49.4%	54	33.8%	25	15.6%	37	23.1%	35	21.9%	2	1.3%
26	浙江财经大学	160	69	43.1%		69	69	43.1%	40	25.0%	29	18.1%	22	13.8%	18	11.3%	4	2.5%
27	安徽财经大学	160	63	39.4%	16	45	57	35.6%	44	27.5%	13	8.1%	40	20.0%	32	20.0%	8	5.0%
28	福州外语外贸学院	159	58	36.5%		58	81	50.9%	52	32.7%	29	18.2%	20	12.6%	17	10.7%	3	1.9%
29	湖北经济学院	160	64	40.0%		64	65	40.6%	44	27.5%	21	13.1%	31	19.4%	28	17.5%	3	1.9%
30	中南林业科技大学	162	45.5	28.1%		45.5	80.5	49.7%	60.5	37.3%	20	12.3%	36	22.2%	34	21.0%	2	1.2%
31	重庆人文科技学院	159	56	35.2%		56	79	49.7%	55	34.6%	24	15.1%	24	15.1%	22	13.8%	2	1.3%
32	云南财经大学	155	67	43.2%	16	51	69	44.5%	61	39.4%	8	5.2%	19	12.3%	14	9.0%	5	3.2%

续表

序号	学校名称	总学分	公共基础/通识教育课程				专业课程类						实践教学环节					
			学分小计	占比	公共基础学分	通识教育学分	小计	占比	必修		选修		小计	占比	实验实践		创新创业	
									学分	占比	学分	占比			学分	占比	学分	占比
指	平均值	164.2	58.3	36.1%			76	46.0%	53.2	32.2%	21	12.0%	29.4	20.7%	25.5	18.0%	3.9	2.7%
标	中位数	160	55.5	35%	40	52	78.3	48.1%	53.5	33.0%	22	13.4%	28.5	18.2%	25.3	15.6%	4	2.3%
表	众数	160	63	—	16	47	57	35.60%	44	30.0%	13	8.1%	28	13.8%	35	12.5%	2	1.3%
现	最大值	234.5	96	61.1%	60	69	107.5	61.4%	90	50%	50	29.2%	74	31.6%	61	26%	13	6.9%
	最小值	150	44	23%	6	12	33	21%	18	11%	8	5.1%	9	5.7%	7	4.4%	1	0.6%
	极差	84.5	52	38.1%	54	57	74.5	40.4%	72	40%	36	21%	65	25.9%	54	21.6%	12	6.3%
	方差	240.6	137.6	0.7%	391.4	205	0.8	1%	243.5	1%	88.4	0.3%	162.1	0.4%	126.9	0.3%	9.7	0%

注：学科基础课程计入专业类课程必修

从学分分布来看，各高校供应链管理本科专业毕业学分要求介于150~234.5个学分之间，平均学分164个。其中，学分要求最高的是合肥学院，高达234.5个学分，主要原因是该学校采用四年九学期制（其中第五学期为认知实习学期），部分核心课程学分设置较高，如运筹学（5学分）、生产运作管理（5学分）；而学时要求最高的是营口理工学院，达到3500个学时，远超过其他高校。课程模块学分分布情况如下：

（1）公共基础/通识教育课程模块。各高校的学分要求介于44～96个学分，学分占比23%～61.1%；平均学分为58.3，占比36.1%。

（2）专业教育课程模块。各高校的学分要求介于33～107.5个学分，占比21%～61.4%；平均学分为76，占比46%。其中，必修课（含学科基础与专业必修）学分要求为18～72学分，占比11.5%～49.4%；平均学分为53.2，占比32.2%。选修课学分要求为8～50学分，占比5.1%～29.2%；平均学分21个，占比12%。

（3）实践教学课程模块。各高校的学分要求介于9～74个学分，占比5.7%～31.6%；平均学分29.4个，占比20.7%。

（4）创新创业教育课程模块。通常该部分包含在实践教学环节中，但为了体现其重要性，多数高校做了单列。除大连海事大学未明确单列外，其余的31所高校的学分要求介于1～13学分，占比0.6%～6.9%；平均学分为3.9，占比2.7%。

结合学分分布总体情况，我国高校供应链管理专业课程体系主要是以公共基础课程/通识教育课程、专业教育课程（学科基础课程+专业必修、选修课程）等模块为核心，构建以专业教育为主导、以通识教育为基础，理论教学与实践教学相结合的课程体系。“专业教育学分”与“基础课程/通识教育课程学分”的相对比值为1.4∶1，超过八成的高校该指标（相对比值）大于1，说明了专业教育课程具有十分重要的主导性地位。同时，兼顾学生个性化、多元化发展的需要，各高校都开设了创新创业教育课程、素质教育课程和跨学科课程、自由选修课程等多样化的课程，较好地适应并满足了供应链经济需求、学生身心发展等多维度的教育要求。

进一步对国内32所高校的供应链管理本科专业课程开设情况进行统计（统计结果如表3-11所示），可以看出各模块开出频率较高的课程以及学分分布情况。

表 3-11　32 所样本高校供应链管理本科专业总体课程设置情况表

<table>
<tr><th colspan="2">课程模块</th><th>课程名称</th><th>各高校学分分布区间
（总学分平均值 164.2 个）</th></tr>
<tr><td rowspan="2">公共基础/通识教育课程</td><td>公共基础课程</td><td>大学英语、大学写作、大学体育、计算机信息技术、军事理论、思想政治理论课程、大学生心理健康、劳动教育、艺术审美、素质拓展等</td><td rowspan="2">学分[44，96]，占比[23%，61.1%]；
平均学分 58.3 个，占比 36.1%。</td></tr>
<tr><td>通识核心课程</td><td>面向全校学生开设的公共选修课程，按照学科领域划分为人文学科、社会科学、自然科学、生命科学等课程模块；也开有创新、创意与创业，走进新商科及四史教育等课程群</td></tr>
<tr><td rowspan="3">专业教育课程</td><td>学科基础课程</td><td>高等数学/应用数学、宏微观经济学、管理学、运筹学、数理统计与分析、计算机基础、市场营销学、会计学、电子商务等学科基础课</td><td rowspan="2">学分[18，90]，占比[11.5%，50%]；
平均学分 53.2 个，占比 32.2%。</td></tr>
<tr><td>专业基础/专业必修课程</td><td>供应链管理基础、供应链规划与设计、采购与供应管理、生产运营管理、库存管理控制、物流运营管理、供应链信息管理、供应链建模与仿真等课程，也开有供应链数据分析、供应链风险管理、供应链战略管理、供应链成本管理、供应链质量管理、供应链企业实践、商品流通概论、仓储管理与库存控制等课程</td></tr>
<tr><td>学科/专业选修课程</td><td>智慧供应链、服务供应链、供应链金融、现代物流装备与技术、绿色供应链管理、全球供应链管理、供应链关系管理、供应链计划与需求管理、供应链社会责任、供应链管理案例分析、Python 语言基础、大数据分析与应用、现代流通学、国际商业文化、管理沟通、物流空间学、国际物流、商务礼仪、公文写作、标准化管理、企业管理概论等</td><td>学分[8，50]，占比[5.1%，29.2%]；
平均学分 21 个，占比 12%。</td></tr>
<tr><td colspan="2">实践教学环节</td><td>军事技能训练、课程实验、认知实习、专业实习/实训、毕业实习、社会实践、创新创业教育、毕业论文等</td><td>学分[9，74]，占比[5.7%，31.6%]；
平均学分 29.4 个，占比 20.7%。</td></tr>
<tr><td colspan="2">其中：
创新创业教育课程</td><td>大学生职业生涯规划、创新创业教育、就业指导</td><td>学分[1，13]，占比[0.6%，6.9%]；
平均学分 3.9 个，占比 2.7%。</td></tr>
</table>

（二）供应链管理本科专业核心课程的开设情况

高校课程体系的构建是贯彻落实学校人才培养目标的重要举措，每一个完整课程体系都是由公共基础教育、通识教育和专业教育、创新创业教育等多个部分构成的，专业教育又是由学科基础课程、专业必修课程/专业基础课程、专业选修课程等不同的课程群组成的。[①]

本研究对这 32 所样本高校供应链管理专业培养方案的专业教育课程设置进行了统计分析。以课程名称为依据，虽不能完全体现课程全貌，但课程设置有其规范性，可以基本反映课程内容。从 32 份人才培养方案中按课程名称提取统计，总计开出课程门次 2772，校专业平均开出 87 门课程；专业教育的学科基础课程和专业课程（包含必修和选修），合计开出课程 1330 门次（占比 48%），校专业平均开出 42 门课程（如表 3-12 所示）。

表 3-12　32 所样本高校供应链管理本科专业开出课程情况

课程类别	合计开出课程门次	校均开出课程数
学科基础必修课	254	8
学科基础选修课	20	1
专业必修课	369	12
专业选修课	687	21
总计	1330	42

1. 学科基础课程和专业必修课程

专业教育主要由学科基础课程和专业必修课程、专业选修课程组成。根据各高校的考察数据，继续整理形成 32 所高校供应链管理专业教育核心课程/必修课程开设情况表，结果如表 3-13 所示。

表 3-13　32 所样本高校供应链管理本科专业课程情况

序号	学校名称	学科基础课	专业基础/专业必修
1	武汉学院	微积分、线性代数、概率论与数理统计、经济学、统计学、管理学	管理信息系统、运筹学、市场营销、会计学、Python 语言、大数据分析与应用、运营管理、供应链管理、供应链战略管理、供应链风险管理、供应链金融、采购与供应管理、供应链风险管理、供应链运营

① 周茂君，郭斌．新文科背景下新闻学专业核心课程设置现状与变革——基于 55 所院校本科培养方案的内容分析[J]．新闻与传播评论，2021,74（06）：20-32.

续表

序号	学校名称	学科基础课	专业基础/专业必修
2	中央财经大学	管理学、会计学、人力资源管理、市场营销学、微观经济学、宏观经济学、财务管理、供应链管理、商业伦理	组织行为学、运营管理、商品流通、采购管理、仓储管理与库存控制、消费者行为、运筹学、运输与配送管理、供应链金融、国际物流管理、计量经济学、企业战略管理
3	北京物资学院	管理学、经济学、财务会计、经济法、运筹学、应用统计学、运作管理、供应链管理、管理决策方法	采购供应管理、生产管理、物流管理、供应链战略管理、供应链风险管理、供应链绩效管理、供应链信息管理、供应链建模与仿真、供应链规划与设计
4	保定学院	微积分、线性代数、概率论与数理统计、管理学原理、经济学、会计学基础、经济法、供应链管理、市场营销、专业英语、市场调查	采购管理、生产运作管理、现代物流概论、供应链风险管理、供应链战略、供应链金融、客户关系管理、供应链信息管理、运筹学、国际贸易
5	营口理工学院	高等数学、线性代数、概率论与数理统计、经济学、管理学基础、数据库技术与应用 B、会计学、市场营销学、运筹学、财务管理、生产运作管理、系统工程、统计学 B	供应链管理、采购与供应管理、供应链战略管理、供应链管理模拟实验、供应链库存管理与控制、国际贸易、供应链协同运营管理、供应链规划与设计、供应链系统仿真与决策、供应链金融、供应链管理信息系统
6	上海海事大学	经济法、管理学、市场营销学、会计学、线性代数、电子商务、经济学、财务管理、概率论与数理统计、统计学、旅游学概论、管理运筹学	运营管理、供应链设计与管理、管理决策理论与应用、供应链管理前沿、供应链金融、物流管理信息系统、企业资源计划、管理学研究方法、数据库原理、网络智能技术基础与应用、供应链库存管理与控制、港航物流管理、采购与供应链管理、供应链风险管理
7	合肥学院	管理学、专业英语、财务会计、财务管理、供应链管理、供应链法律法规、管理信息技术与系统、微观经济分析、宏观经济分析、供应链管理基础、管理定量分析、经济法、运筹学	供应链设计、供应链系统仿真与决策、供应链计划、采购与供应管理、生产运营管理、物流运营管理、逆向物流与闭环供应链管理、库存管理与控制、供应链战略、项目管理、供应链服务管理、大数据分析与应用、供应链新技术及应用、战略采购、Python 语言、供应链金融、供应链风险管理、供应链绩效管理、商业伦理、管理沟通、供应链合作伙伴关系管理、商务谈判与合同管理

续表

序号	学校名称	学科基础课	专业基础/专业必修
8	山东大学	高等数学、线性代数、概率论与数理统计、统计学、管理学、经济学	运筹学、数据库系统原理与应用、运营管理、会计学、物流管理、管理信息系统、供应链金融、大数据与人工智能基础、电子商务、供应链管理、供应链系统规划与设计、供应链资源计划、供应链建模与仿真、供应链风险管理、智慧供应链、供应链成本与绩效管理、可持续供应链管理、管理决策分析、组织与战略管理
9	西南财经大学	经济学、管理学、会计学、货币金融学、大数据与统计学	市场营销学、企业战略管理、运作管理、组织行为学、供应链管理、优化理论与应用
10	大连海事大学	线性代数、会计学、航运经济与管理、经济学、管理学、管理运筹学、供应链管理、国际金融、市场营销	供应链战略管理、供应链管理建模与优化、运输组织与调度方法、国际投资与海运贸易、供应链客户关系管理、供应链质量管理、海运供应链运作管理、多式联运智慧运营管理
11	北京工商大学	经济学、管理学、市场营销学、会计学、线性代数、概率论与数理统计、高等数学、统计学	Python 高级语言程序设计、物流运作管理、运营管理、供应链管理、管理运筹学、供应链金融、商业数据分析与应用、供应链建模与仿真、供应链系统规划与设计
12	浙江万里学院	管理学、经济学、高等数学、会计学、统计学	现代物流学、企业资源计划、供应链管理、采购与供应管理、供应链金融、供应链成本管理、智慧物流与供应链、航运供应链管理、供应链战略与规划
13	安徽师范大学	高等数学、线性代数、管理学、经济学、会计学、逻辑学、概率论与数理统计、市场营销、人力资源管理、供应链管理原理	供应链管理原理、管理运筹学、运营管理、供应链物流管理、供应链采购管理、供应链库存管理与控制、供应链战略与设计、供应链数字化管理、供应链金融、供应链系统仿真与优化、数学建模与软件求解、供应链案例分析与设计、数据分析：Python 语言

续表

序号	学校名称	学科基础课	专业基础/专业必修
14	蚌埠学院	高等数学、线性代数、概率论与数理统计、管理学、供应链管理、会计学、金融学、数据库原理及应用、市场营销学、管理运筹学、企业资源计划、经济学、现代物流管理	供应链信息技术与应用、供应链业务数据处理（EXCEL）、供应链风险管理、供应链规划与设计、供应链系统模拟与仿真、供应链财务管理、供应链金融
15	厦门华厦学院	管理学、会计学、市场营销学、物流学概论、经济学、统计学、电子商务概论	供应链管理、生产运作管理、采购与供应管理、运筹学、管理信息系统、供应链成本管理、商务数据分析、供应链规划与设计、供应链金融、供应链服务
16	集美大学诚毅学院	运筹学、经济学、管理学、经济法、电子商务、市场营销学、国际贸易、供应链战略管理	货运技术、生产与运作管理、系统规划与设计、供应链管理信息系统、采购与供应链管理、供应链库存管理与控制、供应链金融、集装箱运输与多式联运、供应链质量管理、航运管理、供应链大数据理论与应用
17	河南工业大学	经济学、管理学、会计学、市场营销学、统计学、财务管理、企业资源计划、组织行为学、创业管理	供应链管理基础、供应链战略管理、生产运营管理、采购与供应管理、企业物流管理、物流与供应链金融、供应链风险控制、管理运筹学、客户关系管理
18	湖南工商大学	经济学、微积分、线性代数、金融学会计学、概率论与数理统计、管理学原理、经济法、统计学	管理研究方法、系统优化理论与方法、供应链管理、数据挖掘基础、人工智能与应用、供应链系统规划与设计
19	广州城市理工学院	管理学、经济学、市场营销学、线性代数、概率论与数理统计、数据库原理与应用、商业伦理、经济法	供应链管理、运营管理、运筹学、运输与仓库管理、采购与供应商管理、信息系统、业务流程再造与优化、供应链系统仿真决策、供应链数据分析、行业供应链前沿
20	重庆科技学院	管理学、高等数学、物流经济学、概率论与数理统计、统计学、线性代数、运筹学	供应链物流管理、会计学、市场营销学、采购与供应链管理、财务管理、生产运作管理、仓储运输管理、供应链金融、供应链库存管理与控制、国际货运代理、供应链战略管理、国际物流、供应链管理信息系统、供应链大数据理论与应用、跨境电子商务、供应链物流规划与设计、物流工程、供应链风险管理

续表

序号	学校名称	学科基础课	专业基础/专业必修
21	重庆移通学院	经济学原理、管理学原理、大数据与市场营销、C 语言程序设计、Python 语言程序设计、Python 语言程序设计课程设计、数据分析及统计应用、运筹学原理	供应链管理理论与应用、仓储管理与库存控制、采购与供应管理、生产运作管理、运输与配送、供应链管理信息系统、物流节点仿真、供应链金融、供应链管理案例分析、国际贸易理论与实务、跨境电商与全球供应链、供应链规划与设计、供应链规划与设计课程设计
22	重庆第二师范学院	经济学、应用统计学、会计学、管理运筹学、计量经济学、市场营销	物流管理、供应链管理、供应链战略管理、供应链规划与设计、供应链信息管理、供应链金融、服务供应链管理
23	东华大学	应用统计学、运筹学、概率论与数理统计、管理学、数据库系统及应用、经济学	物流管理、供应链管理、供应链信息系统、物流技术、应链决策分析、运作管理、采购与供应管理、企业资源计划
24	内蒙古财经大学	管理学、统计学、物流学	采购与供应管理、供应链系统规划与设计、生产与运作管理
25	黑龙江八一农垦大学	高等数学、线性代数、概率论与数理统计、物流学、管理学、农学概论、经济学、Python 数据分析、市场营销学、畜牧学概论、会计学、统计学	物流学、运作管理、采购管理与库存控制、物流运筹学、供应链管理、供应链战略管理、国际物流与供应链管理、智慧物流与供应链管理、农产品物流与供应链管理
26	浙江财经大学	经济学、会计学、管理学、财务管理、市场营销学、组织行为学、创业管理、商务统计及软件应用	物流运筹学、供应链与物流管理导论、运营管理、供应链网络规划与设计、仓储与配送管理、采购管理、供应链系统建模与仿真
27	安徽财经大学	统计学、供应链管理、物流管理、管理运筹学、管理学、计量经济学、经济学、经济法、会计学、金融学、市场营销学	电子商务、供应链战略管理、供应链金融、供应链库存管理与控制、运营管理、国际物流管理、供应链管理前沿

续表

序号	学校名称	学科基础课	专业基础/专业必修
28	福州外语外贸学院	高等数学、管理学、经济学、线性代数、概率论、统计学、运筹学、大数据分析技术	采购与供应链管理、仓储管理、市场营销学、生产与运作管理、管理信息系统、供应链与互联网金融、全球供应链管理、供应链需求预测与管理、智慧供应链、供应链建模与优化
29	湖北经济学院	管理学、市场营销学、经济学、会计学、金融学、统计学	物流管理学、供应链管理基础、全球供应链管理、管理运筹学、运营管理、采购与供应管理、供应链金融、智慧供应链
30	中南林业科技大学	高等数学、线性代数、概率论与数理统计、大学物理、物流数据库原理、物流运筹学、信息素养与信息检索、微观经济学、管理学、供应链管理、商务智能与数据挖掘、公司金融、国际物流学、财务管理	大数据与智慧供应链、供应链规划与设计、供应链与物流系统建模与仿真、供应链金融、服务供应链管理、供应链信息管理、供应链项目管理、供应链风险管理
31	重庆人文科技学院	管理学、经济数学、统计学、经济学、经济法、管理信息系统、财务管理	供应链管理、运筹学、商贸英语、企业资源计划、供应链规划与设计、采购与供应管理、供应链库存管理与控制、生产运作管理、质量管理、供应链管理案例分析、统计学基础实务、ERP（SAP）供应链管理操作实训、供应链运营管理、物联网技术与应用
32	云南财经大学	管理学、经济学、市场营销学、会计学、统计学、财务管理、物流管理、供应链管理	物流工程、物流信息系统、运输管理、供应链运营管理、供应链系统设计、物流与供应链金融、物流运筹学、全球供应链管理、精益供应链、供应链建模与仿真、智慧供应链、供应链风险管理、采购与供应管理、供应链管理前沿理论

资料来源：32 所样本校供应链管理本科人才培养方案（纸质版）整理

在供应链管理本科专业的学科基础课程中，半数以上的高校设置了管理学、高等数学、会计学，开设较多的还有线性代数、概率论与数理统计、宏观经济学、微观经济学等课程。在专业必修课程中，半数以上院校设置了运营管理、采购管理、供应链规划与设计、供应链金融、运筹学，开设较多的还有供应链战略管理、物流管理、数据分析与决策、供应链管理前沿、供应链信息管理、仓储管理、供应链库存管理与控制、市场营销、供应链建模与仿真、运输管理、智慧供应链等课程。列出学科基础和专业必修课程中开设排名前 10 位的课程，如表 3-14 所示。

表 3-14　学科基础和专业必修课程中 top10 课程

学科基础课程	开设情况		专业必修课程	开设情况	
	高校数	占比		高校数	占比
管理学	26	81.25%	运营管理	30	93.75%
高等数学	21	65.63%	采购管理	22	68.75%
会计学	17	53.13%	供应链规划与设计	21	65.63%
线性代数	15	46.88%	供应链金融	18	56.25%
概率论与数理统计	14	43.75%	运筹学	18	56.25%
宏观经济学	13	40.63%	供应链战略管理	13	40.63%
微观经济学	13	40.63%	物流管理	10	31.25%
市场营销	12	37.50%	数据分析与决策	9	28.13%
统计学	12	37.50%	供应链管理前沿	7	21.88%
运筹学	11	34.38%	供应链信息管理	7	21.88%

根据学科基础课程和专业课程按院校开设的频率，做成课程词云，可以很直观地看出课程开设情况，如图 3-1、图 3-2 所示。

图 3-1　学科基础课程词云

图 3-2　专业课程词云

由学科基础课程的设置情况可以看出，我国大多数高校要求学生具备经济学、管理学理论基础；同时，着力培养学生的数理思维，以提升其定量分析能力和数字素养。而专业必修课程则主要是对供应链全流程的理论和方法的学习，以培养学生的整体供应链思维和供应链整体系统化设计与运营能力。

2. 学科基础选修课

设置学科基础选修课的高校只有3所，占比不足10%（如表3-15所示），共开出选修课程20门次。可以看出，这些高校供应链管理专业培养方向设置较多、较细，故开出了学科基础选修课。

表3-15　学科基础选修课院校的课程情况

学校名称	学科基础选修课名	学分	总学时	理论学时	实践学时
河南工业大学	财务管理	3	48	48	
	宏观经济学	3	48	48	
	企业资源计划	2	32	16	16
	学术论文写作	2	32	24	8
	组织行为学	2	32	32	
集美大学诚毅学院	数据分析与决策	2	32	32	
	供应链战略管理	2	32	32	
	管理学	2.5	40	40	
	国际贸易理论与实务	2.5	40	40	
	技术经济学	2	32	32	
	经济法	2	32	32	
	经济学	2.5	40	40	
	数据分析与决策	2	32	32	
	运筹学	4	64	64	
中南林业科技大学	博弈论	2	32	32	
	采购与供应管理	2	32	24	8
	区块链技术	2	32	24	8
	物联网技术与应用	2	32	24	8
	物流数值分析和计算	2	32	24	8
	组织行为学	2	32	32	

3. 专业选修课程

从统计结果来看，目前32所样本高校共开出专业选修课有687门，按专业平均开出课程超过21门。这说明各高校能根据专业目标要求，结合自身优势或特色学科基础多开选修课程供学生选择；但从另一个角度看，目前各高校的专业选修课程开设过于分散，具体表现为统计排名专业选修课程开设频数排名前 30 的课程，总开设频数为 575 次，占比 43.2%；而只有一个高校开设的“孤课”却占比超过八成。这一数据说明课程组合过于分散、缺乏集中度，又映射出供应链管理学科建设的问题——缺乏自身的基础性理论。除此之外，部分学校对供应链管理的学科特质理解可能存在偏差，设定的供应链管理人才培养目标定位偏离主流，对供应链管理专业的核心知识、核心技能、核心素养不清晰；同时，因为专业教师团队建设的滞后，也可能存在“因人设课”“堆积充数”的情况。

从开设的具体课程来看，开课排名前三的课程是数据分析与决策、英语类课程、市场调查；此外，客户关系管理、财务管理、国际物流、运输管理、采购管理、电子商务、项目管理、组织行为学等课程也有近 1/3 的院校选择。列出专业选修课程中开设排名前 30 位的课程，如表 3-16 所示。

表 3-16　专业选修课程 top30 情况

课程名称	高校数	课程名称	高校数
数据分析与决策	26	经济法	8
英语类课程	14	Python 程序设计	7
市场调查	13	供应链质量管理	7
客户关系管理	12	全球供应链	7
财务管理	11	商务谈判与沟通	7
国际物流	11	ERP 软件应用	6
运输管理	11	博弈论	6
采购管理	10	供应链管理前沿	6
电子商务	10	区块链技术	6
项目管理	10	智慧物流	6
组织行为学	10	服务供应链	5
供应链金融	9	管理沟通	5
人力资源管理	9	冷链供应链	5
仓储管理	8	商业伦理	5
国际贸易理论与实务	8	质量管理	5

根据专业选修课程按院校开设的频率，做成课程词云，可以很直观地看出课程开设情况，如图 3-3 所示。

图 3-3　专业选修课程词云

可以看出，各高校都在尽可能地给学生提供丰富且多样化的选修课程以供其学习，都能基于区域产业特点和自身办学特色，着力拓宽供应链管理专业建设的深度和广度。选修课程的开设偏重于学生数字素养和应用能力的培养、外语能力的提升和国际视野的拓展等模块。

综上所述，我国高校供应链管理本科专业基本形成了体系较为完整、层次较为分明的专业知识体系，基本上涵盖了供应链业务流程的各个方面、各个环节，有效地促进了高校供应链管理专业的课程体系建设，为高校供应链管理本科人才培养提供了有力的课程教学资源保障。具体来说，高校供应链管理专业主要围绕着管理学、运筹学、经济学、物流学等学科建构起一套相对完整的学科基础课程体系，其专业基础课程/专业核心课程主要包括供应链管理基础、供应链规划与设计、供应链战略管理、供应链风险管理、采购与供应管理、供应链信息管理、供应链金融、智慧供应链管理、绿色供应链管理、全球供应链管理、供应链建模与仿真等具有供应链管理学科特质的课程；同时，许多高校将物流管理专业的核心课程广泛纳入供应链管理专业课程体系之中，包括采购与供应链管理、生产运营管理、库存管理控制、物流运营管理等，由此形成课程体系、供应链条较为完整的供应链专业核心课程体系，有效地满足了高校供应链管理专业课程体系建设和人才培养的现实需要，也推动了高校供应链管理专业学科体系的建设。例如，北京物资学院供应链管理专业课程配置流程图（图 3-4 所示）就清晰地勾勒出了专业课程体系的知识逻辑。

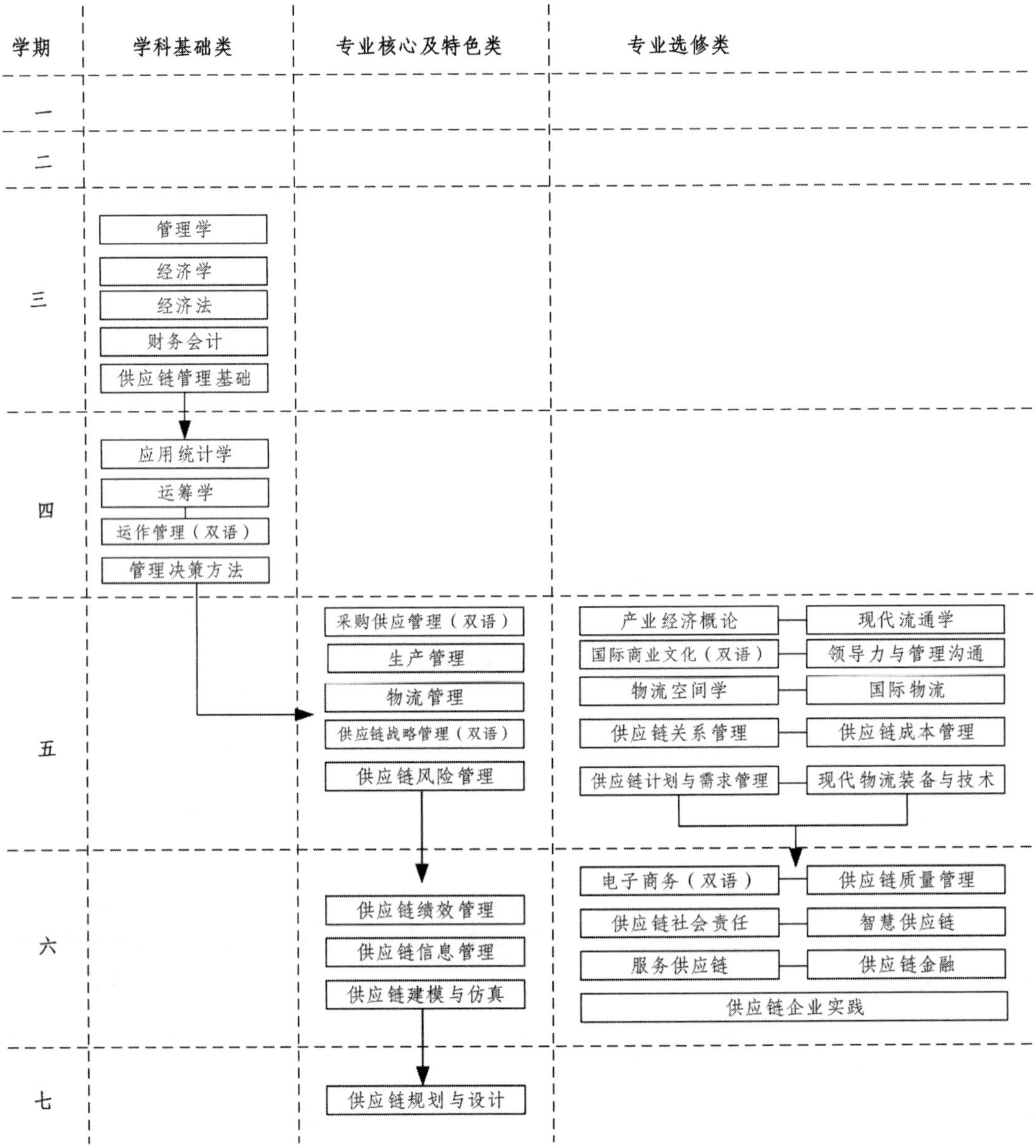

说明：→表示课程修读的先后关系，—表示课程间构成知识体系，但无先后修读关系。

图 3-4　北京物资学院供应链管理专业的课程配置流程图

4. 实践教学体系

在实验教学方面，我国高校供应链管理本科人才培养采取多种策略来加强供应链专业实验教学环节，一种是在供应链专业课程教学中加入实验教学环节，实现理论教学与实践教学在课程内部的有机结合，另一种是专门开设诸如供应链建模仿真、供应链系统实训、ERP 沙盘模拟实验等实验教学课程，以此来让学生熟悉供应链管理实践的业务流程，加强供应链管理专业学生实践知识与技能的培养，提高学生从事供应链管理实践的工作能力。值得一提的是，越来越多的高校开始采取校企合作的方式，积极聘请来自供应链行业企业的一线技术专家到校授课，为学生讲授供应链管理方面的实验实训课程，增进学校课程教学与供应链管理实践的紧密联系，进一步加强学生对供应链管理实践的认知学习，培养供应链管理专业学生的实践工作能力。

在实践教学方面，为加强学生实践技能培养，锻炼学生运用知识解决实践问题的专业能力，我国多数高校供应链管理专业已经形成相对系统、层次分明、定位明确的实践教学体系，主要包括基础实践教学模块、专业实践教学模块、综合实践教学模块、劳动实践模块、创新创业教育实践模块和集中性实践教学模块等，各高校对实践教学模块的划分方式和具体设置都存在着明显的差异，因校而异，形成了鲜明的学校教育特色。大体上，我国高校供应链管理专业实践教学体系主要包括以下环节：（1）入学教育与军事教育训练；（2）认知实习；（3）专业实习；（4）毕业实习；（5）毕业论文/毕业设计；（6）素质拓展与创新创业教育项目；等等。专业的实践教学模块开设情况，如表 3-17 所示。

表 3-17　高校供应链管理本科专业的实践教学模块

实践教学模块	主要内容
实践教学环节	基础实践模块：入学教育与军事训练、论文写作、英语口语交流、社会实践； 专业实践模块：专业认知实习、专业实践、生产系统建模与仿真、智慧供应链课程设计、生产实习、毕业实习、毕业设计； 劳动实践模块、第二课堂实践等； 创新创业教育实践等
集中性实践教学环节	认知实习、专业实习、毕业实习、社会实践和毕业设计等

从表 3-17 可以看到，高校供应链管理专业实践教学模块较为丰富，既有面向学生军事体育能力素质、综合能力素养发展的入学教育、军事训练、素质教育等实践教学模块，也有面向供应链管理专业学生专业能力素养发展的专业实习、毕业实习等实践教学模块，实践教学体系较为完善，教学层次较为分明，教学分工较为合理，有力地促进了高校供应链管理专业学生的“做中学”，能促进学生专业实践知识和能力的快速发展。例如，蚌埠学院供应链管理专业就清晰分解了供应链管理专业的实践教学内容，如表 3-18 所示。

表 3-18　蚌埠学院供应链管理专业的实践体系

	课程实践（实验）类	实践（实验）课程类	综合实践（实验类）
通识教育实践层次	思想道德修养与法律基础、中国近代史纲要、马克思主义基本原理概论、毛泽东思想和中国特色社会主义体系概论、大学英语、体育、大学计算机基础、数据库原理及应用	管理运筹学、企业资源计划、数据库原理与应用、供应链管理认知实习	入学教育与安全教育、军事技能训练、大学生职业发展与创业就业指导、形势与政策、供应链管理专业认知实习、供应链管理规划课程设计、供应链管理仿真软件实训
专业教育实践层次	管理运筹学、企业资源计划、数据库原理与应用、供应链业务数据处理、供应链财务管理	供应链业务数据处理、供应链信息技术与应用、供应链财务管理、系统工程	科研训练、综合实验、毕业实习、毕业设计、科研训练、供应链风险课程设计、库存管理与控制模拟实训、供应链综合实训
创新创业教育与素质拓展实践层次	数据库原理与应用、供应链业务数据处理	供应链信息技术与应用、供应链规划课程设计、供应链管理仿真软件应用实训、“互联网+”创新创业训练、学科专业竞赛	创新创业实践、社会责任教育实践、暑期社会实践、大学生职业发展与创业指导、科学工作能力提升实训、学术讲座、学科竞赛

三、供应链管理本科专业人才培养的总体特征

综上所言，通过对这 32 所高校供应链管理本科专业培养方案进行分析，可以发现，各高校所开设专业名称虽相同，但百花齐放、各具特色。

（一）高校学科底蕴特征明显

人才培养方案中除通识公共选修课外，各校的学科优势和特色皆不同，学科基础课和专业课程都不尽相同。比如湖南工商大学着力于培养面向下一代智慧技术的供应链数据分析师，培养重点为供应链运营绩效大数据分析等；大连海事大学的特点在于培养“熟悉港航物流行业背景”的供应链管理专业人才，打造融合“供应链管理、港航物流、信息技术和金融”于一体的培养方案；北京物资学院依托于首都及城市副中心特色，重点打造“采购管理—物流管理/物流工程—质量管理”全链条知识体系……以上种种，都充分体现了各

校立足地方，坚持本校特色，开辟差异化的人才培养道路。

专业人才培养方案不是一蹴而就的，更不能完全、简单地复制其他高校的人才培养模式。只有紧密对接学校所在区域的经济发展要求，充分发挥学校原有的学科专业优势，明确学校供应链管理本科人才培养定位，深入推进政校企深度合作，才能打造出特色鲜明、优势突出的专业。

（二）人才培养目标定位描述趋同

我国高校供应链管理专业基本上已经形成了较为明确的培养目标，即旨在培养德、智、体、美、劳全面发展，掌握管理学、经济学与工学基本理论知识以及供应链管理领域的相关理论、方法和工具，具有较强的供应链战略决策、系统规划及运作优化能力，具备国际交流、实践技能等优势，可在企事业单位及相关组织从事供应链管理科学研究、应用实践等工作，具有历史使命感和社会责任心，国际视野和创新精神的高素质、复合型、创新型人才。虽然各高校对人才培养目标的具体表述略有差异，但主要内容大同小异，人才培养的目标定位较为一致，均定位于面向供应链行业企事业单位培养能够胜任供应链管理岗位工作、系统掌握供应链管理理论、方法与技能的高素质、复合型的创新人才，都要求掌握管理学、经济学、物流学等学科领域的专业知识和能力，要求具备跨职能、跨企业边界的协同管理能力、供应链管理理论应用能力和实践创新能力，要求具备外语、数学和计算机基础，都要掌握供应链管理的专业理论、技术和方法，都要求具备良好的科学文化素养、高度的社会责任感和国际视野、本土情怀、创新意识、团队精神。这与我国高校新文科建设的发展要求和企事业单位对供应链管理岗位的用人要求基本相符合。

（三）课程体系结构强调一致性

按照高校供应链管理本科人才培养的目标需求，我国高校坚持理论与实践相结合、通识教育与专业教育相结合、多学科课程相结合的教育理念，逐步构建起以“通识教育课程—学科基础课程—专业教育课程—创新创业教育课程”为主要内容的模块化课程体系。[①]尽管从各个高校制定的人才培养方案来看，不同高校课程模块命名、类型划分和课程归类等不太一致，但大体上主要包括公共基础课程、通识教育课程、学科基础课程、专业基础课程/专业核心课程、专业选修课程等课程模块，课程体系结构具有较高的一致性。除此之外，各高校还根据学校人才培养的具体特色开设了诸如自由选修课程、全人教育课程、素质拓展课程、跨学科选修课程、职业进阶模块课程等课程，为学生提供丰富的课程教学内容，以满足新时期经济社会发展和学生个性化发展对学校课程教学资源的多样化需求。

① 周德俭，莫勤德. 地方普通高校应用型人才培养方案改革应注意的问题[J]. 现代教育管理，2011（03）：63-67.

第四节　地方高校面向县域供应链管理人才培养的案例

地方高校供应链管理专业具有较强的实践应用性，与区域供应链经济发展存在着十分紧密的联系。近年来，为了满足地方供应链经济发展对供应链管理专业人才培养的现实需要，我国地方高校结合自身在应用技术型人才培养的办学定位和特色优势，纷纷申请设立供应链管理专业，至今已经发展成为我国供应链管理专业人才培养的重要力量。例如，武汉学院作为一所民办应用技术型高校，是全国第一所开设供应链管理专业的高校。除此之外，全国 55 所开设供应链管理专业的高校中有 48 所是地方应用型高校。可见，地方应用型高校在全国高校供应链管理专业人才培养中扮演着举足轻重的重要角色。①

以下选择武汉学院、合肥学院、厦门华厦学院、西安欧亚学院为案例，考察技术应用型高校供应链管理人才培养情况。

案例 1：武汉学院供应链管理专业

武汉学院创建于 2003 年，是一所地方性的民办非营利性高校。2018 年 3 月正式获教育部批准设立供应链管理专业，成为国内首个设立供应链管理专业的本科高校。学校秉承教育回报社会、不求任何经济回报的宗旨，收取的学费将全部用于学校发展和教育教学中。

在人才培养方面，武汉学院始终坚持“应用型、特色化、国际化”的办学定位，将满足国家和地方经济社会发展需要摆在学校发展的重要位置。为此，武汉学院积极借鉴成果导向的教育理念（OBE）、全人教育发展理念等国内外先进的教育理念方法，紧密结合国家和地方经济社会发展对供应链专业人才培养的战略要求，立足行业企业对供应链岗位设置的现实需求和学校应用型人才培养的基本定位，确定武汉学院供应链管理专业应用型人才培养的基本目标，即培养适应现代供应链发展需求，以供应链管理、运营管理、采购管理理论与方法等为核心知识体系，旨在培养德智体美全面发展，适应国家供应链战略发展需要，系统地学习经济管理、财会、运营、营销等基础理论，掌握供应链管理的基本理论、方法和技能，具备跨职能、组织边界的协同管理能力，能在各类组织中从事供应链资源规划、协同运营管理及信息技术服务的复合型、应用型专门管理人才。

在目标的指引下，武汉学院积极贯彻立德树人、五育并举、产教融合、全人发展的教育理念，不断完善供应链管理人才培养方案，深化校企合作和产教融合，创新武汉学院供应链专业人才培养模式，强化供应链专业的办学特色与教学优势，力图将供应链管理专业建设成为培养模式先进、教学质量显著、服务区域经济发展能力强的特色专业。具体来说，

① 别敦荣. 应用型高校的办学理念与建设路径[J]. 中国高教研究，2022（04）：1-8.

武汉学院供应链管理本科人才培养在以下几个方面做了有益探索。

（一）开办“京东特色班”

2021 年武汉学院与京东集团签订了战略合作协议，双方共同建设供应链管理专业，共同创建科研平台、组建创新平台开展科学研究。在这一合作框架协议之下，武汉学院开设京东特色班，建立企业教师流动站，优化人才培养方案，设置京东特色教学模块等，紧密围绕行业产业发展对供应链管理人才的实际需求，校企双方深度融合、密切配合，在保证学生掌握供应链管理基础理论知识的基础上，强调业务技能、知识运用、创新实践能力的培养，探索形成了一套校企协同的人才培养新模式。

依托京东特色班建设，学校深化校企协同育人模式改革，以 2021 级京东特色班为试点开展供应链运营实战综合实践课程项目，与企业合作开发 Capstone 课程，采取工学交替的方式让学生直接进入企业发现并解决企业供应链运营过程中的实际问题，实现实习、论文、创新与协同的有机整合，同时通过在企业设置教师流动工作站，实现专业教师和企业导师对学生的共同指导，提高教师和学生解决实际问题的能力。

（二）施行“2+X”人才培养模式

武汉学院根据供应链企业对供应链管理岗位的不同能力要求和学生身心发展的客观规律，将课程体系划分为专业认知、运营管理、京东智慧供应链管理和智慧供应链规划协同四大模块，构建起“2+X”的人才培养模式，即“2”是指前两年完成专业认知模块，包括通识课程、学科基础课程和专业基础课程等模块的学习；“X”是指从大三开始，根据各供应链管理岗位对学生能力的不同要求，按照供应链金融模块、供应链规划与设计模块、供应链信息管理模块三个方向对学生进行分流培养，学生根据兴趣方向和就业意向选择相应选修模块，完成相应模块学分后参加企业实践、完成毕业论文或设计，达到毕业要求。

（三）重构专业课程体系

武汉学院以复合应用型人才培养和学生个性化发展为根本出发点，按照“底层共享、中层分立、高层互选、顶层综合”的原则，重构专业课程体系。具体来说，“底层共享”课程群由通识类和基础类课程构成，其中学科基础课在管理学院内打通，专业基础课在大类专业内打通，开设专业导航课程；“中层分立”课程群则设立供应链专业核心课程和专精性课程，其中专业选修课程设置不同方向课程模块，学生根据自身兴趣选择物流管理、供应链运营分析和京东特色班等不同的课程模块实现个性化发展。对于“京东特色班”则单独设置了选修模块，与京东共同打造具有特色的课程模块；“高层互选”课程群立足于提高人才培养的复合性，要求学生在任意选修模块内选择三门课程，实现跨专业人才培养；“顶层综合”则借鉴国外 Capstone 课程理念，与企业共同开发供应链运营实战课程，学生在专业老师和企业导师的指导下自主完成项目，获得综合能力的训练。[①] 供应链管理专业的课程体系，如表 3-19 所示。

表 3-19　武汉学院供应链管理专业的课程体系表

<table>
<tr><th colspan="2">课程类型</th><th colspan="3">开设课程和学分要求</th></tr>
<tr><td rowspan="3">通识教育课程</td><td>必修课</td><td colspan="3">思想政治理论课程、大学英语、大学体育、大学生心理健康教育、应用写作、计算机应用基础</td></tr>
<tr><td>指定选修课</td><td colspan="3">经济学概论、管理学概论或法学概论三选一</td></tr>
<tr><td>任意选修课程</td><td colspan="3">分为哲学思想与四史教育、人文素养与社会科学、科学探索与创新思维、生命关怀与社会认知、文化传承与艺术审美、国际视野与国家安全六大模块</td></tr>
<tr><td>学科基础课程</td><td colspan="4">数学统计类：微积分、线性代数、概率论与数理统计
经济管理类：西方经济学、社会经济统计学、管理学</td></tr>
<tr><td rowspan="2">专业基础课程</td><td>必修课程</td><td colspan="3">物流管理学、供应链管理概论、采购与供应管理、智慧供应链、供应链决策模拟、供应链规划与设计、供应链战略管理、供应链风险管理、供应链金融、全球供应链发展前沿</td></tr>
<tr><td>选修课程</td><td colspan="3">质量管理学、供应商履约与合同管理、供应链案例分析、领导科学基础、商业数据分析、商务谈判理论与实务、市场调查、项目管理原理、精益管理、组织行为学概论、企业高管大讲堂</td></tr>
<tr><td rowspan="2">专业模块选修课程</td><td colspan="2">供应链运营分析方向</td><td>物流管理模块</td><td>京东特色班模块</td></tr>
<tr><td colspan="2">需求预测与库存分析、业务流程再造与变革管理、智慧物流、企业资源计划、供应链计划与控制</td><td>运输管理基础、仓储与配送管理基础、物流系统分析与设计、智慧物流、现代物流仿真技术应用</td><td>电子商务基础与实务、国际物流管理、京东综合运营课程模块、京东供应链管理教学模块、智慧物流</td></tr>
<tr><td>全人发展素质教育</td><td colspan="4">军事教育、劳动教育、体质测试、第二课堂、创新创业教育</td></tr>
<tr><td>综合性实践课程</td><td colspan="4">毕业实习、毕业设计、认知实习、供应链基础实践、供应链运营实践、现代企业运营虚拟仿真综合实训</td></tr>
</table>

资料来源：武汉学院供应链管理本科人才培养方案

进一步统计分析供应链管理专业课程体系的学分分布情况，可以看出，选修课学分比例超过 20%，实践学分比例超过 30%。课程设计突出了以学生为中心，给学生更多选择的

① 任莹莹，姚琪，范瑾，等. 新文科背景下供应链管理专业建设思路[A]. 第二十届全国高校物流专业教学研讨会暨物流与供应链产教融合创新发展高峰论坛会议手册，广西桂林，2021-07-30: 242-247.

理念和强调实践能力的应用型专业定位。统计结果如表 3-20 所示。

表 3-20　武汉学院供应链管理专业的学分统计表

<table>
<tr><th colspan="6">总学分布统计表</th></tr>
<tr><th colspan="3">课程类别</th><th>学分</th><th colspan="2">占总学分比例（%）</th></tr>
<tr><td rowspan="8">课内教学</td><td rowspan="4">必修课</td><td>通识教育课程</td><td>44</td><td>26.19</td><td rowspan="4">77.38</td></tr>
<tr><td>专业基础课程</td><td>33</td><td>19.64</td></tr>
<tr><td>专业课程</td><td>42</td><td>25</td></tr>
<tr><td>模块化实践课程</td><td>11</td><td>6.55</td></tr>
<tr><td rowspan="4">选修课</td><td>通识教育课程</td><td>10</td><td>5.95</td><td rowspan="4">22.62</td></tr>
<tr><td>专业课程</td><td>14</td><td>8.34</td></tr>
<tr><td>模块化实践课程</td><td>4</td><td>2.38</td></tr>
<tr><td>全人发展教育</td><td>10</td><td>5.95</td></tr>
<tr><td colspan="3">合　　计</td><td>168</td><td colspan="2">100</td></tr>
<tr><th colspan="6">实践学分分布统计表</th></tr>
<tr><th colspan="3">课程类别</th><th>学分</th><th colspan="2">占总学分比例（%）</th></tr>
<tr><td colspan="3">独立设置实验</td><td>3</td><td colspan="2">1.79</td></tr>
<tr><td colspan="3">模块化实践体系</td><td>12</td><td colspan="2">7.14</td></tr>
<tr><td colspan="3">全人发展教育</td><td>10</td><td colspan="2">5.95</td></tr>
<tr><td colspan="3">课内实践、实验</td><td>27</td><td colspan="2">16.07</td></tr>
<tr><td colspan="3">合　　计</td><td>52</td><td colspan="2">30.95</td></tr>
</table>

（四）编撰特色教材

借鉴国内外精品教材编写的创新思路和宝贵经验，组织专家编写面向应用型本科院校供应链管理专业的特色教材，包括供应链管理基础、采购与供应管理、供应链风险管理、供应链规划与设计、京东供应链管理教学模块实验指南等。其中，《京东供应链管理教学模块》是结合京东供应链管理授课的实践经验，由学校教师和企业高管共同设计教材大纲，引入企业供应链管理的真实案例，校企合作共同编著的实践性教材，它将京东管理实践的培训内容植入供应链管理课程体系之中，实现教学内容的模块化，每个模块控制在 2~4 个课时，既可以相对独立，也可以进行组合，嵌入到各门专业课程之中，加上综合实践项目的学习训练，实现供应链管理知识理论与实践操作的有机结合。

案例 2：合肥学院供应链管理专业

安徽合肥学院是国家首批 61 所“卓越工程师教育培养计划”实施高校之一，是中德合作共建应用型人才培养的示范高校。2018 年学校经济与管理学院开设了供应链管理专业。学院现开设经济学、国际经济与贸易、金融学、投资学、经济工程、会计学、工商管理、财务管理、物流管理、供应链管理 10 个普通本科专业和 1 个物流管理中德合作办学专业。

（一）专业目标定位

合肥学院供应链管理专业确定了以应用能力为导向，知识、能力、素质并重的应用型供应链管理人才培养目标，即供应链管理专业旨在培养适应我国社会经济发展需要，德、智、体、美、劳全面发展，具有良好的科学文化素养、高度的社会责任感和国际视野，具备管理学、经济学和物流学等学科相关知识和能力，具有坚实的外语、数学、计算机基础，能够较系统地掌握供应链管理理论、技术与方法，具备跨职能、跨企业边界的协同管理能力，具有较好的知识应用能力和实践创新能力，能够在企事业及相关领域从事供应链管理及其相邻岗位的具体工作；毕业五年后，能够在生产企业、流通企业、供应链服务业和科研机构等企事业单位从事供应链系统规划与设计、供应链运营管理等工作的“高层次、应用型、国际化”的供应链管理人才。[①]供应链管理专业培养目标，如图 3-5 所示。

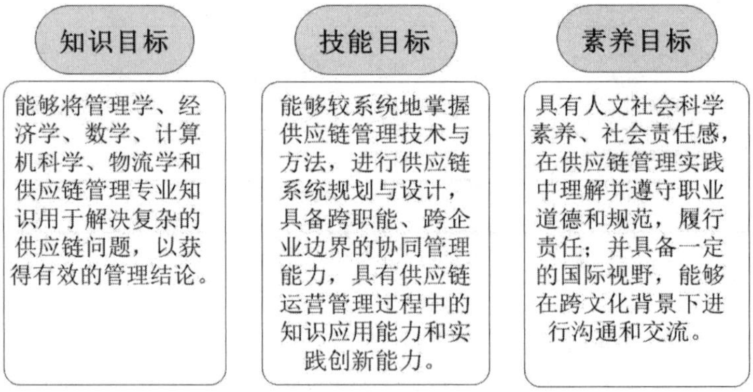

图 3-5　合肥学院供应链管理的专业培养目标

（二）课程体系构建

为贯彻落实“高层次、应用型、国际化”的供应链管理人才培养目标，合肥学院将供应链管理本科人才培养目标细化为知识能力素质等十二个方面的目标要求，并将其作为学校供应链管理专业学生毕业的基本要求，如表 3-21 所示。

---

① 王晓艳. 美国高校供应链人才培养的借鉴与思考[J]. 应用型高等教育研究, 2018, 3（04）: 90-95.

表 3-21　合肥学院供应链管理专业的培养目标要求

专业能力	通用能力
知识要求：能够将经济学、管理学、物流学、数学、计算机科学以及供应链管理专业知识用于解决复杂的供应链管理问题； 问题分析：能够应用经济学、管理学、物流学、数学、计算机科学和供应链管理学的基本原理，识别表达并通过文献研究分析复杂供应链管理问题以获得有效结论； 使用现代工具：能够针对复杂供应链问题，选择与使用恰当的技术、资源、现代管理工具和信息技术工具，包括对复杂管理问题的预测与模拟，并能够理解其局限性； 设计/开发解决方案：能够设计针对复杂供应链管理问题的解决方案，设计满足特定需求的供应链系统、物流单元，并能够在设计环节中体现创新意识，考虑社会、健康、安全、法律、文化以及环境等因素； 项目管理：理解并掌握供应链项目管理原理与经济决策方法，并能在多学科环境中应用； 研究：能够基于科学原理并采用科学方法对复杂供应链管理问题进行研究，包括设计方案、分析与解释数据，并通过信息综合得到合理有效的结论。	社会责任：能够基于管理学、经济学、物流学相关背景知识进行合理分析，评价供应链管理实践，及其复杂问题解决方案对社会、健康、安全、法律以及文化的影响，并理解应承担的责任； 环境和可持续发展：能够理解和评价针对复杂供应链问题的实践对环境、社会可持续发展的影响； 职业规范：具有人文社会科学素养、社会责任感，能够在供应链管理实践中理解并遵守职业道德和规范，履行责任； 个人和团队：能够在多学科背景下的团队中承担个体、团队成员以及负责人的角色； 沟通：能够就复杂的供应链问题与业界同行及社会公众进行有效沟通和交流，包括撰写报告和设计文稿、陈述发言、清晰表达和回应指令，并具备一定的国际视野，能够在跨文化背景下进行沟通和交流； 终身学习：具有自主学习和终身学习的意识，有不断学习和适应发展的能力。

合肥学院的供应链管理专业模块化课程总体框架，如表 3-22 所示。

表 3-22　合肥学院供应链管理专业模块化课程总体框架

学期	模块							学分					
1	经管应用数学 A 4.5 学分	大学英语 I 5.0 学分	管理学 3.0 学分	微观经济分析 4.0 学分				16.5	思想政治理论素养 16.0 学分	素质教育 7.5 学分	创新创业第二课堂 13.5 学分	体育 6.0 学分	公共选修模块 5.0 学分
2	管理信息技术与系统 4.0 学分	财务会计 4.0 学分	宏观经济分析 5.0 学分	经管应用数学 B 4.5 学分	经管应用数学 B 4.5 学分			22.0					
3	供应链管理基础 4.0 学分	财务管理 3.0 学分	经济法 3.0 学分	经管应用数学 C 3.0 学分	经管应用数学 C 3.0 学分	物流与供应链管理专亚英语 3.0 学分		19.0					
4	运筹学 5.0 学分	供应链计划 4.0 学分	采购与供应管理 3.0 学分	物流运营管理 4.0 学分	物流运营管理 4.0 学分			20.0					
5	认知实习 15.0 学分							15.0					
6	供应链信息管理 3.5 学分	专业选修模块 4.0 学分	专业选修模块 4.0 学分	库存管理与控制 4.0 学分	库存管理与控制 4.0 学分	供应链设计 4.0 学分		23.5					
7	劳动教育（理论） 1.0 学分	专业选修模块 4.0 学分	专业选修模块 4.0 学分	专业选修模块 4.0 学分	专业选修模块 4.0 学分	社会实践 3.0 学分	供应链战略 3.0 学分	23.0					
8	供应链综合实验 3.0 学分	专业实习与实践 13.0 学分	专业选修模块 4.0 学分					20.0					
9	毕业实习与毕业论文 24.0 学分							24.0					
总计	共 234.0 学分												

与之相对应的，为贯彻落实“高层次、应用型、国际化”的人才培养目标，合肥学院贯彻落实以学生为中心、以产出为导向的教育理念，逐步建立起“思想教育+通识教育+专业教育+创新创业教育”的模块化课程体系，主要包括公共学位课程、数学与自然科学类学位课程、专业基础类学位课程、专业类学位课程、创新创业课程等在内的多模块基础课程。其中，公共学位课程包括思想政治教育系列课程、大学英语、大学体育等公共基础课程；数学与自然科学类学位课程主要包括经管应用数学，旨在为学生的专业学习打下坚实的数理基础；专业基础类学位课程主要包括微观经济学分析、宏观经济学分析、管理学原理、运筹学、物流运营管理、生产运营管理、供应链管理基础等经济学、管理学等专业基础课程；专业学位类课程包括供应链计划、采购与供应管理、库存管理与控制、供应链信息管理、供应链战略、供应链设计等供应链管理专业核心基础课程。除此之外，还包括素质教育课程、创新创业第二课堂等，旨在培养学生的创新创业意识、创新思维能力，引导学生把握创业机会、把控创业风险、提高创新创业能力，促进学生个性化全面发展。供应链管理专业模块及学分构成情况，如表 3-23 所示。

表 3-23　合肥学院供应链管理专业的模块及学分构成情况

模块类型	学分	比例（%）	实践学分	实践学分比例（%）	必修学分	选修学分	选修学分比例（%）
人文社会科学类通识教育	55	23.35	23.4	9.95	50	5	2.12
工程实践与毕业设计（论文）	61	25.9	61	25.9	61	0	0
数学与自然科学类	12	5.1	0	0	12	0	0
工程基础类	0	0	0	0	0	0	0
专业基础类	51	21.66	4.7	2	51	0	0
专业类	56.5	23.99	4.7	2	24.5	32	13.59
合计	235.5	100	93.8	39.85	198.5	37	15.71

（三）培养过程落实

1. 绘制知识能力实现矩阵

合肥学院供应链管理专业以学生为中心绘制知识能力实现矩阵，将其与课程教学有机地衔接在一起，不仅进一步明确了每一门课程的教学目标，而且将培养目标逐一落实到每一门课程教学之中，进一步强化了任课教师对供应链管理专业学生发展的主体责任，切实保障供应链专业培养目标得到有效落实。

2. 制定个性化学习指南

为引导学生合理规划大学学习生涯，培养和提升学生自主学习和专业发展能力，学校在培养方案中还专门为学生制定了详细的个性化学习指南，明确了每一阶段学生的学习计划和课程安排，引导学生合理规划学习时间，循序渐进学习相应模块的学位课程，促进学生知识能力素养的全面发展。

3. 强化课程与能力的匹配

在专业教育方面，将供应链管理专业能力进一步细化为供应链系统规划与设计能力、供应链运营管理能力、供应链金融与风险管理能力、供应链信息管理能力、供应链协调能力和供应链实践运作能力六个方面，并将其与每一门供应链管理专业课程有机地衔接在一起，强化每一门专业课程的教学任务要求，明确专业任课教师对学生专业能力发展的具体责任，推动高校供应链管理专业课程教学目标的有效落实，促进学生供应链管理专业知识与能力的快速发展。供应链管理专业能力实现矩阵，如表 3-24 所示。

表 3-24　合肥学院供应链管理的专业能力实现矩阵

专业能力	毕业要求	实现途径
供应链系统规划与设计能力	掌握供应链系统规划与设计的基本概念、基本思路、基础理论和方法，了解供应链系统规划与设计的新理论、新方法及发展趋势；掌握供应链需求调研和需求分析方法；能够将供应链需求转化为供应链系统规划的设计目标；能够利用供应链整体思维对供应链外部经济环境和内部上下游供应链成员成本和能力进行分析；能够提出基于成本和产品的供应链设计目标，并基于该目标利用供应链网络建模，分析供应链组成，构建供应链基本框架；能够从产品生命周期的角度，理解和设计逆向物流和闭环供应链流程；具备评价与选择供应链技术方案和进行供应链信息系统分析、规划和设计的能力；具备对基本供应链问题的仿真建模能力，并对结果进行分析；具备供应链系统规划与设计方案的撰写、表达能力	专业基础课：微观经济分析、宏观经济分析、供应链管理基础、管理定量分析、运筹学 专业课：供应链设计、逆向物流与闭环、供应链管理、供应链系统仿真与决策、大数据分析与应用、供应链新技术及应用、供应链战略

续表

专业能力	毕业要求	实现途径
供应链运营管理能力	了解企业供应链和供应链服务业运营管理（计划、采购、制造、交付与回收）的具体策略、流程、功能以及企业整合这些功能的组织方案；理解各项计划在供应链和企业中的作用，掌握供应链综合计划的制定方法，了解供应链计划系统，理解供应链供给管理和需求管理内容，具备优化供应链计划系统的能力；能够运用企业供应链管理和供应链服务业管理的方法和技巧，针对供应链领域的问题提出解决方案，并为不同人群的不同目标设计出具有良好结构性和关联性的供应链战略方案和供应链运营模式；具备采购与供应管理能力，包括供应商的开发、管理，采购价格核定的能力，合同的拟定和采购谈判能力；具备物流运输、仓储和配送等运营管理能力；理解库存管理的基本理论、基本知识，掌握库存管理与控制的基本工具与基本方法，具备在不同的管理策略下对库存系统的控制能力；具备供应链项目管理能力；能从供应链的视角理解服务质量、客户满意程度和价值创新的服务主题，以实现增强客户价值的能力；掌握供应链基本战略，能够制定优秀的供应链战略并获得战略优势	专业基础课：管理学、微观经济分析、宏观经济分析、供应链管理基础、管理定量分析、经济法、运筹学 专业课：供应链计划、采购与供应管理、生产运营管理、物流运营管理、逆向物流与闭环供应链管理、库存管理与控制、供应链战略、项目管理、供应链服务管理、大数据分析与应用、供应链新技术及应用、战略采购
供应链信息管理能力	具备收集、跟踪、处理以及管理供应链信息的能力；熟悉仓储、配送、运输、货代、客服等各种信息管理系统基本架构以及开展业务活动的信息流程；能运用条码技术、RFID、DBS、EDI、GPS、GIS 等物流信息技术与手段；掌握数据分析与挖掘的工具与方法，具备运用大数据进行企业运营管理、分析决策、创新优化等方面的综合能力；能够使用仓储、配送、运输等物流信息管理软件；能够理解和掌握供应链信息技术在实践中的应用意义、方法和价值，具备将现代供应链信息技术应用于企业实践的能力；能够使用计算工具对物流和供应链管理问题进行理解与建模；形成以 Python 等为工具的计算思维和创新能力；初步具备供应链信息系统的建立与优化能力	专业基础课：管理定量分析、管理信息技术与系统 专业课：大数据分析与应用、供应链信息管理、供应链新技术及应用、Python 语言

续表

专业能力	毕业要求	实现途径
供应链金融与风险管理能力	了解财务信息生成过程，认知会计报告所必需的会计知识；具备应用会计信息进行物流与供应链管理决策的能力；掌握企业物流成本构成、计算条件、核算和分析方法；具备运用基本理财技术进行企业筹资、投资、利润分配和营运资金管理决策的能力；理解新经济环境下供应链金融的功能与特点，熟悉供应链金融交易单元与形态；掌握生产运营、贸易流通、电子商务等不同领域的供应链金融创新模式；掌握供应链风险识别、分析、评估的方法与工具，熟悉常用的供应链风险应对和防范策略，形成风险意识，具备全面供应链风险管理思维；掌握供应链绩效评价的基础理论知识和技术方法，能够从绩效管理的角度，结合企业的组织策略、结构、管理风格及企业流程，实现对企业供应链的有效运作和科学管理	专业基础课：财务会计、财务管理、供应链管理基础、供应链法律法规、微观经济分析、宏观经济分析 专业课：供应链金融、供应链风险管理、供应链绩效管理、商业伦理
供应链协调能力	能够就复杂的供应链问题与业界同行及社会公众进行有效沟通和交流，包括撰写报告和设计文稿、陈述发言、清晰表达或回应指令，并具备一定的国际视野；能够在跨文化背景下进行沟通和交流；能够从管理学、心理学和组织行为学等多学科角度了解管理沟通的基础理论知识，掌握管理沟通的常用工具和技术，能够运用所学的管理、沟通知识和理论，达成有效的供应链成员间交往和管理沟通效果；理解供应链合作伙伴关系的基本理论及供应链战略合作伙伴关系的价值；掌握供应链伙伴关系选择与评价的方法、标准；掌握合作伙伴关系建立的流程；具备选择、建立、评价、维护和改善供应链伙伴关系的能力；能够正确地处理和解决供应链成员间的冲突	专业基础课：管理学、物流与供应链管理、专业英语、供应链管理基础 专业课：管理沟通、供应链合作伙伴关系管理、商务谈判与合同管理、商业伦理
供应链实践运作能力	具备一定的物流实验仿真和实践运作能力；具备一定的供应链实验仿真和实践运作能力；能够解决供应链运营中出现的实际问题；能够合理分析、评价物流与供应链管理实践，及其复杂问题解决方案对社会、健康、安全、法律以及文化的影响，并理解应承担的责任；能够理解和评价针对复杂供应链管理问题的实践对环境、社会可持续发展的影响；具备撰写供应链专业论文的能力	认知实习、社会实践、供应链综合实验、专业实习与实践、毕业实习、毕业论文、创新创业第二课堂、各专业模块的实验教学

资料来源：合肥学院供应链管理本科人才培养方案

为了顺应国家供应链战略发展和区域经济社会发展对供应链管理本科人才培养的应用性需求，合肥学院结合学校应用型高校的办学定位，借鉴德国高校供应链管理专业的办学经验，确定了以应用能力为导向，知识、能力、素质并重的应用型供应链管理人才培养目标，形成了“思想教育+通识教育+专业教育+创新创业教育”的模块化课程体系，构建起校企合作协同培养、校内校外相互融通的实践育人体系，建立起全链条、全方位、全过程的闭环式人才培养质量保障体系，有力地保障了学校供应链管理本科人才培养目标的贯彻落实，促进了学校供应链管理专业学生知识能力的快速发展。

案例 3：厦门华厦学院供应链管理专业

厦门华厦学院创建于 1993 年，是一所社会力量捐资创办、厦门市政府重点支持的民办非营利性本科高校。为顺应国家供应链经济发展需要和厦门市供应链创新应用的试点建设需求，2019 年厦门华厦学院获教育部批准正式开设供应链管理本科专业，成为福建省内第一批开设供应链管理专业的本科高校之一。2021 年，学校供应链管理本科专业入选第一批物流管理与工程类新文科建设试点名单，成为供应链管理专业新文科建设的重要试点项目。目前学校供应链管理专业设在商务与管理学院，与物流工程、电子商务、数据科学与技术等专业组成专业群，其中物流工程专业入选教育部“双万计划”——国家一流本科专业建设。学校设有福建省高校人文社会科学研究基地“财务与审计信息化研究中心”“现代供应链研究中心”学科研究平台以及省级“财务与金融”实验教学示范中心等一批专业育人平台。学校在供应链管理本科教育探索中逐渐形成了自己的特色。

（一）人才培养目标和规格

为深入了解供应链行业企业用人需求，厦门华厦学院从企业需求侧出发，通过前期大量调研发现，我国企业的供应链设计和运营在人才、流程、协同、方法、工具等方面都存在较大的挑战，企业普遍存在着供应链缺乏战略规划、系统化思维水平低、团队全局观与协同性弱、数据意识薄弱、价值挖掘空白、决策方法论欠缺、库存居高不下、产品市场响应速度慢、缺货多、急单多、供应链运营成本高、预测偏差大、现金流吃紧、品类管理缺失、供应商管理体系不全、产销不平衡等问题，这些问题催生出对供应链管理本科人才培养的迫切需求。

在此背景下，厦门华厦学院供应链人才培养研究课题组通过调研，系统梳理了企业在供应链运营、管理、监控等层面的相关岗位职责和能力需求，形成应用型供应链管理专业面向的主要岗位群或技术领域，确定人才培养目标以及包括素质要求、知识要求和能力要求在内的培养规格，明确供应链管理专业坚持应用型人才培养的目标定位，旨在培养德、智、体、美、劳全面发展，适应国家供应链战略发展需要，系统地学习经济、管理、财会、运营、营销等基础理论，掌握供应链管理的基本理论、方法和技能，具备跨职能、跨组织边界的协同管理能力，能在各类组织中从事供应链资源规划、协同运营管理及信息技术服务的高素质应用型人才。

（二）“三位一体”的应用型供应链人才培养模式

为贯彻落实这一人才培养目标，厦门华厦学院供应链管理专业基于 OBE 人才培养理念和实践模式，不断深化产教融合和校企合作协同育人机制，推动学校人才培养的供给侧改革，优化应用型供应链管理专业的课程体系结构，完善课程体系和教材建设，逐步构建起“三位一体”的应用型供应链人才培养模式（如图 3-6 所示）。即坚持以企业需求为导向（紧盯企业岗位能力需求和未来发展趋势），优化教学供给为目标（引进科技力量助力理实一体化教学资源建设），参与大赛检验为手段（赛教相长、以赛促学，洞察并解决“教与学”的痛点难点）的“三位一体”的供应链人才培养模式，实现企业的“需求”、学校的“供给”和大赛的“校检”对供应链管理本科人才培养的有机结合，全面保障供应链管理本科人才培养的标准和质量。

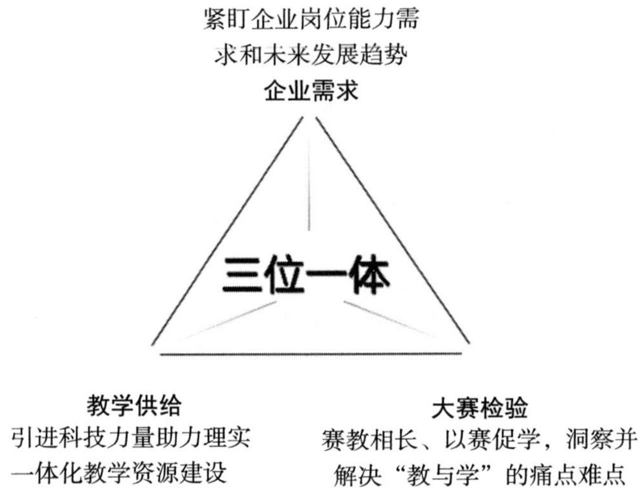

图 3-6　厦门华厦学院供应链管理专业的“三位一体”人才培养模式

1. 课程体系设置

学校以人才培养“OBE”模式为基础，构建应用型供应链管理专业兼具系统性和灵活性的“平台+模块”课程体系，突出对学生实践能力和创新能力的培养，构建以专业能力为导向的培养体系。在课程开发过程中，研究并吸纳颠覆供应链的新产业、新技术的相关知识，将其导入专业核心课程之中，与行业企业专家共同研制主要课程的课程标准和教材大纲，注重教材的应用能力导向、强应用性、重实践性的特点。在教材开发方面，以认知规律为主线构筑教材框架，以实践价值为尺度剪裁学科内容，以能力培养为依据活化基础理论，以学生本位为原则增强教材可学性。通过有效的课程设计，形成较完整的实践教育路径。

2. 实践教学体系建设

以应用能力培养为重点，发挥专业群资源优势，进行跨专业的实践教学资源设计，把企业最佳实践引入到实践教学环境中，将供应链虚拟仿真实验教学平台、微信版教学游戏、大数据分析平台等新技术融入教学中，促进实践教学改革，校企合力打造标杆式的教学资源成果。同时，优化实践教学环节，建设基础、应用、创新三个实践教学层次，培养学生的实践能力和创新精神。在此基础上形成的产教深度融合项目还获得了福建省高等教育教学成果二等奖；《供应链管理实务》获评福建省本科优秀特色教材，第七届“物华图书奖”三等奖。供应链管理专业“校企大循环”人才培养体系，如图 3-7 所示。

图 3-7　厦门华厦学院的“校企大循环”人才培养体系

3. 产教融合、多方协同育人

学校物流及供应链专业群始终坚持“产教融合、多方协同育人”的专业发展思路。学校依托福建自贸区的制度优势，成立了福建省高校人文社科基地“现代供应链研究中心”、中国物流学会产学研基地，并与厦门易木科技公司、厦门略胜供应链公司等展开深度合作，共同成立了“现代供应链教学改革研究中心”，合作开发专业核心课程、教材案例编写、实践项目资源和搭建学科竞赛平台，将企业实践案例引入到课程教育的育人过程之中，开展平台开发、技术转化和咨询服务，创新了产教深度融合、多方协同育人机制。[①]同时，还依托物流管理专业获批教育部首批物流管理“1+X”证书制度试点，校、行、企合作推进供

① 陈晖. 供应链背景下产教融合共育新商科人才的实践探索——以厦门华厦学院为例[J]. 物流工程与管理, 2018, 40（10）: 145-146, 155.

应链管理核心优质课程开发和实训教材编写，有机融入职业资格证书培训体系。

4. 特色资源库建设

学校物流供应链管理专业群还结合厦门略胜供应链公司从事企业咨询诊断的经验和实际企业案例，对“供应链管理”“采购管理”等专业核心课程的知识点和能力进行重新梳理和划分，紧贴企业工作实际开发教学内容，将企业实际的业务操作内容转化为实践教学案例；借助厦门易木科技公司的技术优势，以企业案例和业务操作为参考，共同研发微信版供应链游戏和供应链沙盘实践平台，编写实践教材，创新实践教学方法。校企共同开发的《供应链管理实务》教材被评为“福建省本科特色优秀教材”。

5. 应用研究和竞赛平台建设

通过学校、行业、企业等主体之间的相互联动，深入对专业软件、产品技术等的研发，不断促进技术技能的积累与创新，为此还获批建立福建省高校人文社会科学研究基地“现代供应链研究中心”。

物流供应链管理专业群教师还与厦门易木科技公司技术骨干组成研发小组，联合申请了厦门市科技局产学研协同创新项目——《基于供应链的企业采购决策支持系统开发》，获厦门市科技局专项经费支持。在此基础上，校企联合研发并获批了计算机软件著作权《华厦企业采购决策支持系统（采购决策支持系统 V1.0）》。①供应链管理专业实习实训平台，如图 3-8 所示：

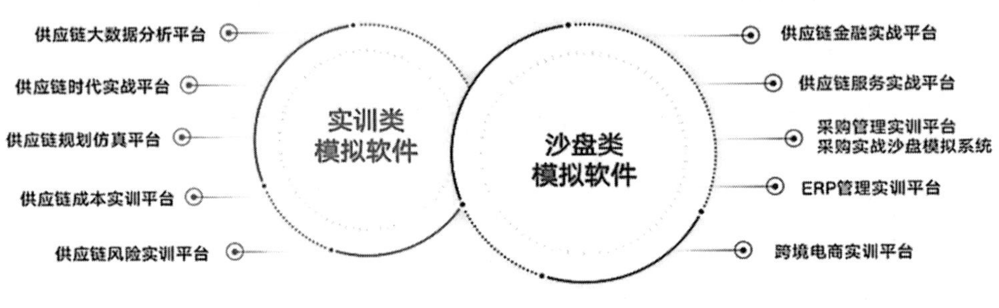

图 3-8　厦门华厦学院供应链管理专业的实习实训平台

以赛检验“教与学”，校企合作搭建学科竞赛平台，通过学科竞赛校准人才培养的标准和质量，提升供应链管理本科人才培养质量。供应链管理专业是一个实践性较强的专业，通过大赛的过程检测，可以检验教与学过程中学生对岗位要求的关键知识和能力的掌握程

① 陈晖. 供应链背景下产教融合共育新商科人才的实践探索——以厦门华厦学院为例[J]. 物流工程与管理, 2018, 40（10）: 145-146, 155.

度；同时，通过对大赛积累的数据进行挖掘，为教师调整教学计划和教学过程安排提供数据支持。为此，厦门华厦学院依据核心课程提出应用型供应链管理专业需要建设的实践教学平台和可开展的大赛项目，建设“课、岗、赛、训、证”相互融通的专业课程和教学体系，并通过各类大赛的检测及时、持续地校准人才培养标准和质量，培养有数字化素养、具备解决企业供应链计划和运营中面临的复杂问题的能力的复合应用型人才。

在学科竞赛方面，学校与中国物流生产力促进中心、厦门市物流协会、厦门易木科技有限公司共同举办了第一届（全国共 79 所院校）、第二届（全国 215 所院校）、第三届（全国近 230 所院校）全国供应链大赛，与厦门易木科技共同研发的供应链沙盘系统连续三届作为全国供应链大赛的竞赛平台，为学校供应链管理本科人才培养提供了重要的平台保障，有力地促进了学校供应链管理本科人才培养质量的良性发展。

案例 4：西安欧亚学院供应链管理专业

西安欧亚学院创办于 1995 年，是一所以管理、经济为主，艺术、文学、教育、工学等协调发展的民办普通本科高校。2020 年，为适应国家和西部地区现代供应链发展对供应链专业人才的现实需要，西安欧亚学院申请增设供应链管理本科专业获得教育部批准，并于当年开始招生，成为我国西部地区第一所开设供应链管理专业的本科高校。其供应链管理专业特色如下。

（一）培养目标定位

西安欧亚学院瞄准国家供应链行业应用与创新发展对供应链专业人才培养的现实需求，聚焦供应链数字化运营与管理，面向企业寻源经理、采购经理、ERP 咨询顾问、供应链工程师等供应链管理岗位培养能够胜任岗位需要的高素质、国际化、应用型专业人才，致力于把学生培养成具备全球化工作能力的供应链数字化运营人才。为此，西安欧亚学院根据供应链企业对供应链管理岗位的知识能力要求，主动匹配和分析了供应链管理专业发展方向和岗位就业要求，将供应链管理专业培养目标逐一细化分解成供应链管理本科人才培养的知识能力目标，明确供应链管理专业旨在培养熟练掌握供应链运营与战略管理、采购与供应管理、数据分析与挖掘等方面的专业知识，具备专业软件应用、数据分析与处理、供应链协同运营管理、供应链系统优化设计、供应链绩效管理等能力的国际化、应用型、高素质专业人才。其供应链管理本科人才培养目标，如图 3-9 所示。

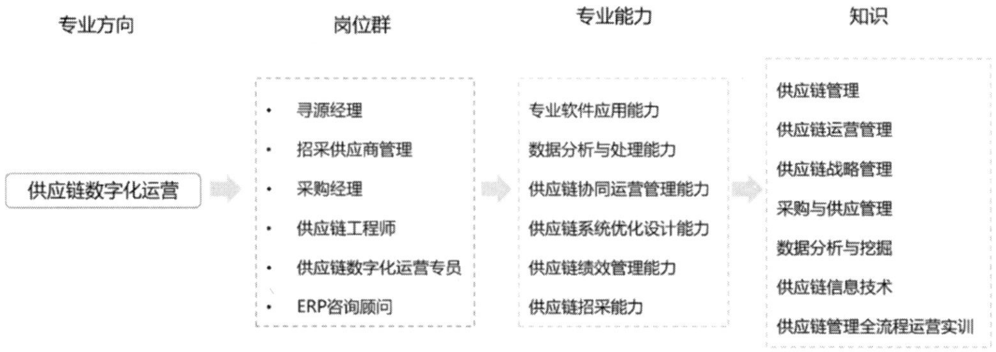

图 3-9　西安欧亚学院供应链管理本科专业的人才培养目标

（二）学习地图描绘

为贯彻落实学校供应链管理专业应用型高素质人才的培养目标，西安欧亚学院根据国家本科高校教学质量标准、专业发展方向及岗位知识能力需求，借鉴国内外先进的教育理念与模式，逐步构建起课内课外相结合、通识教育与专业教育相结合、理论与实践相结合、国际教育与国内教育相协同的人才培养体系，确立起职业导向、校企合作、产教融合的应用型人才培养路径，形成全周期、个性化、多元化的学生学习路径。专业所描绘的学习地图，如图 3-10 所示。

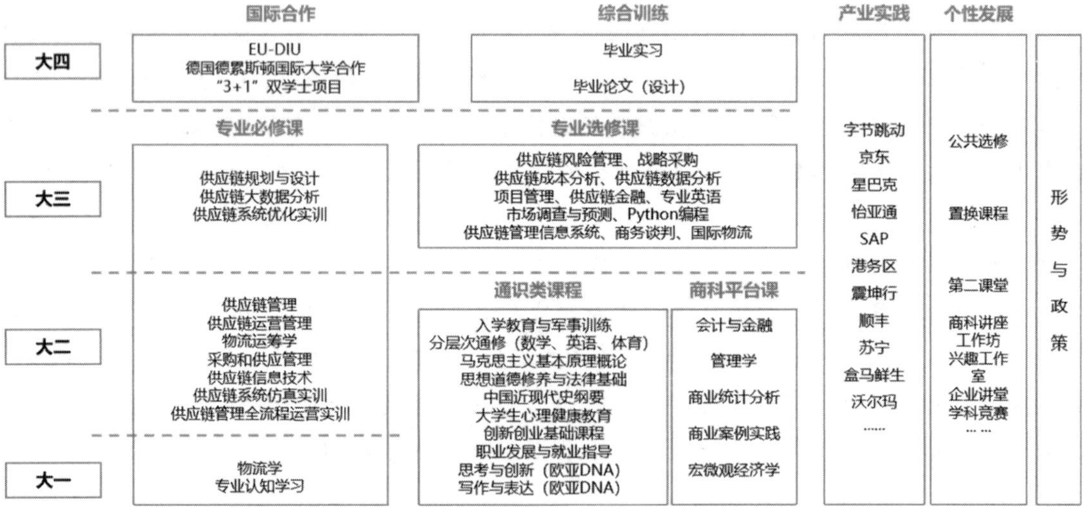

图 3-10　西安欧亚学院供应链管理专业的学习地图

在课程教学方面，西安欧亚学院已经建立起以通识教育课程、商科平台基础课程和专业教育课程为主要内容的课程体系，为学生提供了全方位、宽口径、厚基础的课程教育。

学校依托工商管理学院开设的电子商务、市场营销、工商管理、国际商务、国际经济与贸易等专业，打破专业课程壁垒，着力构建大商科平台课程，拓宽学生专业知识基础，促进多学科专业的交叉融合。同时，还根据供应链管理行业发展需要和学生职业发展的个人兴趣，开设了较为丰富的专业级必修课程和专业选修课程，以更好地满足供应链管理专业学生专业知识和职业技能发展的多方面需要。

搭建第二课堂，促进全程育人。欧亚学院一方面基于学科专业发展和学生学习兴趣，成立供应链专业社团，由教师和高年级优秀学生组织低年级学生进行学术研讨、行业展会参访、企业参观、知识竞赛等丰富多彩的课外学术活动，帮助学生在课外了解行业企业发展趋势，提高自身供应链知识和专业技能；另一方面，以赛促学，通过丰富多彩的学科竞赛活动，包括物流与供应链管理专业相关竞赛及通识能力培养类的竞赛，使得学生可以与其他知名高校学生同台竞争，专业素养与通识素养并重发展。各项比赛均为学生配备专业的指导老师，帮助学生将所学知识与实际应用进行融汇，培养学生的实践创新能力，从而提升职场竞争力。西安欧亚学院供应链管理专业所制定的学生学习规划指南，如表 3-16 所示：

表 3-16　西安欧亚学院供应链管理专业的学生学习规划指南

	大一	大二	大三	大四
课程	通识课程+DNA 课程+商科平台课程+专业导论课程	通识课程+专业理论课+学期实践项目	专业核心课+专业特色实践课	——
非课程管理	——	专业竞赛+工作室+社团+创新创业项目	国际项目推广+考研集中训练营+工作室+职业规划	专业实习+毕业论文+国际项目预备班
	学业导师+学长辅导员+社区辅导员			
学生发展	专业理念、自我认知、自我管理	建立专业兴趣、提升理性能力、拓宽专业视野	就业&升学准备、专业方向、重点学习、职业发展	高质量就业&升学、学生成长历程、未来发展报告

资料来源：西安欧亚学院供应链管理专业介绍

（三）实践体系建设

在校内学习实践方面，西安欧亚学院深化产学研合作，与西安交通大学、北京物资学院等高校共享供应链领域师资及学术资源，与国际知名企业，如怡亚通、SAP 等，共建供应链产业及人才联盟，合作共建课程，进行“项目式学习”和“案例式教学”；与学校商科其他专业，如金融学等，共享基础课程，掌握新商业活动规律，并基于商科案例中心，与商科其他专业共享真实企业案例；与欧亚学院国际商学院进行联合培养，通过一系列的课程、第二课堂活动、出国访学等形式，拓展国际视野，在专业核心课程中引入国际标准，邀请国外知名教授讲授部分专业课程，提升国际化供应链运营能力；学校供应链管理专业还建设有 ERP 沙盘模拟实验室、怡亚通联合实验室、供应链建模与仿真实验室等，可交叉使用工商管理学院其他实训资源，同时配备专业老师带队参加供应链大赛、物流设计大赛等竞赛，以赛促学，提高学生供应链实践能力。

供应链管理专业建设完善的校内实训实践平台，并引进多方企业资源实施合作培养，先后建成了物联网演示与服务中心、透明供应链演示中心、供应链全流程实验室、怡亚通校企共建实验室等。同时，供应链管理专业拥有企业真实经营所用 SAP、怡亚通的 ERP、采购相关软件，模拟经营 ERP 沙盘软件、国际陆港模拟软件，建模仿真 AnyLogic、AutoMod 等软件。相关软件辅以企业真实案例，学生在校学习期间即可模拟企业真实业务场景和运作机制，学习供应链系统的分析优化能力，体验供应链信息的价值，感知供应链中信息、物品的跟踪和追溯。除此之外，供应链管理专业引入产学项目，通过校企合作共同开发课程案例、引入企业真实项目等形式，学生在校内实训室即可真实参与企业项目，如学院现有盒马鲜生、京东无人机、震坤行、怡亚通、SAP、菜鸟网络等多家企业的行业案例及真实项目。

在企业实习实践方面，学校与多家行业知名企业达成稳定合作关系，为学生提供学期实践项目参访、假期实践、毕业实习等实践实习岗位，学生毕业前即可与行业零距离接触，为学生就业打下坚实的基础。一方面，根据学生所处不同年级，安排知名跨国企业（SAP、深圳怡亚通供应链、字节跳动、京东、港务区等）参访、真实项目参与、带薪实习（转正资格）等活动。另一方面，依托行业知名企业，如震坤行、字节跳动等，“3+1”开展“定制班”，形式，学生在大三下学期可自行选择进班，由企业导师讲授企业经营等相关课程，随后进入企业，实现实习、就业无缝衔接。①

（四）本研贯通一体化培养

学校通过深化与国内外知名院校的合作交流，不断拓宽学生学历晋升渠道，为学生升学深造提供各种服务支持。例如，在国内升学方面，学校与北京物资学院、西安邮电大学等国内知名高校开展合作交流，延聘名师来校授课讲学，在校便能享受到名校师资授课和名校优质课程教学资源，同时学校还为学生考研升学提供全方位的过程服务与支持，帮助学生顺利考取名校，继续攻读深造；另一方面，学校还积极开拓国外留学深造渠道，通过开展国际留学项目，开拓专业对口的优质国际留学资源，先后与德国德累斯顿国际大学（DIU）、美国明尼苏达大学、美国罗格斯大学、英国诺丁汉大学、英国伯明翰大学建立战

① 西安欧亚学院. 供应链管理专业简介[EB/OL]. http://euba.eurasia.edu/info/1231/1567.htm, 2021-05-19.

略合作关系，学生不仅可以通过线上远程授课、“3+1”双学位、“硕士直通车”“交流生制度”等多种形式享受到国外优质的课程教学资源，而且毕业后还可通过海外硕士直通车项目和优质学历提升项目直接赴海外攻读研究生学位，实现本研贯通一体化培养。

（五）国际合作交流

1. 搭建国际校校联盟平台

围绕供应链管理专业的国际化建设，学校在数字化供应链运营方向的基础上，已实现与德国等地的校校联盟合作，并且工商管理学院与英国卡迪夫城市大学联合开办“中英国际班”，未来供应链管理专业还将与德国德累斯顿国际大学、美国州长州立大学联合开展国际班教学项目，为本专业学生远赴海外留学深造、增强国际化就业竞争力、感受国际文化与教育提供宝贵的交流机会。

2. 引进国际课程教学标准

以引进国外原版教材、借鉴国内外先进教学方法和手段，着力打造双语及英语授课课程，通过创新课程体系规划设置、优化人才培养方案、完善教学质量保障模式等举措，使供应链管理本科人才培养达到国际通用标准的要求。

基于与 DIU 等著名高校的国际合作，共同推进“采购管理”“供应链管理”等国际课程开发，更好地增进中西方文化的交流合作，让学生在国际课程中感受到中西方教育文化等方面的思维差异，培养学生跨文化、跨地域的学习适应能力，促进中西方课程教学资源的优势互补，提升学生对国际供应链管理专业前沿知识的认知，提升学校供应链管理专业的国际化水平。

3. 推动国际化师资团队建设

创新教师培养与管理机制，采取外引内陪多元举措，持续引进海外特聘教授、海外优秀师资、跨国企业行政执行官、海外知名大学硕博士等国际教师，打造具有国际水准的教师教学团队。学校供应链管理专业已外聘外籍专家 1 人，兼具海外学习及工作背景教师 2 人，为供应链专业国际化人才培养助力。

在内部培养方面，着力打造一支具有海外教育经验的教师队伍，提升学院教师的国际化教学与学术研究能力，助力骨干教师拓展国际视野、熟悉供应链管理教学国际发展趋势、及时追踪和把握学术前沿，以整体提升专业国际化教学水平。

4. 开拓供应链管理职业认证渠道

职业证书是连接理论学习与行业实践的媒介，不仅是学生从事某项劳动、具备某项职业技能的资格证明，也是学生实现劳动就业的敲门砖，对于想在某个专业领域发展的学生来说，职业证书是“绝对的刚需”。因而，推进职业认证在助力学生提升专业应用能力的同时，也能极大增加企业认同。

为此，学校积极开拓供应链管理职业认证渠道，已为学生获取供应链与采购认证群（Certified Application Sourcing and Procurement on SAP）、英国皇家采购师（CIPS）、注册物流经理（CILT）、美国注册职业采购经理（CPPM）、美国采购与供应专业人士认证（CPSM）、美国注册供应链管理师（CSCM）、美国供应链管理专业人士认证（CSCP）等多项国际认证，为学生获取国际职业认证和证书提供优质的课程资源和服务保障，提升学生就业的国际竞争力。

综上所述，无论是研究型高校还是应用型高校，其供应链管理专业都能根据学校办学定位和专业人才培养目标，发挥各自优势开展供应链管理人才培养，初步建立起各具特色、定位明确、结构合理、质量效益较好的人才培养模式。但是对于全国大部分开设供应链管理专业的地方高校而言，供应链管理专业建设都还处于起步发展阶段，其供应链管理学科专业建设和人才培养面临着诸多的现实困境，诸如尚未建立起定位明确、特色鲜明的人才培养模式，师资队伍建设依然相对滞后，课程教学资源开发依然不足，专业教学质量保障体系尚不健全，等等，各个方面都还无法满足地方供应链产业发展和学生身心发展对供应链管理人才培养的现实需求，制约和妨碍着地方高校供应链管理学科专业和人才培养的高质量发展。

第四章

地方高校面向县域供应链管理人才培养的困境

近年来，在政府、高校和行业协会等部门的共同努力之下，高校供应链管理学科专业的发展取得了一系列突破和成就，供应链管理人才培养已经迈入快速发展的新阶段，实现了高校供应链管理人才培养从无到有、从少到多的快速转变。进入新时期以后，随着人工智能、大数据分析、物联网等新一代信息科技的迅速发展和科技产业变革的加速推进、经济“双循环”、乡村振兴等国家战略发展政策的陆续出台，我国供应链行业产业发展将面临前所未有的发展机遇和现实挑战，同时这些变化也对地方高校面向县域供应链管理人才培养提出了新的要求和挑战。

从现实来看，目前我国地方高校供应链管理人才培养理念和模式存在着诸如培养目标不清、培养方案趋同、培养特色不明、培养质量不高等一系列的现实问题，严重制约着高校供应链管理专业的进一步发展。此外，人才培养的适应性需要持续改善：供应链教育无法适应和满足我国县域地区产业行业发展对供应链管理人才培养的现实需要，地方高校人才培养模式也无法有效支持学生知识能力素养的健康发展，学生知识能力素养还不能有效满足县域地区产业行业对供应链管理岗位的现实需要。本部分的分析主要基于三方面的调研材料和统计结果：一是国内 18 所已招生的高校供应链管理专业人才培养方案(纸质版)；二是“问卷星”高校端调研数据（89 所，106 份有效问卷）；三是 18 份高校供应链管理专业设置申请书。

第一节　学科发展与专业定位的困境

供应链管理作为一门新兴的学科专业，其知识理论体系、学术话语建构等还处于不断发展的过程中，具有深刻的未知性和不确定性。同时，由于主体思维、知识结构、理论方法等方面的局限，人们对供应链的认识还存在着较大的片面性和局限性，至今还没有对供应链的学科专业属性、学科专业归属等基本问题形成明确统一的认识，并且还受到既有观念思维、权力利益、管理体制等方面的影响。因此，供应链管理的学科专业发展存在诸多的不确定性，也集中反映在供应链管理的学科专业的成熟度和目标发展的适应性上。

一、学科发展的成熟度

专业教育是通过一套或刚性或弹性的课程和各种教育活动实现的，这些课程和教育活动无不是以学科为基础开设或组织的，学科结构奠定了大学人才培养之基。[①]供应链管理学科建设与专业建设是供应链人才培养的"一体两面"，供应链管理学科的成熟度影响着人们对供应链管理专业的认知理念和建设实践。

从国际的总体研究看，供应链管理的理论创新和应用实践热度很高，但专家学者对供应链管理理论和学科发展情况的判断是"正在成长但尚未成熟"[②]，供应链管理学科尚无自身的学科理论，需要借用别的学科理论来解决供应链管理实践中的问题[③]。一个基本的共识，即供应链管理学科还有待于向成熟度发展。

从我国的现实发展看，供应链管理作为一门新兴的交叉学科，在现行的学科专业目录管理体制下，势必会与现有的学科专业结构、学科专业目录、学科管理体制等产生激烈的矛盾冲突。如何平衡现有学科专业与新兴学科专业之间的矛盾冲突便显得尤为重要了。供应链管理专业与物流管理、物流工程、采购管理等其他三个专业一起，归属于物流管理科学与工程类专业，共同接受中物联、教育部物流教指委等组织机构的管理与指导，但实际上供应链管理的丰富内涵已经超出物流管理本身，既有的"物流管理与工程"学科专业命名及其学科专业归属已经无法包含现有的实际情况，供应链管理与其他三个专业并不属于同一个层面上的逻辑关系。

专业之间逻辑关系的混乱，加上人们对物流管理、供应链管理认知上的差异，导致各高校对物流管理、供应链管理等学科专业发展呈现出迥然不同的态度：一是迭代升级，即

---

① 别敦荣. 学科建设与人才培养［J］.大学与学科, 2020, 1（01）: 37-40.

② Carter C R. A Call for Theory: The Maturation of the Supply Chain Management Discipline［J］. *Supply Chain Management*, 2011, 47（02）: 78—82.

③ Mentzer R J T, Stank T P, Esper T L. Supply Chain Management and Its Relationship to Logistics, Marketing, Production, and Operations Management［J］. *Business Logistics*, 2008, 29（01）: 31—46.

高度重视供应链管理专业发展，主动撤销物流管理等传统专业，转而申请设置供应链管理专业，全力推进供应链管理专业的发展；二是平行叠加，即在保留物流管理等传统专业的同时，申请增设供应链管理专业，协同推进供应链管理专业和物流管理专业的共同发展；三是观望保留，既不主张撤销物流管理专业，也不主动申请设置供应链管理专业。

为进一步了解相关情况，本研究于 2021 年通过“问卷星”开展高校调研。通过发放问卷的形式对有开设供应链管理专业或具备相关学科专业基础的 89 所学校进行了线上调研，回收有效问卷 106 份。

有效问卷分析结果显示：89 所中有 34 所高校（占比 38.20%）已经开设供应链管理专业；暂未开设该专业的 55 所高校（占比 61.80%）中有 22 所（24.72%）准备申报、33 所（占比 37.08%）未考虑申报。由此可见，在未设置供应链管理专业的高校中仍然有相当一部分高校对申请设置供应链管理专业持犹豫观望态度，对主动发展供应链管理专业的积极性不高。89 所样本高校供应链管理专业设置情况，如图 4-1 所示。

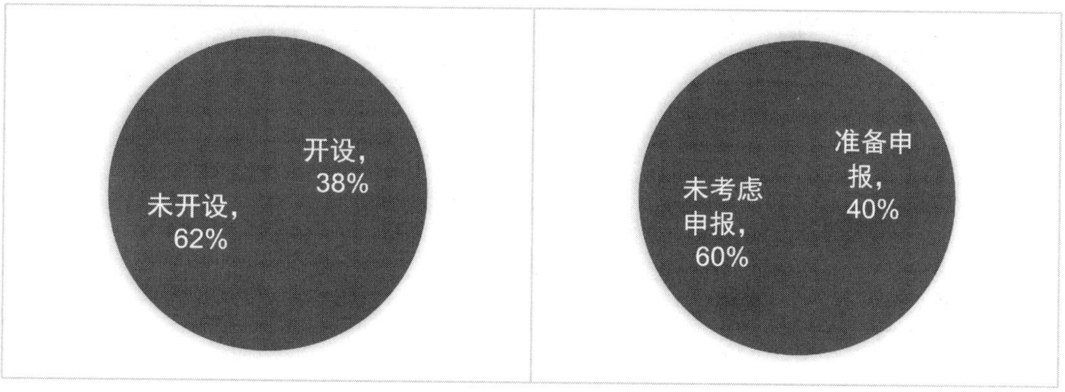

图 4-1 89 所样本高校供应链管理专业设置情况

（“问卷星”高校端调研，调研时间为 2021 年）

即便是在已经申请设立或准备申请设立供应链管理专业的高校，其学科专业发展路径也呈现出明显的不同：有的高校依托的是物流管理与工程类学科，将其与物流管理等物流类专业紧密地联系在一起，更加凸显物流管理在供应链管理中的地位，如北京物资学院、上海海事大学等；有的高校将其与工商管理、经济金融等紧密地联系在一起，并由此衍生出供应链金融、供应链组织与战略管理等研究方向，如西南财经大学、中央财经大学等财经类高校；还有一些其他高校则将供应链管理设置在工商管理、物流管理与工程类或管理科学与工程等其他学科之下，作为更加细分的学科专业方向而存在，具体如表 4-1 所示。

表 4-1　34 所样本高校供应链管理专业的主干学科情况

（“问卷星”高校端调研，多选题）

学校名称	申报时间	隶属学院	依托的主干学科
武汉学院	2017	管理学院	管理科学与工程
营口理工学院	2018	经济管理学院	工商管理、物流管理与工程
中央财经大学	2018	商学院	工商管理
上海海事大学	2018	经济管理学院	管理科学与工程
保定学院	2018	经济管理学院	物流管理与工程
合肥学院	2018	经济与管理学院	物流管理与工程
北京城市学院	2019	经济管理学院	物流管理与工程
集美大学诚毅学院	2019	商船系	物流管理与工程
重庆移通学院	2019	数字经济与信息管理学院	物流管理与工程、信息管理
广州城市理工学院	2019	管理学院	工商管理
大连海事大学	2019	航运经济与管理学院	工商管理、物流管理与工程
西交利物浦大学	2019	创业家学院	工商管理
西南财经大学	2019	工商管理学院	工商管理
湖南工商大学	2019	工商管理学院	工商管理
河南工业大学	2019	物流管理系	物流管理与工程
山东大学	2019	管理学院	工商管理、管理科学与工程
蚌埠学院	2019	经济与管理学院	工商管理、物流管理与工程
浙江万里学院	2019	物流与电子商务学院	物流管理与工程、电子商务
成都信息工程大学	2019	物流学院	物流管理与工程、信息管理
重庆科技学院	2019	工商管理学院	工商管理、物流管理与工程
重庆第二师范学院	2019	经济管理学院	工商管理
厦门华厦学院	2019	商务与管理学院	工商管理、物流管理与工程
北京物资学院	2019	物流学院	物流管理与工程
华北电力大学	2020	经济管理学院	物流管理与工程
黑龙江八一农垦大学	2020	经济管理学院	工商管理
内蒙古财经大学	2020	物流管理系	工商管理、物流管理与工程
云南财经大学	2020	物流学院	物流管理与工程
西安欧亚学院	2020	工商管理学院	工商管理
福州外语外贸学院	2020	经济管理学院	物流管理与工程

续表

学校名称	申报时间	隶属学院	依托的主干学科
浙江财经大学	2020	工商管理学院	工商管理、物流管理与工程
重庆人文科技学院	2020	管理学院	物流管理与工程
安徽财经大学	2020	工商管理学院	工商管理、物流管理与工程
中南林业科技大学	2020	物流与交通学院	物流管理与工程
湖北经济学院	2020	工商管理学院	工商管理、物流管理与工程

参与调研的高校中，34 所已设立供应链管理专业并招生，其中的 22 所高校依托物流管理与工程类学科设置，占比 64.71%；16 所高校依托工商管理学科设置，占比 47.06%；而有 13 所高校依托了 2 个学科，占比 38.24%，如表图 4-2 所示。

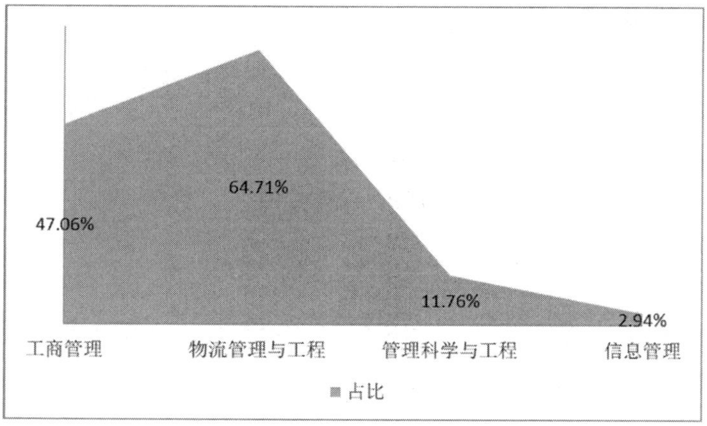

图 4-2 34 所样本高校供应链管理专业依托学科示意图

（“问卷星”高校端调研，多选题）

由此可知，高校供应链管理专业横跨工商管理、物流管理与工程、管理科学与工程、信息管理等多个学科而存在，学科设置较为分散，学科归属不够明晰，学科身份较为模糊，缺乏统一的供应链管理学科设置。与之相对，目前高校供应链管理专业主要挂靠在工商管理等其他学科之下，并非作为一个独立的一级学科或二级学科存在和发展，缺乏独立自主的学科合法性地位，在高校学科专业竞争中处于相对劣势的地位，导致高校供应链管理在现行的学科专业管理体制之下难以从政府和高校等手中获取足够的办学资源和政策支持，甚至有时还要受限于其所依托的学科发展水平和资源的充足与否，引发高校各学科专业之间的激烈竞争，进一步加剧高校办学资源的内耗紧张，破坏高校学科生态的和谐有序，同时也增加了高校统筹和协调不同学科资源支持供应链管理专业发展的难度，大大限制了高校供应链管理学科专业的发展空间，妨碍了高校供应链管理学科专业的快速发展。

二、专业定位的适应性

从专业定位来看，各高校供应链管理本科人才培养积极响应国家建设供应链、推进供应链创新应用的战略部署，紧紧围绕供应链行业产业发展对供应链管理本科人才培养的社会需求，紧密结合学校自身的办学定位和依托学科专业发展的特色优势，积极瞄准供应链产业行业发展的细分需求，大力培养供应链行业企业发展所需的高素质、复合型、创新性的供应链管理专业人才。

“问卷星”高校端调研数据显示：34 所已招生的高校供应链管理本科人才培养的目标定位主要包括供应链物流管理、供应链协同运营管理、供应链信息管理、供应链系统规划与设计、供应链金融领域服务与应用分析、供应链数据分析与决策等 6 个方向，按照各高校专业目标定位频数进行排序，由高到低依次分别是供应链系统规划与设计（26 所，76.47%）、供应链协同运营管理（23 所，占 67.65%）、供应链物流管理（18 所，52.94%）、供应链数据分析与决策（18 所、52.94%）、供应链信息管理（8 所、23.53%）、供应链金融领域服务与应用分析（5 所、14.71%）。如图 4-3 所示。

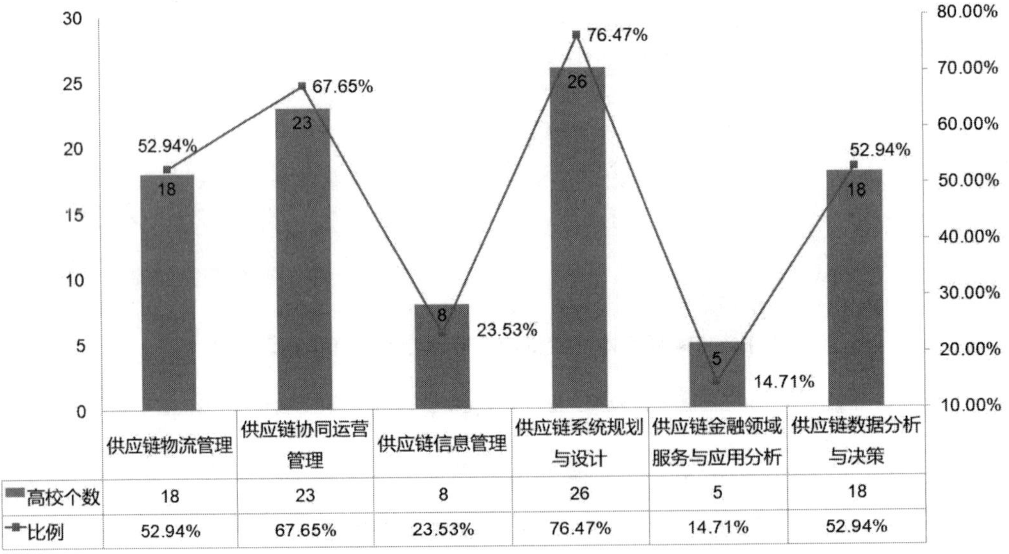

	供应链物流管理	供应链协同运营管理	供应链信息管理	供应链系统规划与设计	供应链金融领域服务与应用分析	供应链数据分析与决策
高校个数	18	23	8	26	5	18
比例	52.94%	67.65%	23.53%	76.47%	14.71%	52.94%

图 4-3　34 所样本高校供应链管理本科人才培养目标定位分布情况

（“问卷星”高校端调研，多选题）

“问卷星”企业端调研数据显示：企业对供应链管理专业人才需求的职业岗位（多选题）顺序从高到低依次为：供应链数据分析与决策（84%）、供应链协同运营管理（80%）、供应链项目管理（76%）、供应链综合服务（68%）、供应链系统规划与设计（64%）、供应链风险管控（56%）、交叉融通（44%）、供应链金融领域服务与应用分析（32%）、其他（4%）。

结果如图 4-4 所示。

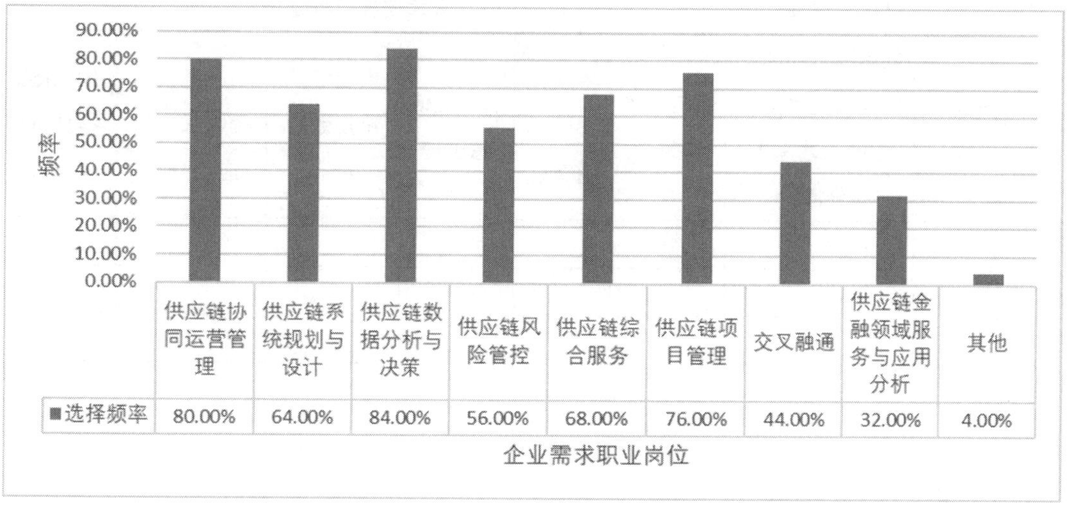

图 4-4　企业对供应链管理专业人才需求职业岗位

（“问卷星”高校端调研，多选题）

由此可以看到，我国高校供应链管理专业目标定位主要聚焦在供应链系统规划与设计、供应链协同运营管理、供应链数据分析与决策、供应链物流管理等 4 个方向，总体上与供应链行业企业对供应链管理本科人才培养目标需求相一致，基本上能够满足当前供应链行业企业发展对供应链管理专业培养目标定位的社会需要，满意度评分平均为 85.56，评分情况如表 4-2 所示。

表 4-2　34 所样本高校供应链管理本科人才培养的目标定位和满足度自评表

（“问卷星”高校端调研，多选题）

学校名称	供应链管理专业的培养方向及定位能否满足该行业的人才需求（分值）	人才培养目标定位					
		供应链物流管理	供应链协同运营管理	供应链信息管理	供应链系统规划与设计	供应链金融领域服务与应用分析	供应链数据分析与决策
武汉学院	87	√	√	√			
营口理工学院	80	√	√		√		
中央财经大学	100					√	√
上海海事大学	80		√		√		

续表

学校名称	供应链管理专业的培养方向及定位能否满足该行业的人才需求（分值）	人才培养目标定位					
		供应链物流管理	供应链协同运营管理	供应链信息管理	供应链系统规划与设计	供应链金融领域服务与应用分析	供应链数据分析与决策
保定学院	86	√		√			
合肥学院	80	√			√		
北京城市学院	100	√	√		√		
集美大学诚毅学院	82	√	√		√		
重庆移通学院	73	√	√		√		
广州城市理工学院	87		√		√		√
大连海事大学	98	√	√		√		
西交利物浦大学	84		√		√		√
西南财经大学	90			√		√	√
湖南工商大学	78	√	√		√		
河南工业大学	85	√			√		√
山东大学	91		√		√		√
蚌埠学院	88		√		√		√
浙江万里学院	90		√		√		√
成都信息工程大学	80			√	√		√
重庆科技学院	80		√		√		√
重庆第二师范学院	90			√	√		√
厦门华厦学院	80		√		√		√
北京物资学院	86		√		√		√
华北电力大学	83	√			√		
黑龙江八一农垦大学	80	√	√				√

续表

学校名称	供应链管理专业的培养方向及定位能否满足该行业的人才需求（分值）	人才培养目标定位					
		供应链物流管理	供应链协同运营管理	供应链信息管理	供应链系统规划与设计	供应链金融领域服务与应用分析	供应链数据分析与决策
内蒙古财经大学	70		√	√	√		
云南财经大学	82	√	√		√		
西安欧亚学院	93	√	√		√		
福州外语外贸学院	85		√	√			√
浙江财经大学	91		√			√	√
安徽财经大学	90	√				√	
中南林业科技大学	80	√			√	√	
湖北经济学院	85	√	√				√

（一）培养目标的适应性

1. 人才培养符合实用性要求

少数的研究型大学供应链管理专业将人才培养的目标定位在培养高素质、创新性的学术研究型人才，而绝大多数的高校供应链管理本科人才培养目标定位在培养供应链产业行业发展所需要的应用型人才或复合型人才，更加强调供应链管理本科人才培养的应用性和产业性，基本上符合当前多数地方高校自身发展应用型的办学定位和供应链行业企业对供应链管理本科人才培养的实用性需求。

2. 供需匹配度有待动态提升

通过对 34 所样本高校供应链管理本科人才的培养目标定位和企业对供应链管理本科人才培养的需求职业岗位进行对比分析发现：虽然高校和企业在供应链管理本科人才培养的供需方向有一致性（如图 4-5 所示），但仍有差异。高校供应链管理本科人才培养的专业方向和目标定位更倾向于供应链协同运营管理、供应链系统规划与设计、供应链数据分析与决策和供应链物流管理，而企业对供应链管理人才需求的职业岗位描述则为业务集成、资源协同、计划决策、数据处理等。

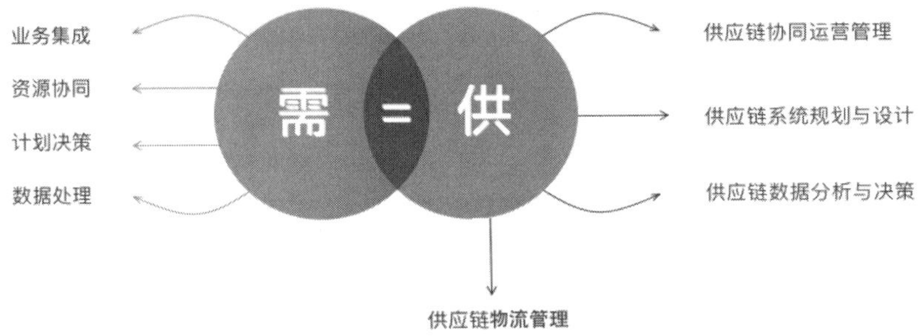

图 4-5　样本高校供应链管理本科人才培养的供需匹配示意图

（“问卷星”高校端及企业端调研，多选题）

二者的差异表明，我国高校供应链管理专业的人才培养目标定位还不能很好地与企业对供应链管理人才的社会需求相吻合，供应链管理本科人才培养仍存在着一定程度的供需不平衡状况。尤其是，对于未来发展而言，随着高校供应链管理本科人才培养规模的不断扩大，这种供需不匹配的状况会进一步加剧，甚至还会影响到我国供应链管理本科人才培养质量的进一步发展。这要求高校应当进一步加强对企业供应链管理本科人才培养的目标定位和社会需求的分析，增强高校供应链管理本科人才培养和企业供应链人才培养的协调性。学校和企业对供应链管理本科人才培养目标定位的对比分析，如表 4-3 所示。

表 4-3　校企对供应链管理本科人才培养目标定位的对比分析

（“问卷星”校企调研，多选题）

34 所高校供应链管理本科人才培养的目标定位（由高到低排序）	158 家企业对供应链管理本科人才培养的需求方向（由高到低排序）
1.供应链协同运营管理	1.供应链数据分析与决策
2.供应链系统规划与设计	2.供应链协同运营管理
3.供应链数据分析与决策	3.供应链项目管理能力
4.供应链物流管理	4.供应链综合服务
5.供应链信息管理	5.供应链系统规划与设计
6.供应链金融服务与应用分析	6.供应链风险管控
	7.交叉融通能力
	8.供应链金融服务与应用分析

（二）专业布点的合理性

截至 2021 年，教育部已批准设置供应链管理专业的本科高校共计 55 所，分布在全国 20 个省、自治区、直辖市，其中绝大多数高校分布在广东、福建、上海、浙江等东南部沿海经济发达地区以及湖南、湖北、重庆、四川等中西部经济重镇。但也尚有近三分之一的省、自治区、直辖市还未实现专业布点，重要区域如天津，资源矿产丰富的省份如山西、贵州、江西，这些区域产业对供应链人才都有旺盛需求，因此这些地区属于应该布点供应链管理教育但尚未布点的区域。

根据官方发布的报告预测，今后三年我国供应链人才缺口将达到 430 万人①。因此，目前供应链管理专业不仅招生高校和专业布点数量少，学生规模小，高校人才培养数量还远远无法满足经济社会发展对供应链管理本科人才培养的现实需求；而且在区域分布上也尚未实现全国各省、自治区、直辖市的全覆盖，尤其难以满足县域地区经济社会发展对供应链人才培养的社会需求。

第二节　师资建设与课程教学的困境

一、师资队伍的量和质

高校教师是落实高校人才培养目标和组织实施学校教育教学任务的重要主体，是学校贯彻教育教学方针和推进学校教育教学事业健康发展的主力军，而师资队伍建设又是学校教育教学事业发展的关键一环，尤其是高校教师队伍的规模、结构、质量和效益都直接影响到学校人才培养目标任务的有效达成和学校人才培养质量的效益水平。因而，加快推进高校教师队伍建设，扩大教师队伍规模，优化教师队伍结构，提高教师队伍质量，是推进学校教育教学事业快速发展的关键举措。

供应链管理作为一门新兴的交叉学科专业，发展起步时间较晚，师资培养较为有限，师资队伍建设依然存在着数量规模小、比例结构不合理、质量水平不高等问题，这直接制约着高校供应链管理学科专业的快速发展，影响着高校供应链管理学科专业人才培养质量的快速提升。

普通本科高校专业设置申请表是各高校向教育部申请专业设立的正式文本，可以看作是现阶段高校开办供应链管理专业所能整合和提供的现实基础和办学条件。本研究以收集的 23 所高校为样本，对供应链管理专业开办的初始师资状态进行统计分析，结果如表 4-4 所示。

从表中可以发现，不同层次、不同类型高校供应链管理专业师资队伍呈现出较为明显的差异，师资队伍发展不均衡。尤其是部分高校供应链管理专业师资规模小，年龄、学历和职称等结构比例不合理，教师队伍结构失调，具有博士学历、高级职称的高水平教师严重不足，专兼职比例不合理等，学校师资队伍建设依然面临诸多的现实问题。

---

① 人力资源和社会保障部.新职业-供应链管理师就业景气现状分析报告[EB/OL].http://www.mohrss.gov.cn/SYrlzyhshbzb/dongtaixinwen/buneiyaowen/rsxw/202104/t20210421_413242.html, 2021-04-21.

表 4-4　23 所样本高校的供应链管理专业开办的初始师资状态表

（单位：人）

学校名称	学校性质/类型	申报（备案）时间	专任教师	职称结构				学历结构				年龄结构				兼职/专职教师比例	专业核心课程门数	专业核心课程任课教师数
				具有正高级职称教师数	比例	具有副高级以上职称教师数	比例	具有硕士及以上学位教师数	比例	具有博士学位教师数	比例	35 岁及以下教师数	比例	36-55 岁教师数	比例			
山东大学	双一流	2019	24	10	37.04%	25	92.59%	27	100%	23	85.19%	7	25.93%	17	62.96%	3：24	20	19
上海海事大学	双一流	2019	11	3	23.08%	9	69.23%	18	100%	18	100%							
厦门华厦学院	民办	2019	11	3	23.08%	9	69.23%	12	92.31%	3	23.08%	1	7.69%	11	84.62%	2：11	15	13
集美大学诚毅学院	民办	2019	25	3	12%	13	52%	25	100%	12	48%	4	16%	21	84%	0：25	21	19
湖南工商大学	公办	2019	18	2	11.11%	10	55.56%	18	100%	14	77.78%	3	16.67%	13	72.22%	0：18	26	18
重庆科技学院	公办	2019	14	2	11.76%	6	35.29%	15	88.24%	5	29.41%	2	11.76%	15	88.24%	3：14	26	17
浙江财经大学	公办	2020	15	5	33.33%	11	73.33%	15	100%	14	93.33%	3	20%	11	73.33%	0：15	14	15
南京信息工程大学	公办	2021	18	7	38.89%	13	72.22%	18	100%	17	94.44%	7	38.89%	11	61.11%	0：18	18	18
安阳师范学院	公办	2021	12	3	25%	5	41.67%	11	91.67%	7	58.33%	1	8.33%	11	91.67%	0：12	8	8
重庆财经学院	民办	2021	16	3	15%	9	45%	20	100%	5	25%	10	50%	9	45%	4：16	14	28
成都锦城学院	民办	2021	21	5	21.74%	20	86.96%	23	100%	8	34.78%	2	8.70%	20	86.96%	2：21	12	16
大连东软信息学院	民办	2021	18	4	20%	9	45%	20	100%	8	40%	9	45%	11	55%	2：18	9	15

续表

学校名称	学校性质/类型	申报（备案）时间	专任教师	职称结构				学历结构				年龄结构				兼职/专职教师比例	专业核心课程门数	专业核心课程任课教师数
				具有正高级职称教师数	比例	具有副高级以上职称教师数	比例	具有硕士及以上学位教师数	比例	具有博士学位教师数	比例	35岁及以下教师数	比例	36-55岁教师数	比例			
福建商学院	公办	2021	15	3	20%	9	60%	13	86.67%	2	13.33%	2	13.33%	13	86.67%	0：15	10	15
广东金融学院	公办	2021	23	3	13.04%	12	52.17%	23	100%	18	78.26%	7	30.43%	16	69.57%	0：23	16	23
广东科技学院	民办	2021	20	3	13.64%	12	54.55%	20	90.91%	6	27.27%	7	31.82%	12	54.55%	2：20	12	18
广州新华学院	民办	2021	15	5	31.25%	10	62.50%	16	100%	5	31.25%	4	25%	6	37.50%	1：15	20	14
湖南财政经济学院	公办	2021	28	6	21.43%	15	53.57%	28	100%	20	71.43%	8	28.57%	19	67.86%	0：28	28	28
湖南医药学院	公办	2021	18	5	25%	12	60%	17	85%	4	20%	8	40%	11	55%	2：18	13	20
青岛理工大学	公办	2021	16	2	12.50%	13	81.25%	16	100%	10	62.50%	3	18.75%	11	68.75%	0：16	20	16
深圳大学	公办	2021	18	6	33.33%	13	72.22%	18	100%	17	94.44%	3	16.67%	11	61.11%	0：18	17	18
无锡太湖学院	民办	2021	17	3	15%	13	65%	19	95%	9	45%	5	25%	13	65%	3：17	11	20
长春工业大学人文信息学院	民办	2021	10	6	42.86%	11	78.57%	14	100%	3	21.43%	1	7.14%	12	85.71%	4：10	20	14
郑州西亚斯学院	民办	2021	15	2	13.33%	9	60%	15	100%	5	33.33%	3	20%	10	66.67%	0：15	17	17

数据来源：23所样本高校的供应链管理专业设置申报书（纸质版）整理统计。

注：上海海事大学的师资年龄结构、兼职/专职教师比例、专业核心课程门数、专业核心课程任课教师数等指标空缺。

（一）师资团队参差不齐

样本高校设置申报书上的供应链管理专业专任教师介于 10～28 人之间，校均专任教师数 17 人；以平均值为基准，有 11 所（占比 48%）高校专任教师数超过 17 人，其中公办本科高校 7 所，民办本科高校 4 所；12 所（占比 52%）高校专任教师数则少于 18 人，其中民办本科高校 6 所，公办本科高校 6 所。与之相应，23 所高校专业核心课程任课教师介于 8～28 人之间，高校之间的差距非常明显，说明了供应链管理专业师资基础的差距。

比较不同高校在“专任教师数”列及“专业核心课程门数”列的指标表现，可以看出，供应链管理专业专任教师数量直接影响着高校供应链管理专业开设核心课程的门数，而不同高校之间供应链管理专业师资队伍数量有着较为明显的差距，这进一步造成不同层次、不同类型高校课程教学资源的分布失衡，尤其是少数民办本科高校专任教师数量严重不足，课程教学资源较为匮乏，不仅不能有效满足高校供应链管理本科人才培养对课程教学的师资需求，而且已经影响到学校教育教学的正常秩序。

（二）年龄结构差异明显

样本高校的供应链管理专业专任教师主要是以中青年教师为主，其中 36~55 岁教师平均占比 69%，35 岁以下教师平均占比 22%，但不同学校之间专任教师的年龄结构差异较为明显，少数高校甚至已经出现教师老龄化问题。

具体来说，不同高校的 35 岁及以下教师比例介于 7.14%～50%之间，36~55 岁教师比例介于 37.5%～91.67%之间，校际差距较为明显，反映了不同学校教师年龄结构的显著差异。值得关注的是，少数高校高龄教师比例较高，尤以 56 岁以上教师比例较高，有的高校高龄教师比例高达 33.33%，表明这部分高校教师年龄结构不合理，教师老龄化较为严重，甚至可以说有些高校可能存在“拉配拼凑”的问题。如这一问题得不到有效解决，必然会影响学校开设供应链管理专业的教育教学秩序，进而影响我国供应链管理本科专业的正常发展和社会声誉。

（三）正高职称比例较低

样本高校中具有副教授级以上职称的教师比例较高，但是具有教授职称的高水平教师数量和比例较低。具体来说，这些高校的专任教师中具有教授职称的专任教师数介于 2～10 人之间，平均值为 4 人，其中有 13 所高校教授人数低于 4 人，1 所高校教授人数为 4 人，9 所高校教授人数多于 5 人；具有副教授以上职称人数介于 5～25 人之间。从比例来看，具有教授职称的专任教师比例介于 11.11%～42.86%之间；具有副教授以上职称的专任教师比例介于 41.67%～92.59%之间。可见，具有副教授以上职称的教师人数和比例，不同高校之间均表现出较为明显的差距，表明各高校供应链管理专业师资队伍发展逐渐呈现出两极分化的发展格局，师资队伍发展日益不平衡。

尤其是，部分高校教师职称比例不合理，具有教授职称的专任教师人数明显偏少，且比例偏低，如 23 所高校中有 13 所（占比 56.5%）高校教授人数少于 4 人，14 所（占比 60.9%）高校教授比例低于 25%，这表明我国高校供应链管理专业教师队伍中高级职称比例偏低，缺乏具有高级职称的高水平教师，难以发挥高水平教师对其他中青年教师的示范带头作用，更不利于形成结构合理、层次分明、特色鲜明的学科专业团队来促进高校供应链管理学科专业共同体的健康发展。

（四）高学历教师数量短缺

样本高校的专任教师中具有研究生学历的专任教师数量和比例普遍较高，但是具有博士学位的专任教师数量依然偏少，其比例也偏低。这些高校中具有研究生学历的专任教师比例平均达到 97%，但是具有博士学历的专任教师则呈现出较为明显的差异，平均比例为 52%，其中只有上海海事大学（100%）、南京信息工程大学（94.44%）、深圳大学（94.44%）、浙江财经大学（93.33%）、山东大学（85.19%）等少数老牌高校中具有博士学位的专任教师占比较高，都超过八成，其余高校中具有博士学位的专任教师比例较低，其中有 4 所高校不足 25%。

民办本科高校专任教师中具有博士学位的专任教师数量和比例都要低于公办本科高校，尤其是多数民办本科高校中具有博士学位的专任教师数仅为 2～4 人，表明民办学校中具有高学历的高水平教师数量依然短缺，民办本科高校对高水平教师的吸引力不足，依然难以吸引高水平教师到学校任教，影响民办高校的长远可持续发展。

（五）兼职教师资源有待拓展

样本高校中有 11 所（占比 47.8%）高校未聘任或未考虑聘任兼职教师，如上海海事大学、广东金融学院、南京信息工程大学等高校；有 12 所（占比 52.2%）高校聘任兼职教师，但兼职教师的数量介于 1～4 人不等。如此来看，近半数高校没有意识到要充分发挥兼职教师的制度灵活优势，从供应链行业企业或国内外知名高校中聘任兼职教师到学校从事教学科研工作，从而扩充学校供应链管理学科专业发展的师资队伍，增进学校教师与一流高校、供应链产业企业之间的合作交流，促进供应链管理学科专业师资队伍的良性循环发展。

综上所述，供应链管理作为一门新兴的学科专业，由于起步时间晚、发展时间短、学科专业认同度不高、学科专业制度不健全等方面原因，高校供应链管理学科专业师资培养依然不足，加上自身对其他学科专业教师吸引力不足，短时间内还难以吸引、整合本校其他学科专业的教师、特别是高水平教师积极参与到供应链管理学科专业的教学科研工作之中。在这些内外部诸多因素的共同影响下，我国多数高校供应链管理师资队伍规模均偏小，且年龄、职称和学历结构还有待进一步优化，尤其是多数高校具有高级职称、博士学历的高水平教师数量依然较少，比例依然偏低，难以发挥高水平教师对供应链管理学科专业发展的引领带动作用，甚至少数高校还面临着教师老龄化、兼职教师比例过高、青年教师不足等问题，这种种因素也都进一步影响着高校供应链管理学科专业教师队伍的建设和发展，影响着高校供应链管理本科人才培养质量的提升和发展。

二、课程的设置和教学

课程教学是高校供应链管理本科人才培养的主要渠道，是落实高校供应链管理本科人才培养目标的重要途径。就目前来看，我国高校已经逐步构建起以公共基础/通识教育课程、专业教育课程和创新创业教育课程等为核心的课程教学体系，较好地实现了通识教育与专业教育、创新创业教育相结合的重要理念，但是从现实来看，我国高校供应链管理专业课程体系建设的科学性有待加强，课程设置有待规范，课程结构有待优化，实践教学有待深入，供应链管理专业课程教学对供应链管理本科人才培养目标的有效支撑还有待加强，还不能很好地满足供应链行业产业发展和学生主体身心发展的多方面需要。

新专业的培养方案从申请到执行，通常都有一个调整过程。因此，课程设置的分析需要基于已招生专业现行的培养方案。以下分析以调研收集的已招生的 32 所（共 39 所，占比 82.1%）高校的供应链管理本科专业人才培养方案为蓝本。

（一）课程设置

高校课程教学是高校供应链管理本科人才培养的主要环节，科学的课程设置是落实高校人才培养目标、提升高校课程教学质量的重要前提。对于高校而言，高校课程设置应当遵循学科知识发展、学生主体发展和国家社会发展的多重逻辑。而满足高校学科知识、学生身心发展和经济社会发展的多方面要求：一要符合学科知识发展的特点，要注重学科知识的完整性、系统性和逻辑性，按照学科知识发展的内在逻辑，科学安排和合理设置不同类型、性质的课程；二要符合学生身心发展的要求，着力满足学生个性化发展的多元化要求，为学生知识、能力、素质和情感等方面的全面发展提供多样丰富的课程选择和课程内容，提高学生对课程教学的质量体验；三要满足经济社会发展对学生职业技能和专业能力发展的现实要求，增进高校学生发展与行业企业需求之间的内在联系，提高学生的职业发展和就业实践能力。①

以这三个要求为框架，对照供应链管理专业课程开设情况进行分析，目前我国高校供应链管理专业本科课程设置存在的主要问题体现如下。

1. 专业知识体系的逻辑性

专业知识体系是知识结构中“专业”属性的体现，形成科学合理的专业知识体系是实现专业人才培养的基本要求。专业知识体系是科学合理的知识结构的主要组成部分，是人

① 张忠华. 关于大学课程设置的三个问题[J]. 大学教育科学, 2011（06）: 30-34.

才培养规格进而也是人才培养目标的一个重要维度。①

多数高校供应链管理专业课程模块的划分与具体课程的归属相对模糊，课程模块名称和课程归属缺乏统一规范，课程逻辑关系不明确，课程设置安排较为混乱，课程体系设置的科学性有待加强。究其原因，这主要是因为多数高校对不同类型、不同性质、不同层次的课程模块及其课程教育理念缺乏统一明确和全面深入的认识，这种课程教学理念认识上的混乱和对学校人才培养规划理念理解的不到位，导致多数高校供应链管理专业不同类型、不同性质的课程之间的逻辑关系不明确，课程设置和教学安排较为混乱，既不符合高校课程教学育人的基本理念和高校课程设置的基本原则，也无法满足学生身心发展和供应链行业产业发展的教育需求。

从样本高校现行的供应链管理人才培养方案看，同样一门管理学课程，在多数高校被视为学科基础课程，但在有的高校则被视为专业基础课程，更有甚者将其列为专业选修课程。尤其是，哪些课程属于供应链管理专业共同的学科基础课程？哪些课程属于供应链管理专业必修的专业核心课程？哪些课程属于供应链管理专业可选修的专业方向课程？各高校对此缺乏统一且清晰明确的认识，这反映出多数高校对自身供应链管理本科人才培养的社会需求、目标定位、培养特色、课程教学等缺乏深入的分析，对高校供应链管理专业各个模块、各个门类的课程缺乏明确清晰的定位，无法明确各门课程在供应链管理本科人才培养中的重要作用，更无法发挥各模块课程对供应链管理本科人才培养的有效支撑作用。

高校通识教育旨在消解专业教育和职业教育过度偏狭所带来的教育弊端，引导学生朝着更加自由全面的方向发展，满足学生身心自由和人格健全的发展需要。但是从高校课程设置来看，我国高校对于通识教育的理解过于狭隘，以至于部分高校将通识教育课程与公共基础课程混为一谈，甚至将大学英语、大学数学、计算机等公共基础课程全部归并为通识教育课程，曲解了通识教育的本真含义，形成通识教育课程和公共基础课程设置相对混乱的现象，这不仅是对我国高校通识教育理念的最大误解，与通识教育致力于全人教育的育人本质相背离，而且还造成高校通识教育与专业教育之间关系的紧张对立，进一步加深高校专业教育与通识教育之间的激烈矛盾，严重影响高校人才培养的质量成效。②

2. 课程模块结构的合理性

不同课程模块之间的逻辑关系也有待进一步理顺，不同模块课程协同育人的质量成效有待进一步增强。具体来说，目前我国高校供应链管理专业已经形成公共基础课程、通识教育课程、专业教育课程、实践教育课程和创新创业教育课程等不同模块的课程体系，但是从课程结构来看，部分高校供应链管理专业不同模块课程之间的结构比例有待优化。

---

① 丁韶彬. 本科生专业知识体系建构初探[J]. 陕西教育（高教版）, 2012（03）: 47-48.

② 刘强. 中国高校通识教育价值理念与实践逻辑的有效建构[J]. 当代教育论坛, 2020（01）: 105-113.

对高校人才培养方案中不同模块课程学分所占比例数据进行统计分析，发现各高校不同模块课程学分比例呈现出较大的差异，如高校专业教育课程（学科基础课程/专业必修课程和专业选修课程之和）与公共基础课程/通识教育课程之间的学分差值呈现出较为明显的差异，两者差值介于–63～53.5 之间，如表 4-5 所示。

表 4-5　32 所样本高校供应链管理专业通专教育学分分配情况

序号	高校名称	总学分	公共基础/通识教育（1）	专业教育（2）	专业与公共基础/通识教育的差值：（2）—（1）	专业与公共基础/通识教育的比值：（2）/（1）
1	北京物资学院	157.0	96.0	33.0	–63.0	0.34
2	重庆移通学院	158.0	78.0	40.0	–38.0	0.51
3	安徽师范大学	160.0	75.0	57.0	–18.0	0.76
4	安徽财经大学	160.0	63.0	57.0	–6.0	0.90
5	厦门华厦学院	165.0	67.0	61.0	–6.0	0.91
6	浙江万里学院	160.0	66.0	65.0	–1.0	0.98
7	浙江财经大学	160.0	69.0	69.0	0.0	1.0
8	湖北经济学院	160.0	64.0	65.0	1.0	1.02
9	西南财经大学	160.0	68.0	70.0	2.0	1.03
10	云南财经大学	155.0	67.0	69.0	2.0	1.03
11	内蒙古财经大学	150.0	63.0	70.0	7.0	1.11
12	中央财经大学	158.0	69.0	80.0	11.0	1.16
13	河南工业大学	154.0	54.0	72.0	18.0	1.33
14	武汉学院	169.0	65.0	88.0	23.0	1.35
15	福州外语外贸学院	159.0	58.0	81.0	23.0	1.40
16	东华大学	176.0	55.0	77.5	22.5	1.41
17	重庆人文科技学院	159.0	56.0	79.0	23.0	1.41
18	湖南工商大学	151.0	52.0	75.0	23.0	1.44
19	集美大学诚毅学院	162.0	46.5	72.5	26.0	1.56
20	蚌埠学院	157.0	45.0	71.5	26.5	1.59
21	广州城市理工学院	162.0	50.0	80.5	30.5	1.61
22	大连海事大学	171.5	53.5	85.0	31.5	1.62
23	上海海事大学	169.0	51.0	91.5	40.5	1.67
24	北京工商大学	156.0	53.0	91.0	38.0	1.72
25	中南林业科技大学	162.0	45.5	80.5	35.0	1.77

续表

序号	高校名称	总学分	公共基础/通识教育（1）	专业教育（2）	专业与公共基础/通识教育的差值：（2）—（1）	专业与公共基础/通识教育的比值：（2）/（1）
26	黑龙江八一农垦大学	160.0	44.0	79.0	35.0	1.80
27	重庆科技学院	162.0	47.0	85.0	38.0	1.81
28	保定学院	198.0	53.0	100.0	47.0	1.89
29	重庆第二师范学院	160.0	47.0	92.0	45.0	1.96
30	合肥学院	234.5	54.0	107.5	53.5	1.99
31	山东大学	158.0	48.0	97.0	49.0	2.02
32	营口理工学院	172.5	44.0	92.0	48.0	2.09

数据来源：32 所样本高校供应链管理专业的人才培养方案（纸质版）整理统计。

做进一步分析：差值列中最高值为合肥学院的 53.5 个学分，意味着该校专业教育要求要远远高于公共基础课程/通识教育课程的要求，即专业总学分 234.5 个学分，其中专业教育课程 107.5 个学分，占比 45.8%；公共基础课程/通识教育课程 54 个学分，占比 23.0%；两个模块学分比为 1.99：1。相反，最低值的北京物资学院的二者差值为–63，说明该校对公共基础课程/通识教育课程的要求要高于专业教育课程，即专业总学分 157.0 个学分，其中专业教育课程只有 33.0 个学分，占比 21.0%；公共基础课程/通识教育课程高达 96.0 个学分，占比 61.1%；两个模块学分比为 0.34：1。合肥学院与北京物资学院在物流与供应链本科人才培养方面均处国内领先方阵，但课程模块结构却体现出截然不同的逻辑。二者的反差，原因或在于高校的办学定位：合肥学院作为地方高校应用型转型的典范，注重培养学生系统化专业理论基础和工具应用能力；北京物资学院地处首都，学生继续升学热情较高，学校可能更侧重夯实学生公共基础课和学科基础理论的学习，为考研升学做准备。

除此以外，在实践教学方面，各高校供应链管理专业实践教学及其所占比重同样表现出较为明显的差异，如高校供应链管理专业实践教学分数设置介于 9.0～74.0 个学分，差值达到 65.0 个学分，学分占比介于 5.7%～31.6%，差值达到 25.9%。实践教学比例差异明显，既有学校办学定位的原因，也受学校实践体系建设的影响。合肥学院注重实践教学环节，则体现了该高校坚定的应用型办学定位。

高校不同的办学定位决定了专业人才培养的目标定位。并不是说在高校供应链管理专业课程体系中专业教育课程比例越高，或者公共基础课程和通识教育课程比例越高，就越能满足高校学生身心发展和供应链行业产业发展对供应链管理本科人才培养的发展需要，就越能凸显高校供应链管理本科人才培养的质量水平，但是如果某一课程模块的比例过高或过低，都不利于高校供应链管理本科人才培养目标的有效落实；更何况，高等教育的本质是专业性教育[①]，尤其是对于应用型高校而言，满足国家和地方供应链产业行业发展对供应链管理本科人才培养的社会需要，培养国家经济社会发展所需要的高素质、创新性的复合型应用技术人才，是地方高校供应链管理本科人才培养的主要目标。因而，在高校供应链管理本科人才培养方案中，公共基础课程或通识教育课程所占比例过高势必会影响学校供应链管理本科人才培养目标的落实，影响高校供应链专业人才培养对社会需求的满足程度。

鉴于此，深化对高校供应链管理本科人才培养及其课程模块的科学认识，不断优化不同模块课程之间的结构比例，进一步理顺不同模块课程之间的逻辑关系，增进不同模块课程协同育人的教育成效，提高不同模块课程对学校供应链管理本科人才培养的有效支撑就显得格外重要，对提升高校供应链专业人才培养方案的科学性和高校人才培养质量具有重要的价值意义。

3. 院校特色课程的开出情况

不同区域、不同层次、不同类型高校供应链管理专业课程设置大同小异，缺乏课程教学特色，既没有充分体现学校供应链学科专业发展的优势特色，也没有结合学校自身人才培养的特色定位科学规划和合理设置满足学生个体发展和供应链行业企业需求的特色课程，无法有效满足学生多元发展的个性化要求和地方供应链产业行业企业对学生知识能力发展的特色要求。

部分高校，如武汉学院的校企合作共育供应链管理人才的经验有借鉴意义。武汉学院依托学校与京东集团的战略合作优势，开设京东特色教学班，双方合作开发京东综合运营课程、京东供应链管理教学实践等特色课程，既满足了学校供应链管理本科人才培养对特色课程教学资源的现实需要，促进了校企合作、产教融合，也满足了京东集团对学校供应链专业人才培养的现实需要，实现了校企双方的资源利益共享。

对于大多数高校而言，学校供应链管理本科人才培养特色不够凸显，与地方供应链行业产业发展需求结合不够紧密，校企合作不够深入，产教融合成效不够显著。同时，由于受到学校教师教学资源的限制，一方面供应链管理专业教师培养不足，面临师资缺乏等困境，另一方面，高校有限的师资多是由传统研究型大学培养出的学术研究型教师，这些教师虽理论研究能力强，但是实践应用能力较弱，不了解供应链行业产业的一线需求和实际现状，从而无法满足地方高校对应用型人才培养的课程教学要求，其课程教学多缺乏特色和创新，院校特色课程的开设率普遍不高，导致学校供应链管理专业课程设置大多雷同，缺乏人才培养特色，无法依据学校人才培养的特色定位和学校供应链学科发展的特色优势

① 潘懋元.多学科观点的高等教育研究[J].高等教育研究，2002（01）：10-17.

开发出满足地方供应链产业行业发展需求和学生职业发展需求的特色课程，进而影响高校供应链管理本科人才培养的质量成效。

因此，目前高校供应链管理专业的课程体系看似比较科学，但具体到各个高校，实则存在诸多不合理之处。在有限的学分内，各高校应该着重考虑：一是平衡好通识教育与专业教育；二是要明确学科基础/专业必修课程，应体现供应链管理理论学习的核心专业课程或与交叉方向相关度高的核心课程组成。[①]部分课程可以放入选修课，根据不同方向选配；三是重点解决不同学科交叉而来的知识复合型课程体系，有效破解复合型人才培养“悖论”——空有“复合型期望”，难育“复合型人才”。

（二）课程教学

供应链管理具有很强的实践应用属性。因此，实习实践是高校供应链管理人才培养的重要渠道之一，可以有效锻炼学生供应链管理实践的专业技能，培养学生将理论知识创新性地运用于管理实践、解决实践问题的应用能力，从而实现“做中学”“学以致用”的教育目标。但高校的实际教学中还存在一些问题，从以下两个方面阐述。

1. 教学手段单一

打造“金课”，切实提高课程教学质量是国家对一流本科教育的要求。参考“金课”的“高阶性、创新性、挑战度”标准要求，结合自己参与物流教指委工作的经历和本校供应链管理专业建设的切身体会，笔者认为现阶段我国高校供应链专业核心课程教学并没有脱离已有的弊端，仍然多以理论知识讲授为主，辅之以案例教学等教学方法，教师教学内容相对倚重教材知识，教师授课多是照本宣科的讲授式教学，教学内容和教学案例相对陈旧乏味。

专业虽“新”，但因为各种因素的约束，教学过程中老师不仅没有将供应链领域前沿知识及时转化为课堂教学内容，导致与企业供应链管理一线的操作实践和供应链管理研究的学术前沿相脱离，而且教学方法缺乏创新性和挑战性，无法激发学生学习的主动性和积极性，教师与学生也缺乏深入的互动交流，“教师讲、学生听”的灌输式教学成为我国高校供应链管理专业课程教学的常态[②]，这不仅导致教师课堂教学效果差，学生专业知识掌握不牢靠，也没能有效促进学生供应链管理专业技能和创新创业能力等核心素养的养成。

2. 实践教学环节薄弱

与之相应，实践教学作为供应链管理专业实践能力培养的关键性环节[③]，部分高校供应链管理专业实践教学环节少，实践教学条件不足，学生动手实践机会少，专业实习实训

① 周茂君，郭斌．新文科背景下新闻学专业核心课程设置现状与变革——基于55所院校本科培养方案的内容分析[J]．新闻与传播评论，2021，74（06）：20-32.

② 潘懋元，周群英．从高校分类的视角看应用型本科课程建设[J]．中国大学教学，2009（03）：4-7.

③ 白非，万圆．校企协同实践教学体系：内涵、路径与关键问题[J]．现代教育管理，2014（10）：85-90.

经验不足，导师对学生毕业设计等实践教学环节也缺乏有效指导，高校供应链人才培养这种“重理论、轻实践”的不良倾向造成高校教师和学生逐渐与企业供应链管理一线的实践活动和供应链学术发展的前沿趋势相脱离，无法有效促进高校供应链管理专业学生实践能力与创新素养的快速发展，也无法有效满足企业供应链管理岗位对学生实践能力与实践技能等方面的现实要求。

样本高校中实践教学在供应链管理专业课程体系中所占比重介于 5.7%～31.6%之间，均值为 17.9%，近三分之二（65.6%）的高校实践教学环节比重低于 20%（应用型专业人才培养的标准线），与高校供应链管理专业注重实践能力、培养复合应用型人才培养的目标定位还有偏差，无法有效满足供应链管理行业企业对学生实践能力等方面的迫切要求。

表 4-6　32 所样本高校供应链管理专业实践教学情况表

高校名称	学分	占比	高校名称	学分	占比
中央财经大学	9	5.70%	重庆科技学院	30.0	18.5%
北京工商大学	12	7.69%	湖北经济学院	29.0	19.4%
山东大学	13	8.23%	上海海事大学	33.0	19.5%
内蒙古财经大学	17	11.33%	广州城市理工学院	32.0	19.8%
云南财经大学	19	12.26%	营口理工学院	36.5	21.2%
福州外语外贸学院	18	12.58%	中南林业科技大学	36.0	22.2%
重庆第二师范学院	21	13.13%	厦门华厦学院	37.0	22.4%
浙江财经大学	22	13.75%	保定学院	45.0	22.7%
西南财经大学	22	13.75%	黑龙江八一农垦大学	37.0	23.1%
大连海事大学	24.5	14.29%	东华大学	41.5	24.7%
重庆人文科技学院	24	15.09%	安徽财经大学	40.0	25.0%
湖南工商大学	24	15.89%	重庆移通学院	36.0	25.3%
安徽师范大学	28	17.50%	蚌埠学院	40.5	25.8%
北京物资学院	28	17.83%	集美大学诚毅学院	43.0	26.5%
浙江万里学院	29	18.13%	武汉学院	12.0	9.5%
河南工业大学	28.0	18.2%	合肥学院	74.0	31.6%

数据来源：32 所样本高校供应链管理专业的人才培养方案（纸质版）整理统计

第三节 学科交叉与知识融通的困境

国内外学者研究结果显示，供应链管理是一个包括个体、团队、职能、组织和供应链在内的分层嵌套结构，各层次相互交织，形成了多层次相互关联现象，因此，供应链管理学科不同于其他学科，涉及多层级现象需要不同理论来解释，[①]如图 4-7 所示。

分层嵌套的供应链管理现象注定了供应链管理学科专业是建立在不同学科理论的基础上。通常认为，供应链管理是建立在物流与采购管理、市场营销、电子商务、金融、信息网络技术等多个学科知识基础上，运用大数据、人工智能、深度学习等前沿技术发展起来的一门新兴交叉学科。[②]

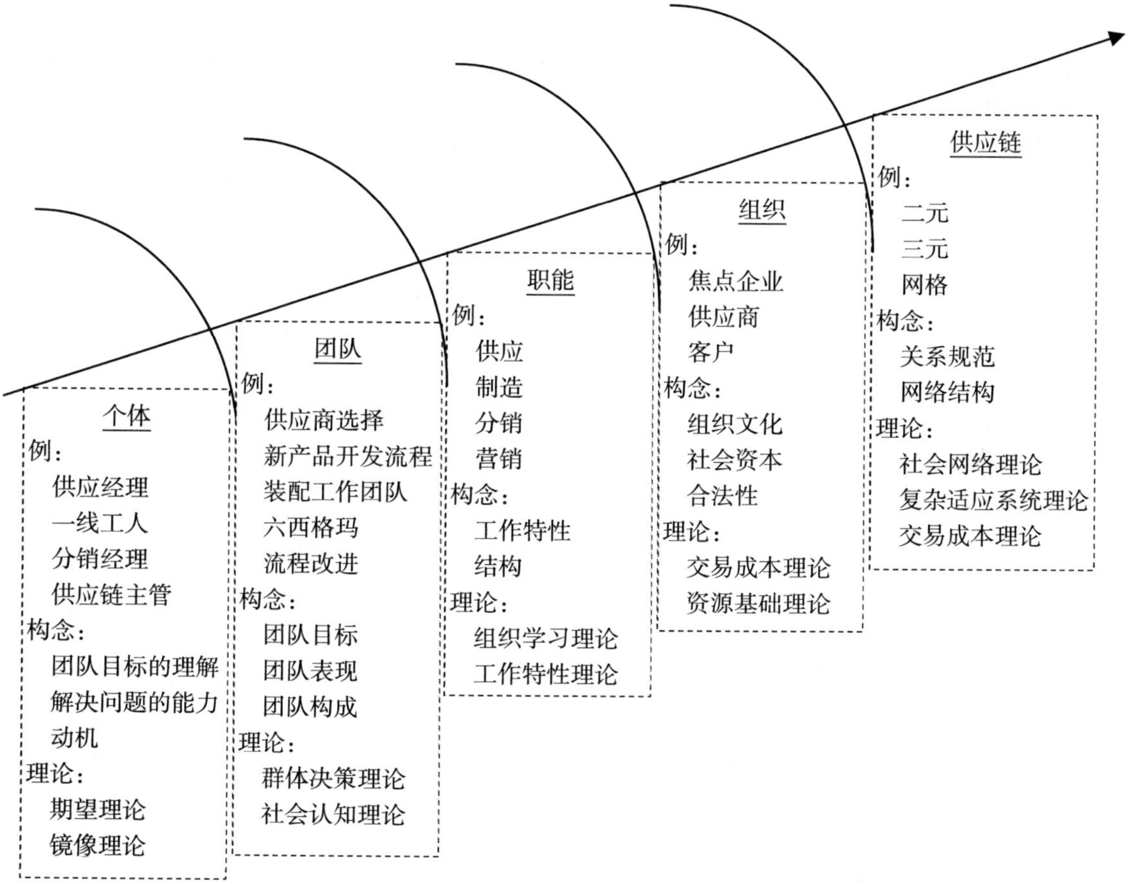

图 4-7 分层嵌套的供应链管理现象[③]

① 刘晓红. 供应链管理学科创新：基于“新商科”的思考[J]. 供应链管理, 2021, 2（07）: 83-90.

② 刘晓红. 供应链管理学科创新：基于“新商科”的思考[J]. 供应链管理, 2021, 2（07）: 83-90.

③ Carter CR, Meschnig G, Kaufmann L. Moving to the Next Level: Why Our Discipline Needs More Multi-level Theorization [J]. *Supply Chain Management*, 2015, 51（04）: 94—102.

作为一门新兴的交叉学科，高校供应链管理本科人才培养具有鲜明的学科交叉属性。一方面体现在学科专业设置上，高校供应链管理横跨物流管理与工程、工商管理和管理科学与工程等多个一级学科，需要依托经济管理、电子商务、计算机信息技术、管理科学与工程等多学科资源来支持高校供应链管理学科专业发展，推动高校供应链管理专业的教学科研发展；另一方面体现在人才培养上，要求高校供应链管理专业培养能够熟练掌握管理学、经济学、计算机科学、数理统计等多个学科领域的理论知识与技术方法，具有跨学科学习、研究与实践能力的高素质、复合型创新人才，要求高校供应链管理专业课程设置应当涵盖经济学、管理学、系统科学、高等数学、计算机等多个学科领域的基础课程，为学生提供丰富的跨学科学习与实践项目，提高学生的跨学科思维与实践能力。

一、学科交叉的现状

具体来说，高校供应链管理专业横跨工商管理、物流管理与工程和管理科学与工程等多个一级学科而存在，并且各高校也在不断推进文理工管等多学科之间的交叉融合。

通过“问卷星”对全国 34 所开设供应链管理专业的本科高校进行调查，研究发现：34 所高校供应链管理专业全部开展学科交叉，占比达到 100%；进一步来说，根据交叉学科的不同，可以将其划分为以下几种类型：传统文科自身交叉融合、传统文科与社会科学交叉融合、文科与工科交叉融合、文科与理科交叉融合、文科与农科交叉融合等。其中，传统文科自身交叉融合的高校有 17 所，占比 50%；文科与工科交叉的高校有 16 所，占比 47.06%；文科与理科交叉融合的高校有 12 所，占比达到 35.29%；传统文科与社会科学交叉融合的高校有 6 所，占比 17.65%。

表 4-7　34 所样本高校供应链管理专业学科交叉情况表

（“问卷星”高校端调研，多选题）

学校名称	是否开展学科交叉	具体交叉学科名称				
		传统文科自身交叉融合	传统文科与社会科学交叉融合	文科与工科交叉融合	文科与农科交叉融合	文科与理科交叉融合
武汉学院	是			√		
营口理工学院	是	√				
中央财经大学	是	√				
上海海事大学	是			√		
保定学院	是	√				
合肥学院	是	√				

续表

学校名称	是否开展学科交叉	具体交叉学科名称				
		传统文科自身交叉融合	传统文科与社会科学交叉融合	文科与工科交叉融合	文科与农科交叉融合	文科与理科交叉融合
北京城市学院	是	√				
集美大学诚毅学院	是			√		
重庆移通学院	是					√
广州城市理工学院	是					√
大连海事大学	是			√		√
西交利物浦大学	是	√	√			
西南财经大学	是	√				√
湖南工商大学	是		√	√		
河南工业大学	是	√		√		
山东大学	是			√		
蚌埠学院	是		√	√		√
浙江万里学院	是		√			
成都信息工程大学	是			√		
重庆科技学院	是	√				√
重庆第二师范学院	是	√				√
厦门华厦学院	是	√		√		
北京物资学院	是	√		√		√
华北电力大学	是	√				
黑龙江八一农垦大学	是	√		√	√	√
内蒙古财经大学	是		√	√		
云南财经大学	是			√		
西安欧亚学院	是	√				√
福州外语外贸学院	是	√				√
浙江财经大学	是			√		
重庆人文科技学院	是		√			
安徽财经大学	是		√	√		√
中南林业科技大学	是	√				
湖北经济学院	是	√		√		

可以说，供应链管理具有文、理、工、社等多学科相互交叉的基本特性，作为一门交叉学科可以与其他学科相互交叉融合，形成新的交叉学科知识，促进供应链管理学科的发展，丰富供应链管理学科的理论知识和话语体系。

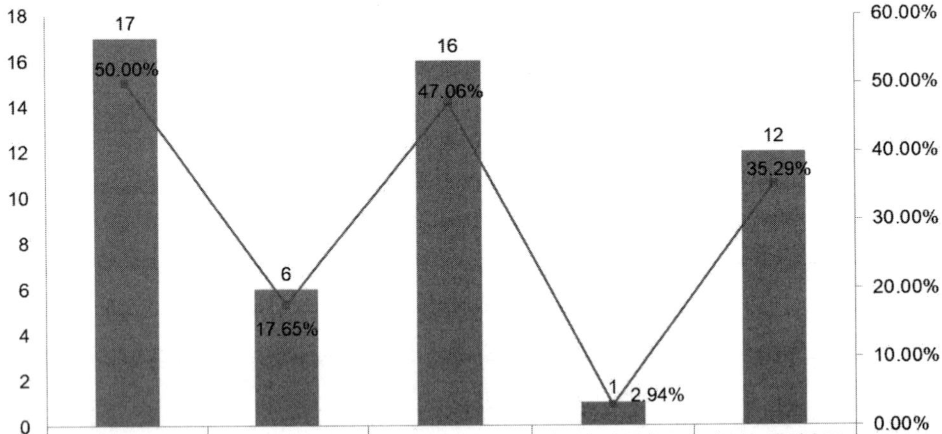

	传统文科自身交叉融合	传统文科与社会科学交叉融合	文科与工科交叉融合	文科与农科交叉融合	文科与理科交叉融合
高校个数	17	6	16	1	12
比例	50.00%	17.65%	47.06%	2.94%	35.29%

图 4-8　34 所样本高校供应链管理专业高校学科交叉统计示意图

（“问卷星”高校端调研，多选题）

二、交融创新的难题

物流与供应链管理既是一个跨学科的学术领域，又是一个专业学科，也是“新文科”建设的热点领域。“新文科”的核心是融通创新。[①]尽管各高校都在大力推进供应链管理专业的学科交叉，学科交叉也是“新文科”建设背景下培养复合型供应链管理人才的客观要求。但如何使供应链管理专业培养的学生既有复合型人才的“表皮”，更具复合型人才的“内核”却是一大难题。就从现实来看，高校供应链管理专业学科交叉、知识融通仍面临理念认识不足、师资团队建设难、体制机制阻碍等多方面的障碍和困难。

（一）理念认知的不足

学科交叉的概念在 1963 年英国发布的《罗宾斯报告》中被首次提出。该报告认为，通过跨学科教学，可以培养具有多学科知识基础以及现代生活所需要的实用性、应用性知

① 周茂君，郭斌．新文科背景下新闻学专业核心课程设置现状与变革——基于 55 所院校本科培养方案的内容分析[J]．新闻与传播评论，2021, 74（06）: 20-32.

识与技能的高级专门人才。所谓多学科交叉融合，旨在通过两门以上学科的相互交叉融合，形成一种新的综合学科体系，促进跨学科人才培养。①

学科交叉后知识能否重构形成一个新的学科体系，其关键是能否形成自己的学科范式，即有成熟的理论体系和研究框架，并被相应的学术共同体所承认并遵循。所谓交叉学科也不例外，不同学科的学者在推动解决共同面临的科学问题的过程中，也就是在从事交叉学科研究并不断取得成功的过程中，逐渐打破旧的学科范式，形成新的学科话语体系与学术研究框架，一门新的交叉学科由此诞生。②“相互渗透、结合和统一”，简单说就是“交融”。③

在现实中，要以学科交叉推进知识体系重构。④复合型人才培养中学科交叉是手段、是过程，而知识融合重构成体系并开展才是目的、才是结果。许多高校将学科交叉、知识融合片面地理解为多学科基础课程的广泛开设，以“课程拼盘”的方式为学生开设数学、计算机、经济管理等学科课程，许多任课教师也大多是从其他学院聘请过来授课的，其本身并不从事供应链管理方面的教学科研，不仅没有结合供应链管理本科人才培养的实际需要对课程进行相应的设计改造，也没有站在供应链管理学科专业发展的角度，围绕供应链管理理论与实践中的具体问题开展跨学科学习、教学与研究，没有运用项目式教学、探究式教学等新型教学方法，自然也就无法有效促进学生跨学科思维与学习能力的发展。

（二）团队组建的痛点

我国高校供应链管理专业发展历史短，专业师资培养不足，加上学科专业地位低，学科独立性不强，难以吸引其他学科的教师积极参与到供应链管理专业的跨学科教学与科研活动中。此外，目前我国开展供应链管理本科教育的高校主要以地方应用型高校为主，其中民办高校又占了相当比例（占比超过 30%），客观上造成了我国高校供应链管理专业师资不足问题尤为突出，不仅无法有效满足高校供应链管理专业人才培养对课程教学的师资需求，也无法满足高校供应链管理专业学科交叉融合对跨学科师资的现实需求。

因此，由于国内已开展供应链管理本科教育高校的教育层次和办学实力不平衡，以及受供应链管理自身学科专业发展阶段和影响力的间接限制，我国高校供应链管理专业师资队伍的建设难以快速发展，无法为高校供应链管理专业课程教学、学科交叉融合提供有力的支持，是当前我国高校供应链管理专业开展学科交叉融合、组建学科交叉融合团队面临的主要问题，亟待有关部门和高校共同努力，予以解决。

---

① 邵云飞，刘玉明. 基于协同理论的 EPUI 复合型人才培养模式研究[J]. 中国高校科技.2021(10)：71-75.

② 韩启德.遵循规律，脚踏实地，推动学科交叉研究与交叉学科发展[J].大学与学科，2022，3（01）：1-4.

③ 孙平.知识融通视角下“文理交融”教育的实践与思考[J].广东开放大学学报，2019，28（04）：19-22.

④ 郑刚. 加快机制创新推进学科交叉协同发展[N].中国教育报，2022-03-22.

（三）体制机制的阻碍

作为新兴的交叉学科，学科地位低，不仅很难争取到政府和高校对供应链管理学科专业发展经费、政策与资源的充分支持，而且也难以吸引高校其他学科专业的教师充分参与到供应链管理专业的教学科研活动之中。

加上体制机制的束缚，受限于当前高校相对封闭、各自为战的学科专业管理体制，各学科专业之间的合作交流联系少，缺乏开展深度合作的沟通交流机制，难以真正开展学科交叉方面的教学科研工作，无法有效围绕供应链管理学科专业知识体系建设开展高效率的学科交叉创新工作，导致不仅不能有效促进学生学科交叉思维与创新能力的发展，而且也无法满足当前我国供应链行业产业发展对供应链管理专业人才学科交叉能力的创新需求。

第四节　校企合作与产教融合的困境

供应链管理作为一门新兴的学科专业，主要是应国家和地方行业企业发展对供应链管理的现实需要，旨在通过为供应链行业企业发展提供供应链管理咨询与技术服务来指导供应链行业企业组织与经营管理，推动供应链行业企业组织管理方式变革，重塑供应链行业企业的组织经营管理模式，激活供应链行业企业创新发展的市场竞争活力。

面向国家和地方行业产业发展对供应链管理服务的迫切需要，高校要深入推进校企合作、产教融合，充分意识到产教融合是提升社会资源供给的重要途径。充分满足行业企业对供应链管理的社会需要，既是高校供应链管理学科彰显产业应用属性的重要体现，也是引领高校供应链管理学科专业发展方向、推动高校供应链管理学科专业持续发展的重要举措。唯有如此，才能充分实现高校供应链管理学科专业的社会价值，才能推动高校供应链学科专业持续不断地快速发展。

然而，从现实来看，我国高校供应链管理学科专业在校企合作、产教融合过程中面临着理念、制度、资源、利益等一系列现实困境，导致我国高校供应链管理学科专业的产学合作进程受阻、校企双方参与产学合作的积极性不高、产教融合机制实践运行不畅、产教融合实践育人成效不彰等，难以发挥校企双方产学合作育人的重要作用。合作双方的问题主要表现如下。

一、价值目标与利益诉求的冲突

由于高校和企业作为两类性质目标和价值功能完全不同的社会组织，校企双方对产学合作有着不同的价值目标和利益诉求，对产教融合缺乏一致的目标理念认同，在合作过程中容易出现理念分歧、价值冲突和利益矛盾。

尤其是，企业作为营利性组织，以追求经济利益最大化为主要目标，对参与校企合作通常带有一定的经济利益诉求，而学校作为教育公益性组织，获取经济利益并不是学校开展校企合作的主要目标，这与企业追求营利性的组织目标产生明显的价值矛盾与利益冲突。这也导致目前我国供应链行业企业对参与高校供应链管理专业人才培养的主动性和积极性不高，宁愿花更多的时间精力和经济成本去招聘和引进具有相应的岗位管理从业经验的供应链管理专业人才，也不愿将时间精力和资源投入到高校供应链管理专业人才的培养当中，造成高校供应链管理专业校企合作难以有效推进，产学合作成效不够显著，校企合作推进供应链管理专业人才培养举步维艰。

二、权益保障和资源补偿的困难

在现行的合作框架下，校企合作双方的权利不明确、利益分配不明确、成本分担不明确、责任风险不明确、信息不对称等，难以激发企业作为育人主体参与学校人才培养的主动性和积极性；[①]如此一来，企业对参与校企合作的主动性和积极性不高，不愿意将有限的资源投入到校企合作过程之中，企业不仅担心自身经济利益受到损害，也担心已投入的资源利益得不到有效补偿，企业自身的合法权益得不到切实保障，而且校企合作还会面临着一定的道德风险、法律风险、安全责任风险等，影响供应链行业企业对产学合作的积极参与。

通过调查发现，部分高校在与供应链产业企业开展校企合作时，虽然双方都缔结了校企合作协议，明确了双方的权利责任义务，但是由于校企双方利益实现方式不明确，并且在实践过程中缺乏实质性的运行机制和落实举措，许多高校供应链管理专业的校企合作多停留在协议文本上，逐渐流于形式，没能发挥其对供应链专业人才培养的育人作用；即便是部分高校与供应链企业达成合作意向，开展校企合作，但是校企双方之间的产学合作主要停留在物质资源共享层面，如校企合作共建实验室、实习实训基地，校企合作开发课程教学资源等。[②]

三、过程参与和深度合作的缺失

校企合作中，企业并未实质参与到学校供应链管理专业的人才培养活动之中。很少有企业能真正参与供应链管理人才培养方案的编制实施，对高校供应链管理本科人才培养质量进行监督评价等；甚至多数供应链行业企业出于自身利益考虑，不愿实质参与到供应链管理专业的人才培养活动之中。更多的合作企业只是为教师企业实践和学生实习实训提供

① 吴婷婷. 职业教育校企合作失灵的表现、成因与管理调适[J]. 教育与职业, 2018（19）: 33-40.

② 吕忠达, 段肖阳, 王家荣. 论地方高校产教融合障碍及其破解之道[J]. 高等教育评论, 2021, 9(01): 241-247.

场地和设备，或者只允许学生或教师进入供应链企业从事一些简单重复的事务性工作或从事与本专业不相关的工作，基本上接触不到企业供应链管理实践的核心环节，学生实习实训和教师企业实践效果不理想，教师和学生专业实践技能都得不到切实有效的提升。

同样，学校教师对参与校企合作也不积极、不主动。主要表现为：在现行的职称晋升和绩效考核体制之下，学校教师绩效考核过于看重教师科研论文发表、课题项目申请等，而不重视与供应链企业开展产学合作，帮助企业解决供应链管理实践中遇到的管理技术问题，这在很大程度上影响了高校教师参与产学合作的主动性和积极性，影响了高校供应链管理专业与供应链企业之间的协同育人成效。

综上所述，校企合作、产教融合是高校供应链管理本科人才培养的基本特征，通过引企入教，进一步促进校企合作和产教融合，是推进高校供应链管理学科专业发展和提高供应链管理本科人才培养质量的重要渠道。然而，在实践中，由于价值理念、制度机制等方面的原因，高校供应链管理学科专业的产学合作面临重重阻碍，产学合作育人成效不彰，既不能有效发挥产学合作对供应链管理本科人才培养的支持作用，也无法有效满足供应链行业企业对高校供应链管理本科人才培养的现实需要（见表 4-8）。

表 4-8　34 所样本高校供应链管理专业校企合作基本情况

（“问卷星”高校端调研，多选题）

学校名称	是否开展校企合作项目	校企合作项目类型				
		讲座	课程共建	指导学生专业比赛	产学研合作	实习实践
武汉学院	是		*		*	*
营口理工学院	是			*	*	*
中央财经大学	是	*		*	*	*
上海海事大学	是	*		*	*	*
保定学院	是	*		*	*	*
合肥学院	是	*	*	*	*	*
北京城市学院	是		*	*	*	*
集美大学诚毅学院	是	*	*	*	*	*
重庆移通学院	是					*
广州城市理工学院	是	*	*		*	*
大连海事大学	是	*	*	*	*	*
西交利物浦大学	是	*	*	*	*	*
西南财经大学	是	*		*	*	*

续表

学校名称	是否开展校企合作项目	校企合作项目类型				
		讲座	课程共建	指导学生专业比赛	产学研合作	实习实践
湖南工商大学	是	*	*	*	*	*
河南工业大学	是	*		*	*	*
山东大学	是		*		*	*
蚌埠学院	是	*	*	*	*	*
浙江万里学院	是	*			*	*
成都信息工程大学	是	*				
重庆科技学院	是	*	*	*	*	*
重庆第二师范学院	是	*		*		*
厦门华厦学院	是	*		*	*	*
北京物资学院	是	*			*	*
华北电力大学	否					
黑龙江八一农垦大学	是	*				*
内蒙古财经大学	是	*	*	*	*	*
云南财经大学	否					
西安欧亚学院	是	*			*	*
福州外语外贸学院	是	*	*	*	*	*
浙江财经大学	是		*		*	
重庆人文科技学院	是	*			*	
安徽财经大学	是	*		*	*	*
中南林业科技大学	是	*			*	*
湖北经济学院	是		*		*	*
合计占比	——	74%	44%	56%	82%	85%

第五节　专业资源筹措与配置的困境

高校办学经费资源是促进高校供应链管理本科人才培养的重要保障，尤其是对于供应链管理专业来说，作为一门新兴的学科专业，发展时间短，学科专业地位低，通常难以得到高校其他学科发展的资源和政策支持，因而政府和高校能否予以充分重视，为供应链管理学科专业发展提供充分的经费资源支持就显得尤为重要，但在现实考察中发现，不同区域、不同高校其资源分配存在较大差距。

一、指标表现的差异

通过对 23 所样本高校的供应链管理设立申请书文本研究发现，供应链管理专业建设初期的教学设备价值介于 100.3 万元到 1533 万元。不同区域、不同层次、不同类型高校之间的教学条件差距较为明显。从生均年教学经费运行支出来看，生均教学经费运行支出介于 1300 元与 14049 元之间，高校间生均教学经费运行支出相差十倍；从实践教学基地来看，各高校也表现出较为明显的差异，最多的高校实践教学基地达到 33 个，最少的高校实践教学基地仅为 1 个，数量差距较为悬殊（见表 4-9）。

表 4-9　23 所样本高校供应链管理专业设置教学条件情况表

学校名称	教学条件				
	可用于该专业的教学设备总价值（万元）	可用于该专业的教学实验设备数量（台/件）	开办经费及来源	生均年教学日常运行支出（元）	实践教学基地（个）
山东大学	1323.63	1375	学校拨款、单位创收和企业赞助	1224	9
上海海事大学	1220	388	—	—	—
厦门华厦学院	514.4	114	校企共建投入 400 万元	2559	7
保定学院	350	152	—	—	—
集美大学诚毅学院	400	200	500 万元	1850	1
湖南工商大学	581	372	100 万元	13800	11
浙江财经大学	100.3	32	—	10000	2
南京信息工程大学	1533	687	1800 万元	3100	33
安阳师范学院	500	500	200 万元	2000	7
重庆财经学院	397.8	1181	学费收入，每年 150 万元	9600	6
成都锦城学院	513	165	755 万元，学校自筹	8000	20
大连东软信息学院	507	321	东软教育集团拨款、学校自筹、预算内教学经费	1800	10
福建商学院	435	177	300 万元	2504	4

续表

学校名称	教学条件				
	可用于该专业的教学设备总价值（万元）	可用于该专业的教学实验设备数量（台/件）	开办经费及来源	生均年教学日常运行支出（元）	实践教学基地
广东金融学院	1500	680	财政拨款、学费收入、专项资金、社会资助	2306	16
广东科技学院	300	426	600 万元	3000	6
广州新华学院	1135	2911	500 万元	3000	4
湖南财政经济学院	114.97	322	150 万元	1881	6
湖南医药学院	295	1230	财政拨款及非税收入	1691	7
青岛理工大学	677.5	140	80 万元	4000	12
深圳大学	1046.4	131	新专业建设经费，合作企业赞助	14049	5
无锡太湖学院	500	248	400 万元	3000	1
长春工业大学人文信息学院	165	209	220 万元	2153	17
郑州西亚斯学院	142	133	600 万元	1300	5

数据来源：23 所样本高校的供应链管理专业设置申报书（纸质版）整理统计

当然，也不排除各高校统计口径存在着明显的差异，导致高校教学经费、实践教学基地等统计数据出现较大的差距。不过总的来说，不同高校的指标表现出巨大的差异在一定程度上反映出高校间办学条件、教学经费的差距，这也是当前影响我国高校供应链管理本科人才培养质量的主要因素。

从上述统计数据来看，各高校由于教育资源筹措能力的不同，供应链管理专业设置的办学条件、生均教学经费存在十分明显的差距，尤其是对于那些地方本科高校来说，学校供应链管理专业本科人才培养面临着经费筹措渠道单一、办学经费资源不足、教学科研设备不足、教学科研条件差等诸多方面的现实困境，严重影响着高校供应链专业人才培养活动的正常开展。

二、现实条件的约束

究其原因，与高校所在地区的经济发展水平、高校自身办学经费筹措能力和充裕程度、高校领导对供应链管理专业的重视和支持程度等有着十分密切的关系。例如，深圳大学供应链管理专业开办经费主要来源于学校自筹和合作企业赞助等，南京信息工程大学供应链管理专业开办经费主要来源于国家、地方和学校财政拨款，以及学校教学经费、科研项目经费和优势学科建设经费等，经费来源渠道较为多样；与之相对，民办高校办学经费来源渠道较为单一，主要依靠学生学费收入、教育集团拨款等，这也在很大程度上限制了民办高校供应链管理专业的经费投入。

因此，由于区域环境的制约、办学条件的限制、资源配置的不足等因素的影响，各高校供应链管理专业教学科研条件、办学经费资源等表现出较为明显的差异，这也在很大程度上影响了我国高校供应链管理学科专业的发展和高校供应链管理本科人才培养的质量水平。

第六节 教育教学质量保障的困境

高校教育教学质量保障是把控高校人才培养质量标准和推动高校教育教学质量持续改善的重要环节，对保障高校人才培养质量和促进高校教育质量改进发挥着不可忽视的重要作用。就目前而言，我国高校已经建立起包括自我评估、院校评估、本科教学状态数据监测、专业认证和国际评估等在内的“五位一体”的高校教学质量保障体系[①]，如图 4-9 所示。

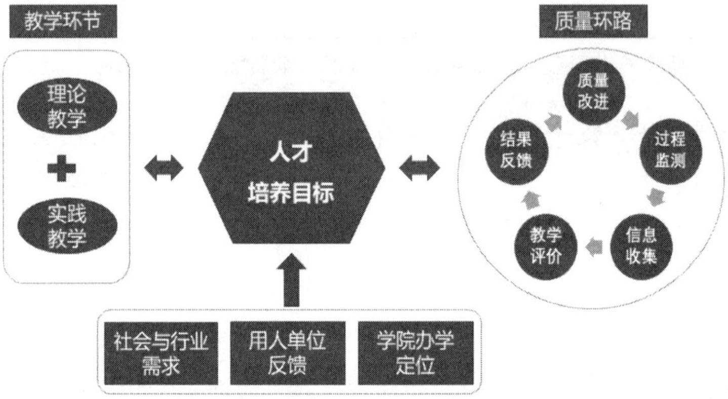

图 4-9 高校教学质量保障体系

高校供应链管理专业作为一门新兴发展的学科专业，其教学质量保障体系还处于起步发展阶段。校内外专业教学质量保障体系还不健全，学校教学质量保障机制运行还不顺畅，

① 吴岩. 高等教育公共治理与“五位一体”评估制度创新[J]. 中国高教研究, 2014（12）: 14-18.

专业教学质量保障标准也尚不明晰，高校供应链管理专业教学质量保障成效尚未充分显现，还没有很好地发挥出质量保障体系在高校供应链管理本科人才培养质量中的重要保障作用。

一、专业教学质量国家标准尚未颁布

目前我国普通高校供应链管理专业本科教学质量标准在教育部物流教指委的领导之下正处于修订完善阶段，虽然核心内容和基本框架已基本确定，并在多个场合面向社会公众多次公开征求意见，但最终正式稿还未确定，仍未面向社会正式公布。因而，在该标准尚未正式颁布之前，各高校供应链管理专业仍然缺乏统一的质量规范和质量要求。

从前面各节的分析看，不同层次、不同类型高校供应链管理专业的办学条件、师资队伍、课程教学、质量保障等方面均表现出较为明显的差异，甚至部分高校供应链管理专业办学条件、师资队伍、课程教学等方面建设较为滞后，仍然无法满足现阶段高校供应链管理本科人才培养的现实要求，更不用说满足数智化时代背景下企业智慧供应链管理对高校供应链管理本科人才培养高质量发展的新需求。这些专业建设中存在的现实困境汇聚成高校供应链管理本科人才培养的质量问题。因而，普通高校供应链管理专业本科教学质量标准的颁布在一定程度上能够弥补当前高校供应链管理专业教学质量标准模糊的问题，能够在一定程度上起到保障高校供应链管理专业教学质量底线的重要作用，督促高校不断加强学科专业建设，充实高校供应链管理专业课程教学资源，完善高校供应链管理专业教学质量保障体系。

但是由于该教学质量标准还处于研制阶段，加上供应链管理专业教学质量保障体系依然不健全，既有的教学质量保障体系没有考虑供应链管理学科专业人才培养的特色，主要挂靠和依附在其他学科之间，难以凸显高校供应链管理本科人才培养的特殊性和满足高校供应链管理本科人才培养的现实需求，导致高校供应链管理专业教学质量标准尚不明确，教学质量保障机制还不健全，诸如教育资源投入保障机制、教学过程质量监控机制、毕业生跟踪反馈机制、专业的持续改进机制等还不完善，校院系各级质量保障机构及其权责不清晰，教学质量保障能力也有待加强，各部门之间的协同作用发挥不力，时常出现各自为政、相互推卸责任、推诿扯皮等问题，造成高校供应链管理专业质量信息反馈不及时，没能将质量信息及时反馈到促进教学质量改进的各个环节之中，帮助高校教师、学生和管理者及时诊断、发现和解决人才培养过程中出现的诸多问题，以推动高校供应链管理专业教学质量的持续改进。

二、高校质量建设闭环体系有待形成

目前高校的供应链管理专业本科人才培养，一方面没能引起政府和高校以及相关部门的高度重视，以投入更多的政策资源和时间精力来推动高校供应链管理专业教学质量的持续改善；另一方面也没能促进高校供应链管理专业形成自觉反思、追求卓越、持续改进的质量文化。高校供应链管理专业质量保障体系建设不到位，校内外专业教学质量保障机制运转不顺畅，专业教学质量保障标准得不到有效落实，这些都影响着高校供应链管理专业教学质量保障的实践成效，也制约着高校供应链管理专业人才培养质量的改善提升。

因此，高校供应链管理专业人才培养质量的持续提升，需要各方的共同努力，推动高校供应链管理本科人才培养质量建设闭环体系的形成。要充分激发高校教师、学生和管理者等主体主动参与高校供应链管理本科人才培养质量建设的主动性和积极性，形成较为完善、科学合理的制度体系，养成高校教育质量主体参与教学质量保障的权责意识，提高师生主体对供应链管理专业课程教学的时间精力和资源情感投入，切实加强教学质量改善的权利责任，有效提升高校供应链管理专业的教学质量水平。

综上所述，供应链管理作为一门新兴的学科专业，起步时间晚，但发展速度快，在短短几年内迅速完成了从无到有，从少到多的转变，目前高校供应链管理人才培养正处于实现从弱到强转变的关键时期，能否实现这一转变将直接关系着高校供应链管理专业发展的质量水平，也影响着国家现代供应链行业创新应用的人才基础。然而，从现实来看，由于高校供应链管理人才培养受到既有管理体制和教育理念等诸多因素的阻碍，目前我国地方高校供应链管理人才培养面临着学科专业建设不相适应、人才培养目标不相适应、师资队伍建设滞后、学科交叉融合进程受阻、产教融合效果不彰、教育经费资源支持不足、专业教学质量保障体系不健全等诸多现实困境，影响着高校供应链管理学科专业的快速发展，制约着地方高校供应链管理人才培养质量水平的提升，从而难以充分满足乡村振兴背景下县域乡村企业供应链行业产业发展对供应链人才培养的现实需求。

第五章

供应链管理专业本科人才培养的国际比较

供应链管理作为一门新兴的学科专业，最先兴起于欧美等西方发达国家。供应链管理兴起与发展过程中最具标志性的两个事件分别是 1996 年供应链运作参考模型（Supply Chain Operations Reference，SCOR）在美国的正式诞生和 2005 年美国物流管理协会正式更名为美国供应链管理协会，标志着供应链管理理论和实践的兴起和发展逐步得到业界的认可。[①]经过几十年的快速发展，以美国、英国、德国等为代表的欧美发达国家供应链经济发展尤为突出，其高校在供应链管理人才培养方面也积累了十分丰富且宝贵的教育发展经验，引领着世界供应链管理理论与教育的实践发展热潮，对全球供应链管理理论与实践产生了十分广泛而又深刻的影响。

我国供应链管理的学科专业发展还处于刚刚起步阶段。虽然近几年来发展十分迅速，但多数高校供应链管理人才培养实践还处于探索阶段，尚未形成成熟的教育理念与独具特色的育人实践模式。因而，借鉴欧美发达国家高校供应链管理人才培养的典型经验，掌握欧美发达国家高校供应链管理的专业知识体系特征和发展趋势，对推进我国高校供应链管理人才培养，尤其是更好地适应县域经济社会发展和满足乡村振兴的现实需求具有重要的价值和意义。

---

① 何明珂. 供应链管理的兴起：新动能、新特征与新学科[J]. 北京工商大学学报（社会科学版），2020, 35（03）: 1-12.

第一节 美国应用型高校供应链管理人才培养

在供应链学科发展的历史上，美国始终扮演着举足轻重的角色，引领着世界供应链学科发展的时代潮流，对全球供应链管理理论与实践的发展产生了广泛而又深远的影响。1996 年在美国诞生的供应链运作参考模型，促进了世界供应链理念与供应链管理的发展，为供应链管理系统的技术运用奠定了坚实的基础；2005 年美国物流管理协会更名为美国供应链管理专业协会，更是成为全球供应链管理发展历史上具有里程碑意义的重要事件，标志着供应链管理时代的来临，进一步加速了物流管理向供应链管理的全面转变，在全球范围内掀起了一股开展和推动供应链管理理论与技术发展的热潮。①因此，美国高校的供应链管理本科教育开展情况也是本章的重要内容。

一、开展情况和培养特色

（一）供应链管理人才培养的专业方向

从供应链管理专业的特点来看，美国高校供应链管理（Supply Chain Management，SCM）综合了多门学科的研究方法和特点，供应链研究方向主要包括三类：第一类是偏重于供应链分析和数理研究，包括概率论与统计、生产调度、项目管理、成本与经济分析和材料采购管理等内容；第二类是工商管理专业的分支方向，需要按照工商管理专业的标准来申请；第三类是偏重于物流与供应链管理的系统方法，包括供应链系统和后勤支持管理、物流政策、交通运输管理和综合物流管理等内容。②

通常，美国高校的供应链管理专业隶属商科。一般开设在商学院或管理学院，授予管理学位。代表性高校有：俄亥俄州立大学、密歇根州立大学、圣路易斯华盛顿大学、马里兰大学帕克分校、伍斯特理工学院等。也有高校的供应链管理专业培养偏向工程管理。开设在工程学院，授予理学/工程学位。相对于商科下的供应链专业，这些高校的供应链专业偏向工程管理，更强调学生工程技术基础、数学统计基础和工程技术能力的培养，注重供应链管理与工程技术的有机结合。代表性高校有：麻省理工学院、佐治亚理工学院、哥伦比亚大学等。

美国高校的供应链管理人才培养专业方向详见表 5-1。

① David Swanson, Lakshmi Goel, Kristoffer Francisco, et al. Applying Theories from Other Disciplines to Logistics and Supply Chain Management: A Systematic Literature Review[J]. *Transportation*, 2017, 56（03）: 299-356.

② 北京中教安学教育科技. 物流管理/供应链管理专业解析[EB/OL]. https://baijiahao.baidu.com/s?id=1671524869675619511&wfr=spider&for=pc, 2020-07-07.

表 5-1 美国高校的供应链管理人才培养专业方向

高校名称	隶属学院	专业方向	学位授予
麻省理工学院 Massachusetts Institute of Technology	工程学院	物流及供应链管理专业	工程硕士 Master of Engineering
圣路易斯华盛顿大学 Washington University in St.louis	Olin 商学院	偏向管理	理学硕士 Master of Science
凯斯西储大学 Case Western Reserve University	Weatherhead 管理学院	供应链管理方向	理学硕士 Master of Science
佛罗里达大学 university of Florida	Hough 商学院	供应链管理方向	信息系统与运营管理硕士 Master of Science in Information Systems and Operation Management
俄亥俄州立大学 The Ohio State University	Fisher 商学院	管理和工程技术并重	商务物流工程硕士 Master in Business Logistics Engineering
普渡大学 Purdue University	Krannert 商学院	偏重管理	工业管理硕士 Master of Science in Industrial Administration
密歇根州立大学 Michigan State University	Broad 商学院	偏重管理	供应链管理硕士 Master of Supply Chain Management
伍斯特理工学院 Worcester Polytechnic Institute	管理系	供应链管理	运营设计与领导力硕士 Master of Science in Operations Design and management
圣路易斯大学 SaintLouis University	John Cook 商学院	管理与信息技术并重	供应链管理硕士 Master of Supply Chain Management
阿拉巴马大学 University of Alabama	Culverhouse 商学院	运筹和综合管理	运营管理硕士 MS in Operations Management
纽约州立大学布法罗分校 State University of New York at Buffalo	商学院	供应链管理方向	供应链和运营管理硕士 MS in Supply Chains and Operations Management

续表

高校名称	隶属学院	专业方向	学位授予
得克萨斯大学达拉斯分校 The University of Texas at Dallas	商学院	供应链管理方向	供应链和运营管理硕士 MS in Supply Chains and Operations Management

资料来源：北京中教安学教育科技. 物流管理/供应链管理专业解析[EB/OL]. https://baijiahao.baidu.com/s?id=1671524869675619511&wfr=spider&for=pc，2020-07-07.

不同的专业培养目标定位对应着不同的专业知识体系设计，给学生以多样性的选择。开设在商学院和管理学院下的供应链管理专业，主要是学习如何更好地操作执行供应链管理策略，核心能力体现为最大限度地发挥供应链管理的优势效益；而开设在工程学院下的供应链管理专业，则是学习如何系统地规划和设计最好的供应链管理策略，核心能力体现在供应链管理的规划设计层面。

从培养阶段看，美国高校的供应链管理人才培养主要包括本科和研究生两个阶段。但是在一些世界知名的综合性研究型大学中，本科阶段通常不设供应链管埋或物流管理专业，而是在大类专业之下设供应链管理方向；供应链管理专业大多在研究生阶段开设。究其原因，是这些学校的本科教育更加重视通识教育的基础作用和基础学科的学习培养，强调学生专业基础知识和通用综合能力的培养，故而本科教育阶段不对学生进行过度地专业划分。

美国高校的本科专业设置主要以基础大类学科为主，比如管理科学、工商管理等。主要是为了避免专业教育过度的弊端，强调本科教育的厚基础和宽口径，为学生今后的长远发展打下宽厚坚实的学科基础。尽管如此，这些学校并没有忽略专业方向的深入学习和满足学生专业发展的多方面需要。对此，许多高校在工商管理、管理科学等基础学科专业的基础上进一步细分了学科专业方向，允许学生在第一年、第二年完成大类基础课程的学习，以后的第三年、第四年开始选修相应的专业方向课程。

比如，卡内基梅隆大学本科阶段只开设了工商管理专业，但其之下又分别设置了运营管理和供应链管理两个专业方向。与之相对，斯坦福大学和佐治亚理工学院虽然在学科专业结构和课程体系设置上基本类似，区别在于斯坦福大学将供应链设在管理科学之下，而工商管理类课程在所有课程之中所占比重不高。诸如密歇根大学、宾夕法尼亚大学、麻省理工学院等知名高校更强调本科教育的基础性，注重本科阶段学科专业基础知识的学习，而专业的深入学习主要放在研究生教育阶段。①

① 齐军领，孟庆春. 供应链管理培养体系探究[J]. 物流技术，2019, 38（07）: 144-151.

（二）供应链管理本科教育的特点和趋势

继续选取美国一些世界知名的综合性研究型大学为样本，重点探究其供应链管理本科教育的开展情况。

以开设的方式分组，按单独开设及学科大类下设供应链管理方向课程分类进行阐述：

1. 单独开设供应链管理专业

选取密歇根州立大学、亚利桑那州立大学、俄亥俄州立大学、田纳西大学、马里兰大学作为样本高校，调研并归纳这些单独开设的供应链管理本科人才培养特点。整理如表 5-2 所示。

表 5-2　美国知名综合性研究型大学的供应链管理人才培养特色（一）

（单独设置供应链管理或物流管理专业的高校）

学校名称	专业名称	培养特色
密歇根州立大学	供应链管理	本科不分方向，只概要介绍供应链管理各个方面内容；硕博阶段分物流/采购/运营方向
亚利桑那州立大学	供应链管理	专业方向细分。除供应链管理专业外，还有可持续供应链管理、全球物流管理、全球物流管理与国际贸易专业
俄亥俄州立大学	物流管理	仍设置为传统的物流管理专业，但在其他的运营管理专业下设有运营管理和采购管理方向
田纳西大学	供应链管理	培养能够管理和控制整合市场营销、运营管理活动和流程的供应链管理人才
马里兰大学	供应链管理	主要包含运营管理、商务分析、市场营销、信息系统、国际商务等内容

资料来源：北京中教安学教育科技．物流管理/供应链管理专业解析[EB/OL]. https://baijiahao.baidu.com/s?id=1671524869675619511&wfr=spider&for=pc，2020-07-07.

2. 学科大类下设供应链管理方向课程

美国大学本科教育最大的特点为通识教育，其更加注重本科阶段学生教育的基础性。因此在本科教育阶段，美国大部分高校，尤其是排名靠前的高校是按学科大类下设供应链管理方向开展供应链管理人才培养。

选取卡内基梅隆大学、佐治亚理工大学、斯坦福大学、密歇根大学、宾夕法尼亚沃顿商学院、加利福尼亚大学洛杉矶分校、加利福尼亚大学伯克利分校、西北大学、哥伦比亚大学、麻省理工学院作为样本高校，调研并归纳学科大类下设供应链管理方向课程的高校供应链管理人才的培养特点，如表 5-3 所示。

表 5-3　美国知名综合性研究型大学供应链管理人才培养特色（二）

（专业大类下设供应链管理方向课程的高校）

学校名称	方向和隶属	培养特色
卡内基梅隆大学	工商管理大类，下设运营与供应链管理方向	侧重工程制造人才的培养，跨学科培养，课程包括：数学类、经济学类、数据科学类、战略组织类、运营类、商务类等
佐治亚理工大学	工商管理大类，下设供应链管理方向	方向核心课：管理科学、运营管理、商务数量分析、运营资源计划、运营战略、全球运营、供应链建模等
斯坦福大学	商学类，下设供应链运营、信息和技术方向	侧重于系统、流程和网络管理。课程有运筹学、博弈论、计算机科学、概率统计、大数据分析、运营管理、供应链管理等
密歇根大学	本科只有工商管理大类，研究生阶段有供应链管理方向	全供应链职能和流程设计课程，开设运营类、数据分析类、战略管理类、信息系统类等课程
宾夕法尼亚沃顿商学院	运营管理/管理科学	专业方向没有具体称为供应链管理，但培养重点在供应链管理各职能及职能间的权衡，课程侧重利用管理科学实现有效的供应链管理
加利福尼亚大学洛杉矶分校，加利福尼亚大学伯克利分校，西北大学，哥伦比亚大学	只在工商管理专业硕士研究生和博士阶段开设供应链管理方向	强调通过数据分析和建模改善供应链运营
麻省理工学院	本科为管理科学；研究生阶段设供应链管理	培养学生设计和运营复杂系统的能力，同时具备销售和谈判综合能力，以面对未来物流和供应链的挑战

资料来源：北京中教安学教育科技. 物流管理/供应链管理专业解析[EB/OL]. https://baijiahao.baidu.com/s?id= 1671524869675619511&wfr=spider&for=pc，2020-07-07.

众所周知，美国知名的综合性研究型大学的供应链管理理论研究和实践探索，代表着世界供应链管理学科发展的前沿。总结这些高校供应链管理人才的培养特点和经验，可以看出高校供应链管理专业教育的发展趋势。

第一，专业名称的迭代。为顺应经济全球化背景下供应链管理理论与实践发展的新趋势和企业市场竞争对供应链管理的最新需求，深入推动企业经营管理模式的创新发展，提升企业市场竞争活力，目前美国绝大多数高校已经将物流管理专业更名为供应链管理专业，实现从物流管理向供应链管理的更迭转变。

第二，教学内容的更新。教学内容从过去的物流管理逐渐延伸到包括从原料采购、生产制造、库存运输到销售服务的供应链全链条管理，供应链管理专业学生所学内容包含了以大数据分析、数据决策与数学建模、计算机信息管理为主的计算机科学和管理科学等方面的专业知识，以及以供应链战略管理、企业组织管理、客户沟通与商务谈判、财务管理、金融管理等为主的工商管理类知识，体现了美国高校供应链管理专业的学科交叉特质。

虽然美国也仍然有少数的高校保留物流管理专业这一名称，如俄亥俄州立大学等。但是为顺应全球供应链管理的发展趋势，其在物流管理专业之下设有运营管理和采购管理方向，开设有供应链管理等课程。

事实上美国大部分高校在本科教育阶段并没有开设专门的供应链管理专业。但是通过在工商管理、管理科学等学科大类下，分设供应链运营管理等细分方向，开设与供应链管理相关的课程，以一种选修课的形式来满足供应链经济社会发展对供应链管理人才培养的多方面需要。

总之，美国各高校供应链管理本科人才培养形成了各自的人才培养特色：有的高校侧重于管理科学，有的高校侧重于工商管理，有的高校侧重于企业经营和组织管理。例如，卡内基梅隆大学的供应链管理侧重于工程制造人才培养，设有包括数学、经济学、数据科学、企业战略管理、组织运营管理、商务管理等在内的多学科课程；而斯坦福大学的供应链管理则侧重于供应链系统规划与设计、供应链流程和网络的运营管理，强调运用博弈论、运筹学、计算机科学、数据科学、人工智能等新兴信息科技与现代管理方法推进供应链系统的设计、规划与运营管理等，培养学生设计和运营供应链复杂系统的能力，助力企业提升和改善供应链管理运营竞争力。

二、供应链管理本科专业课程设置分析

（一）美国高校供应链管理本科专业排名情况

本研究根据《美国新闻与世界报道》U.S.News 发布的“2021 美国 U.S.News 本科供应链管理专业排名前 20 名高校”榜单，作为考察高校供应链管理专业的参考。排名前 20 名高校名单，如表 5-4 所示。

表 5-4 2021 美国 U.S.News 本科供应链管理专业排名

专业排名	学校名称	综合排名
1	密歇根州立大学（Michigan State University ）	80
2	宾夕法尼亚州立大学（Pennsylvania State University-Main Campus）	63
3	亚利桑那州立大学（Arizona State University-Tempe）	103
4	麻省理工学院（Massachusetts Institute of Technology）	4

续表

专业排名	学校名称	综合排名
5	田纳西大学（The University of Tennessee-Knoxville）	112
6	俄亥俄州立大学（Ohio State University-Main Campus）	53
7	密歇根大学安娜堡分校（University of Michigan-Ann Arbor）	24
8	佐治亚理工学院（Georgia Institute of Technology-Main Campus）	35
9	卡内基梅隆大学（Carnegie Mellon University）	26
10	宾夕法尼亚大学（University of Pennsylvania）	8
11	得克萨斯大学奥斯汀分校（The University of Texas at Austin）	42
12	普渡大学西拉法叶分校（Purdue University-West Lafayette）	53
13	阿肯色大学（University of Arkansas）	160
14	印第安纳大学伯明顿分校（Indiana University-Bloomington）	76
15	马里兰大学帕克分校（University of Maryland-College Park）	58
16	明尼苏达大学双城分校（University of Minnesota-Twin Cities）	66
17	罗格斯大学（Rutgers University）	63
18	伊利诺伊大学香槟分校（University of Illinois at Urbana-Champaign）	47
19	威斯康星大学麦迪逊分校（University of Wisconsin-Madison）	42
20	奥本大学（Auburn University）	97

数据来源：https://www.usnews.com/education/best-global-universities/rankings.

（二）课程设置

1. 核心课程

根据榜单，按单独开设或大类下设方向分类选取密歇根州立大学、麻省理工学院等 10 所样本高校，列出并深入分析这些高校的供应链管理专业核心课程。从表 5-5 可以看出，核心课程主要包括采购与供应链管理、生产计划与控制、物流与运输管理、供应链建模与分析、全球供应链管理等。

表 5-5　10 所美国样本高校的供应链管理本科专业主要核心课程设置

序号	学校	主要核心课程	序号	学校	主要核心课程
1	密歇根州立大学	采购与供应链管理	6	宾夕法尼亚州立大学	制造和服务策略
		生产计划与控制			战略采购
		物流与运输管理			供应链建模与分析
		供应链应用与政策			供应链设计与管理

续表

序号	学校	主要核心课程	序号	学校	主要核心课程
2	麻省理工学院	物流系统	7	卡内基梅隆大学	数学模型咨询
		物流与供应链管理案例研究			供应链管理
		运营管理简介			随机建模与仿真
		制造系统与供应链设计			质量管理与生产力
		全球供应链管理			服务运营管理
		供应链实验			
3	亚利桑那州立大学	供应链规划与控制系统	8	密歇根大学安娜堡分校	供应链管理
		全球供应链管理			战略管理
		供应链策略			供应链分析
		商业决策模型			全球可持续发展企业报告
		物流管理			全球运营报告
4	田纳西大学	供应链管理			供应链管理专题报告
		供应链建模与分析	9	马里兰大学帕克分校	物流与供应链管理
		供应链信息			国际供应链管理
		供应链运营			供应链管理实践
		供应链管理全球策略			承运人管理
5	俄亥俄州立大学哥伦布分校	先进的物流管理			供应链战略与网络设计
		运输管理			供应链管理技术应用
					运营管理
		物流分析	10	普渡大学西拉法叶分校	生产计划与控制
					供应链管理：物流
		供应链管理			服务运营管理
					供应链管理：战略与采购
					运营管理介绍：竞争力和运营管理
					供应链实践与模式

2. 课程内容及主题

这里引用美国教授 Laura Birou 等（2022）通过定量内容分析得出供应链管理类中涵盖

的主要内容的主题研究结论。①研究者对美国 106 个本科供应链管理课程项目（专业）的教学大纲进行了调研分析，总结研究样本中涉及的最常见的主题、课程的开设率以及上课时间百分比，并以涉及课程比率 20%为截止点，得出结论如表 5-6 所示。

表 5-6　供应链管理课程常设主题及上课时间比例

主题	课程涉及		上课时间占比（%）			主题	课程涉及		上课时间占比（%）		
	计数	占比（%）	平均	最小	最大		计数	占比（%）	平均	最小	最大
入门简介	91	85.85	4.68	0.08	21.43	网络设计	24	22.64	5.93	1.67	28.57
期末考试	55	51.89	8.35	0.17	21.43	分销策略	24	22.64	4.56	1.11	10
库存管理	55	51.89	8.1	0.18	28.57	绩效管理	24	22.64	3.85	1.11	7.14
采购流程	48	45.28	6.41	0.09	33.33	啤酒游戏	23	21.70	4.09	2.2	8.33
供应链战略	37	34.91	4.53	0.18	13.89	SC 集成	22	20.75	5.41	1.67	12.5
供应链设计	35	33.02	6.47	0.08	20	供应商管理	22	20.75	4.1	0.08	8.33
需求预测	31	29.25	4.48	0.18	10	服务外包	22	20.75	3.32	0.08	6.67
信息技术	31	29.25	4.42	0.67	10	精益理论	21	19.81	4.51	0.04	36.67
物流	28	26.42	5.01	0.09	21.88	SCM 组织	21	19.81	4.05	0.09	9.38
全球供应链管理	25	23.58	9.4	0.56	94.12						

注：以上分析基于 106 份教学大纲。

从统计结果看，除课程简介以外，库存管理、采购流程、供应链战略、供应链设计、需求预测、信息技术等内容主题在供应链管理课程教学中占据着非常重要的地位，其课程涉及占比达到或超过 30%，另外，全球供应链管理、网络设计、分销策略、绩效管理、啤酒游戏、服务外包、精益理论、供应链管理组织等教学内容主题，也都在供应链管理课程教学中被普遍教授，开设率占据前 20%的位置。

研究结果还显示，在确定的 120 个主题中，有 21 个主题（占比 17.5%）“形影孤单”，只有一份教学大纲涉及。这表明在 SCM 类课程教授中，主题覆盖有自由裁量权。从表 5-6 可以看出，上课时间差异最大的是全球供应链管理，课堂时间占比变化区间为[0.56%，

① H.Laura B, Heather L, Foseph L.W. Undergraduate Supply Chain Management Courses: Content, Coverage, Assessment and Gaps[J]. *Supply Chain Management*, 2022（01）: 1-11.

94.12%]；其次是精益理论，课堂时间占比变化区间为[0.04%，36.67%]。此外，在采购流程和库存管理方面所花费的时间也有很大的差异。这表明，各高校在 SCM 类课程开设的主题或覆盖范围上并没有达成相对统一的认识。

3. 教学方式

Laura Birou 研究团队还通过对 106 份美国供应链管理本科教学大纲的深入分析，得出美国本科高校供应链管理专业课程教学方法矩阵，如图 5-1 所示。

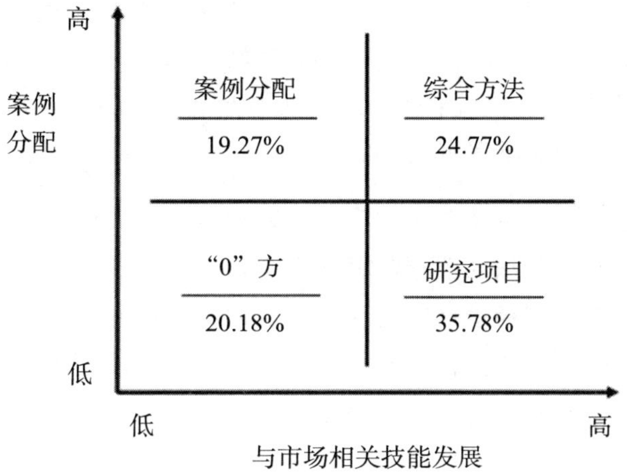

注：“0”方指“案例分析”教学和“研究项目”教学都不使用的教学模式

图 5-1　美国 106 所本科高校供应链管理专业教学方法矩阵①

从图 5-1 可以看出，美国高校供应链管理专业本科教学过程中十分强调要发展学生的研究技能以及与市场相关的技能。在教学方法运用中，“研究项目”占比高达 35.78%，广泛运用了案例分析（19.27%）、综合方法（24.77%）等教学方法。这样的教学方式旨在培养本科学生发现问题、分析问题和解决问题的研究能力。特别强调，培养学生对问题的研究能力是本科教育中最应该发展的创新素养和专业技能。

尤其是，对于那些有望在未来成为企业管理者的学生而言，科研创新能力素养尤为重要，因为企业管理者需要创新性地分析和解决问题，理解和产生新的知识，需要将新的理论知识运用到企业业务开发创新和企业经营战略管理、市场需求分析和研判行业发展趋势等诸多方面。因而，那些在校学习时接受过研究能力培养的学生在未来更具竞争力。②

① H.Laura B, Heather L, Foseph L.W. Undergraduate Supply Chain Management Courses: Content, Coverage, Assessment and Gaps[J]. *Supply Chain Management*, 2022（01）: 1-11.

② 刘小卉. 美国大学供应链管理/物流专业本科教育探析[J]. 上海第二工业大学学报, 2015, 32（02）: 156-163.

三、典型案例

案例 1：密歇根州立大学供应链管理专业

密歇根州立大学是一所世界一流的公立研究型大学，供应链管理专业常年位居全美第一。其供应链管理本科专业设在 Eli Broad 商学院，该学院也是世界上最大的 AACSB 认证的本科商学院之一。

1. 专业目标

作为全美排名第一的供应链管理专业，密歇根州立大学 Eli Broad 商学院致力于通过供应链管理将制造运营、采购、运输和物流等整合到统一的系统之中，改善企业经营管理效率，提高企业全球竞争力。学生毕业后主要从事行业分析师、咨询顾问、采购分析师、采购经理、物流总监、制造主管等相关的工作。①

在密歇根州立大学，本科生需要先学习广泛的核心课程，让他们接触不同的学科并发展全面的基础知识。其学习领域主要包括写作、数学、综合研究、基础学科和商业功能等领域，以及加强学生学习课程的选修。与核心课程配对的是主修专业（Major），由每个学生在进入 Eli Broad 商学院时选择自己感兴趣的专业方向。供应链管理专业本科学生需要和其他专业学生一样，首先需要接受广泛的本科基础课程学习，学习包括大学写作、高等数学、自然科学、人文与艺术、社会科学等学科领域的基础课程，然后在此基础上学习商科大类的基础课程和供应链管理等方面的专业课程。

2. 培养特色

密歇根州立大学供应链管理专业学生按照商科大类进行培养，学生必须至少完成 120 个学分才有资格毕业。其中，通识教育类核心课程 28 个学分，商科大类基础课程约 55 个学分，供应链管理专业相关课程 19 个学分，其他选修课程 18 个学分（包括高级学术英语 6 个学分、通过实习或其他工作经验获得 3 个学分、非商学院的选修课程 9 学分）。

为了培养学生的全球化思维，密歇根州立大学要求本科生必须修满 3 学分的国际学分，并为学生提供两种学习选择，以此来确保本科生有足够的机会接触影响商业决策的全球问题。一种是通过选修具有重要的国际内容，而不仅仅是语言教学的国际化课程，如国际广告、社会运动与人类学、南亚人类学等一大批经过学校事先审核的国际课程；另一种是通过海外研修计划或国际实习，或在美国境外长期学习工作和生活，经认定可获得国际学分。

为了培养学生的跨学科思维，拓宽学生学习的知识领域，满足学生广泛的学习兴趣，密歇根州立大学要求学生在 Eli Broad 商学院以外选修至少 9 个学分的选修课程，并为学

① 密歇根州立大学. 供应链管理专业介绍[EB/OL]. https://broad.msu.edu/undergraduate/programs/supply-chain-management-major, 2021-12-20.

生提供了详细的选修课程列表。

3. 课程设置

在专业课程方面，密歇根州立大学供应链管理专业相关课程主要面向高年级（大三、大四学生）开设，主要包括专业必修课程、顶石课程（Capstone Course）和专业选修课程。其中，4 门专业必修课程，分别是采购与供应链管理、制造和服务运营管理、物流和运输管理、供应链管理数据分析；2 门顶石课程二选一：集成供应链管理、供应链行业应用；11 门专业选修课程，学生最少选修 4 个学分，最多 6 个学分，包括采购合同、高级供应链项目管理、谈判、供应链决策建模、运输管理、供应链成本管理、供应链管理专题研究等一系列课程。具体如表 5-7 所示。

表 5-7　密歇根州立大学供应链管理专业课程修读要求①

课程类型	课程名称	学分要求
学校要求的必修课程（通识教育类，28 个学分）	大学写作，一级写作要求	4
	生物科学综合研究	3
	物理科学综合研究	3
	生物或物理科学实验室	2
	艺术与人文综合研究（一级写作要求）	4
	艺术与人文综合研究（IAH 201-210）	4
	社会科学综合研究	4
	社会科学综合研究（ISS 2**，28+学分）	4
商科大类基础课程（64 个学分）	高等数学	3
	统计方法	3
	算法思维与编程	3
	微观经济学导论	3
	宏观经济学导论	3
	专业与职业探索	1
	财务会计原则	3
	管理会计原则	3
	商业分析和信息系统	3
	商务沟通：口头和书面沟通	3
	财务管理	3

① 密歇根州立大学．供应链管理专业介绍[EB/OL]．https://broad.msu.edu/undergraduate/programs/supply-chain-management-major，2021-12-20.

续表

课程类型		课程名称	学分要求
商科大类基础课程（64 个学分）		金融管理	3
		管理营销	3
		市场分析	3
		供应链管理导论	3
		人力资源管理和组织行为	3
		国际商务	3
		国际化课程/经历	3
		商业法与道德领导力	3
		国际商务	3
		国际化课程/经历	3
		商业政策和战略管理	3
供应链管理专业课程（16 个学分，GPA 最低要达到 2.0）	必修课程	采购与供应链管理	3
		制造和服务运营管理	3
		物流和运输管理	3
		供应链管理数据分析	3
	顶石课程（二选一，3 个学分）	集成供应链管理	3
		供应链行业应用	3
	专业选修课程（任选 4 个学分）	采购合同	1
		海关、合规与安全	1
		使用端到端供应链模拟练习	1
		供应链企业资源规划应用程序	1-3
		应用精益方法提高组织效率	1
		高级供应链项目管理	2
		谈判	2
		供应链决策建模	2
		运输管理	2
		供应链成本管理	2
		供应链管理专题研究	1-3
		自主学习	1-3

续表

课程类型	课程名称	学分要求
其他选修课	高级学术英（最多计 6 个学分）	6
	工作实习（最多计 3 个学分）	3
	选修课程（非商学院课程，至少 9 个学分）	9

由此来看，密歇根州立大学虽然在本科阶段开设供应链管理专业，但是与其他美国高校一样，本科教育更加强调对学生学科基础知识和综合能力素养的培养。学校鼓励学生跨学科自由选修课程，强化学生学科基础课程和跨学科知识的广泛学习；与之相对应，在高年级阶段，则主要以供应链管理专业相关的专业课程为主，基本上涵盖了供应链管理的核心领域和关键环节，包括采购与供应链管理、制造和服务运营、物流和运输管理等；另外，在学生掌握相关的理论知识以后，通过供应链管理政策与应用等顶石课程，不断强化学生供应链理论知识运用和实践能力的培养。

出现这种情况，与美国高校本科教育的基础性定位有着密切的关系，同时也与美国高校供应链管理专业研究生教育有着紧密的联系。本科生毕业后仍然有许多学生通常会选择继续攻读供应链管理专业的研究生，进一步提升供应链管理的专业能力。

案例 2：宾夕法尼亚州立大学供应链管理专业

宾夕法尼亚州立大学是一所美国公立研究型大学，创建于 1855 年，其供应链管理专业设在斯米尔商学院（Smeal College of Business）。

斯米尔商学院的本科教育在其办学过程中已经形成鲜明的办学特色：一是课程的前沿性，授课教师都是世界一流的学者，他们凭借在行业中的经验和作为顶级组织的顾问，将课程教学与自身研究紧密地结合在一起，能够确保教师课程内容是最新的、前沿的和相关的。二是个性化学习项目设计，学院专为学习成绩优异的学生设计了个性化的学习项目——Sapphire Leadership Academic Program，让他们参与专业课程设计，与商业领袖建立联系，并将课堂内获得的知识应用于特殊项目和社交活动。三是国际化教育体系，超过 30%的本科生有国外学习经验，通过课程作业、出国留学或实习探索国际商务，丰富学生的本科教育体验。四是多样化学习社团，学院提供了许多可由学生经营的俱乐部和组织，例如，价值数百万美元的学生经营的对冲基金 Nittany Lion Fund（LLC）。诸如此类的团体可让学生加强专业内的学习，增强学生的领导能力，并在 Smeal 社区内产生积极影响。五是重视女性教育，商界女性除了为其成员创建支持网络和专业发展机会外，宾夕法尼亚州立大学商界女性还组织了年度会议，为强大的女性铺路，该会议被评为宾夕法尼亚州立大学年度杰出计划。①

① 宾夕法尼亚州立大学. 斯米尔商学院介绍[EB/OL].https://undergrad.smeal.psu.edu, 2021-12-19.

1. 专业目标

该大学供应链管理专业主要包括项目与供应链管理、供应链信息系统等两个专业方向。

一是项目与供应链管理专业方向。主要专注于开发项目管理方面的知识、技能和能力，成为现代企业中一门充满活力的重要学科。这些项目管理技能包括新项目的开发，以及协调采购和项目交付系统。该专业还强调制造和服务运营、物流、采购和分销的整合，使组织能够开发创造价值的供应链网络。该专业为学生提供了发展设计和操作当今复杂管理系统所需的定量计算和人际交往能力的机会，学生学习如何管理组织供应链中的关键要素，学生毕业后将在世界一流的商业公司、公共组织、建筑、IT 组织、第三方部门中从事供应链项目管理、物流供应、货物服务分销业务等方面的相关工作。

二是供应链信息系统专业方向。主要专注于现代商业企业在全球范围内获取、生产和交付商品和服务的价值创造供应链网络的管理，以及学习作为供应链整合关键推动因素的信息技术。学生学习如何分析和设计供应链，管理核心业务流程，包括采购原材料、制造和服务运营以及规划和满足客户需求；学校还培养学生信息系统领域的知识、技能和能力，包括信息处理、数据库、信息系统设计和分析以及供应链技术。学生毕业后主要在工业界和政府部门的供应链信息系统中从事相关的管理工作。①

2. 培养特色

供应链管理专业课程设置涉及学科领域广泛。学科专业课程以经济管理类课程为主，偏重于对商科大类经济管理基础课程的深入学习，强调学生商业经济管理知识和综合创新能力素养的养成，与商学院其他专业有着十分紧密的联系，注重学科专业之间的互通性，为学生今后继续攻读深造供应链管理专业研究生，深入开展供应链管理专业的学习和研究奠定坚实的基础。当然，这与目前美国高校对供应链管理教育的专业性定位有着密切的联系，在本科阶段更强调学生的通识教育和学科专业的基础教育，而在研究生阶段更加强调供应链管理的专业教育。

3. 课程设置

以供应链管理信息系统为例，宾夕法尼亚州立大学供应链管理专业课程主要包括以下几大模块。

一是通识教育课程模块。包括写作与口语、量化分析、全球文化以及自然科学、人文艺术与社会学科等学科领域的基础课程，旨在通过对人类知识范畴内学科领域基础课程的广泛学习，培养学生的基础能力和综合素养。

① 宾夕法尼亚州立大学. 供应链管理专业介绍[EB/OL].https://admissions.psu.edu/academics/majors/4year/?displayBy=interest&aoi=BUS, 2021-12-19.

二是学校要求的必修课程。包括世界语言、宏观经济分析、市场营销、财务管理等商科大类基础和核心课程，旨在强化对本科生商科教育的基础知识学习，为下一步专业课程的深入学习打下坚实的基础，也是商科教育的基础和核心。

三是供应链管理信息系统专业课程及其相关的经济管理课程。其中供应链信息系统的专业课程主要包括需求满足、制造和服务战略、战略采购、供应链分析、供应链战略设计与管理等，相关课程主要是从商学院其他学科专业模块选修的课程，包括会计、商法、市场营销、财务管理、商业信息系统、国际商务等若干个方向等，在深入学习供应链管理专业课程的同时，为学生深入学习商学课程提供更多的课程选择。具体如表 5-8 所示。

表 5-8　宾夕法尼亚州立大学供应链管理专业课程设置①

课程类型	课程名称	学分要求
通识教育（61 学分）	写作和口语：（1）论文；（2）演讲；（3）高效写作	9
	量化分析：（1）微积分；（2）统计学	10
	全球文化和跨国研究	12
	自然科学	9
	艺术	6
	人文学科	6
	社会与行为科学	6
	健康与保健	3
学校要求的必修课程（35 学分）	世界语言	4
	宏观经济分析与政策	3
	商科基础课程：（1）财务决策和会计管理；（2）管理基础；（3）市场营销；（4）公司财务；	13
	商科核心课程：（1）供应链管理；（2）电子表格分析和信息系统管理；（3）对社会负责、可持续和合乎道德的商业实践；（4）商法 I：合同、责任问题和知识产权简介；（5）商业和工业分析	15
供应链和信息系统课程	需求满足；制造和服务战略；战略采购；供应链分析；供应链战略设计与管理	15

① 宾夕法尼亚大学．供应链管理专业课程设置 [EB/OL]. https://ugstudents.smeal.psu.edu/academics-advising/degree-requirements/majors/supply-chain-and-information-systems-degree-requirements-2020, 2021-12-20.

续表

课程类型	课程名称	学分要求
相关课程（任选一门）	会计：管理会计；经济视角；中级财务会计 I 中级财务会计 II 商法：房地产法；商业和环境法规；代理、就业和业务结构；高级 UCC 和商业交易；高级知识产权与竞争法；雇佣法；娱乐法 商业可持续性：企业可持续发展战略；消费者、公司和社会的可持续行为构建可持续供应链 企业多元化：建立劳动力多元化和包容性	3
支持课程（任选一个模块）	管理多元化的劳动力（美国） 企业创新与创业：创业；创造力与创新 经济学：金融；企业财务管理；证券分析与投资组合管理；金融市场和机构 信息系统管理：商业分析；信息技术与商业战略 国际商务：国际商业运营（IL）；国际商务和国家政策；国际商务中的当代问题；欧洲商业环境；新兴国家的国际商务；非洲背景下的国际发展 管理：组织行为与设计；国际管理（IL）；战略管理 市场营销：消费者行为；零售；全球营销（IL）；广告与促销管理 房地产：房地产理论基础；房地产市场的当代问题 风险管理：风险和保险；风险、策略和决策	6
自由选修课程		14

案例 3：麻省理工学院供应链管理专业

麻省理工学院在本科阶段没有设置供应链管理专业。但是为推进全球供应链教育研究，学校依托物流与运输中心在研究生阶段开设了供应链管理硕士学位和博士学位项目，学校供应链管理硕士学位项目连续两年被“QS 世界大学排名（QS World University Rankings）”评为全球第一的供应链管理硕士课程。

在 2022 年的排名中，QS 评估了 19 个国家/地区的供应链管理硕士课程，并根据校友成果、就业能力、思想领导力和性价比以及在行业专业人士和学者中的声誉等指标将 MIT 供应链管理专业排为第一名，进一步凸显了麻省理工学院供应链管理课程项目的卓越投资回报率。

1. 专业目标

麻省理工学院的供应链管理课程项目将高管领导力培训与侧重于建立分析和技术知识的密集、实用的核心课程相结合，培养学生顶级雇主所寻求的结构化、逻辑思维技能。

通过麻省理工学院提供的运输和物流中心，并在斯隆管理学院提供交叉注册机会，修习麻省理工学院供应链管理课程的学生可以获得工程学位。混合课程选项使已完成供应链管理在线 MITx MicroMaster's 的学生有机会在校园内用仅一个学期的全日制学习获得供应链管理硕士学位。

2. 培养特色

麻省理工学院供应链管理硕士学位项目主要划分为两种学习形式：一种是供应链管理在校学习项目[SCM Residential（SCMr）Program]。需要在校学习 10 个月，主要是为那些希望重返学校接受高级供应链专业培训的职业供应链专业人士而设计；另一种是供应链管理混合学习项目[SCM Blended（SCMb）Program]。旨在为可能没有供应链领域专业或学术背景的非传统学生提供获得供应链管理硕士学位的替代途径。该混合课程的选择是开放的，适合那些希望在短短五个月内于麻省理工学院校园内获得供应链管理硕士学位的证书持有者。

与此相对应，麻省理工学院供应链管理硕士学位包括两种学位类型：一是供应链管理应用科学硕士（MASc-SCM）。专为希望在毕业后从事工业或咨询工作的学生而设计；二是供应链管理工程硕士（MEng-SCM）。更侧重于研究，专为希望继续研究或攻读博士学位的学生而设计。对比两者之间的联系和区别，供应链管理工程硕士学位和供应链管理应用科学硕士学位都需要学生完成 90 个学分、为期十个月住宿的研究生课程，它们都非常注重技术和分析技能、领导力和沟通技巧的培养，包括行业赞助的研究项目、演讲系列、设施参观、与全球顶级公司深入接触的机会。其中，对于 MASc-SCM 学位，学生至少要完成 81 个单元的必修和选修科目以及一个 9 个单元的顶点研究项目；而对于 MEng-SCM 学位，学生至少要完成 78 个单元的必修和选修科目以及 12 个单元的研究论文。①

3. 课程设置

以供应链管理在校学习项目（SCMr）课程设置为例，课程设置如表 5-9 所示。

① 麻省理工学院. 供应链管理硕士学位项目 [EB/OL]. https://scm.mit.edu/program/supply-chain-management-masters-degree, 2021-12-19.

表 5-9 麻省理工学院供应链管理在校学习项目（SCMr）课程设置情况[①]

科目类型	课程名称	学分
必修科目	供应链分析	——
	计算机科学和使用 Python 编程的介绍	——
	供应链管理的分析方法	6
	供应链沟通研讨会	1
秋季学期必修科目	供应链管理的书面沟通	3
	*物流系统	12
	*供应链管理的数据库和数据分析	6
研究项目（任选其一）	顶点项目	3
	研究生论文	3
IAP 必修科目	领导全球团队	3
	Python 中的应用编程和数据分析	3
春季学期必修科目	SCM 高级写作工作坊	3
	供应链公开演讲工作坊	1
	供应链研究之旅	1
MASc Requirements	使用机器学习进行供应链管理	12
	建模的数据科学和机器学习：从算法到应用	9
MEng Requirements	机器学习建模：从算法到应用	12
	研究生论文	9
财务选择（选择其中一项）	*供应链财务分析	9
	商业决策的经济分析	9
	管理财务	9
	决策者的会计信息	6
	使用财务报表进行业务分析	9
科研项目（*经导师批准，学生可以用相应科目和额外选修课代替 SCM.01、SCM.02、SCM.03）	物流系统专题	3
	供应链管理主题的数据库和数据分析	3
	供应链财务分析案例研究	3

① 麻省理工学院. 供应链管理课程设置情况[EB/OL]. https://scm.mit.edu/masters-curriculum-scm-residential- program, 2021-12-19.

续表

科目类型	课程名称	学分
必修选修类别	SCM 选修课 － 必须至少选修 6 个单元（如下所列）	
	分析选修课 - 必须至少选修 6 个单元（如下所列）	
	管理选修课 - 必须至少选修 6 个单元（如下所列）	
	附加选修课 - 必须修读 3 个附加单元(仅适用于 MASc 学位）	
供应链管理选修课（SCM.01）	物流和供应链管理案例研究	9
	货运	6
	人道主义物流	6
	人道主义物流项目	12
	可持续供应链管理	6
	采购	6
	城市最后一公里物流	6
	数字化供应链转型	6
分析选修课（SCM.02）	城市最后一公里物流	6
	交通系统分析：性能与优化	12
	分析边缘	12
	优化方法	12
	运营管理分析	12
	系统动力学导论	6
	系统动力学 II	6
	商业和政策的系统动力学	9
	数据挖掘：寻找创造价值的模型和预测	6
	统计学习和数据挖掘	12
	业务和运营分析	6
	产品和系统设计的真实选择	6
	风险与决策分析	6
	多学科设计优化	12
管理选修课（SCM.03）	供应链管理案例研究	9
	可持续供应链管理	6
	采购	6
	战略优势的博弈论	9
	在模糊中领先：通过战略拐点引导	6

续表

科目类型	课程名称	学分
管理 选修课 （SCM.03）	新企业	12
	运营策略	9
	供应链计划	6
	制造系统和供应链设计	6
	服务管理：概念、设计和交付	9
	运营策略	9
	操作实验室	9
	竞争策略	9
	战略与首席执行官	6

麻省理工学院供应链管理硕士学位课程设置具有鲜明的跨学科特色。围绕供应链管理行业发展对学生职业发展的专业需要，开设了丰富的供应链管理课程。十分注重学生专业知识的学习掌握，注重多学科课程的交叉融合，注重多学科知识与供应链管理的交叉融合。其中既包括对财务分析、商务管理等企业经营管理知识与供应链战略管理决策的相互结合，也包括新背景下物流运输与供应链管理的相互联系，还包括科技革命背景下数据科学、机器学习等新兴信息技术在供应链管理中的实践运用。

课程领域涉及广泛，课程知识内容丰富，满足了供应链行业企业发展对高校供应链人才培养的多样化需求，有助于培养学生运用多学科知识解决供应链复杂性问题的实践能力，提高供应链专业学生的创新能力。

麻省理工学院供应链管理硕士学位项目具有以下几方面的特征：（1）学生仅需在校学习 10 个月便可获得硕士学位，较传统 MBA 需要 2 年时间，大大降低学生学习时间的投入和学习成本；（2）以工程教育为重点的课程选择，强化与供应链管理实践相关的实用课程，提高学生的实践创新能力；（3）紧跟供应链管理的发展前沿，围绕供应链管理的相关问题，与世界一流大学的研究人员开展学习合作，提高对供应链发展前沿的敏感度；（4）为学生提供各种形式的参观学习机会，与来自不同行业的国际企业开展合作互动交流，观摩、学习和参与知名企业的供应链管理实践；（5）以学生学习需求为目标导向，设置灵活多样的课程项目，满足在职工作者、全日制学习者等多样化的学习群体对供应链管理专业知识的多方面学习需求；（6）供应链专业课程类型内容丰富，注重与企业供应链管理实践相结合，强调供应链管理的学科交叉融合，培养学生运用多学科知识解决供应链管理问题的创新能力。

也正是因为如此，麻省理工学院坚持需求导向，在满足学生学习职业发展和供应链行业发展等多方面需求的过程中，始终与产业发展保持紧密的联系，不断促进供应链知识理论和课程教学等方面的创新，引领着供应链学术研究和供应链人才培养不断向前发展。

四、本科专业课程设置的主要特征和发展趋势

纵观美国各高校供应链管理专业的课程设置，结合 3 个典型案例高校的分析，可以看出，供应链管理本科教育设置在商科的较为普遍，偏向工程管理的麻省理工学院的供应链管理教育则在研究生阶段开展。

商科下的供应链管理专业课程设置大体上可以划分为经管结合和专业精深两大模式，前者主要以宾夕法尼亚州立大学、田纳西州立大学、亚利桑那大学等高校供应链管理专业为代表，后者主要以密歇根州立大学的供应链管理专业为代表。

（一）经管结合模式

以宾夕法尼亚州立大学为代表的经管结合模式主要设置三类课程。

①**基础课程**。设置在第一、第二学期，不涉及管理学相关知识，主要课程安排旨在让学生具有足够的经济学与数量分析基础，并在第二学期加入基础的金融课程（如公司金融、管理金融与会计）。

②**供应链管理基础课程**。范围比第一类的课程设置更广泛，除了供应链管理课程，还包括管理学、市场营销、供应链谈判等。

③**供应链管理高级专业课程**。开设于第四学年，学生已经具备足够的基础供应链管理知识以及相应的数量分析能力。高级课程更加聚焦，如项目管理、人力资源管理。此外，高级课程更加偏向应用与设计，如运营规划、项目规划与物流系统设计分析等。这类高校课程聚焦商科大类人才培养所需的数学与经济学基础，十分重视学生在体系化学习供应链相关知识前所应具备的数量分析、经济学与金融等学科领域的基础知识，在此基础上进一步强化学生供应链管理方面的专业知识与能力。

（二）专业精深模式

以密歇根州立大学为代表的专业精深模式，主要设置三类课程。

①**基础课程**。在课程初期重点向学生讲解供应链管理专业基础课程，主要开设课程：采购与供应链管理、生产规划与控制、物流和运输管理。

②**供应链管理政策与应用**。学生掌握基础环节的供应链管理知识后，课程设置偏向应用类，如供应链管理政策以及供应链管理应用。

③**选修课程**。上述为必修课程，让学生掌握供应链管理的基本理论与实践，基于此，学生可以进一步选择选修课程。在选修课程方面，设置的课程整体又可以分为三类：高级供应链管理类、模拟应用类以及建模预测类。这一类高校课程设置主要聚焦供应链管理专业知识与能力，着力培养学生的供应链管理理论知识和专业能力，通过模拟软件与案例学

习等创新型教育模式，帮助学生应用所学的供应链管理理论来解决企业供应链管理实践中的实际问题。

（三）两种模式比较

通过对两种培养模式进行对比（如表 5-10 所示），可以看出：经管结合模式强调商科学生知识基础和综合能力的培养，注重本科阶段商科人才培养的基础性，强化学校商科专业的大类培养和跨学科课程的交叉学习；精深模式则强调学生对供应链管理理论知识和专业能力的深入学习，循序渐进，由浅入深，不断深化学生对供应链管理理论知识和专业能力的深入学习，同时也注重强化学生供应链管理的专业基础，赋予学生跨学科自由选修课程的权利，加强学生跨学科课程的深入学习。

表 5-10　两种模式的美国高校供应链管理专业课程设置特点对比①

	经管结合类	专业精深类
课程设置	**基础课程**：课程设置在第一、第二学期，不涉及管理学相关知识，主要课程安排旨在让学生具有足够的经济学与数量分析基础，并在第二学期加入基础的金融课程（如公司金融、管理金融与会计） **供应链管理基础课程**：范围比第一类的课程设置更广泛。除了供应链管理课程，还包括管理学、市场营销、供应链谈判等 **供应链管理高级专业课程**：开设于第四学年，学生已经具备足够的供应链管理基础知识以及相应的数量分析能力。高级课程更加聚焦，如项目管理、人力资源管理。此外，高级课程更加偏向应用与设计，如运营规划、项目规划与物流系统设计分析等	**基础课程**：在课程初期重点向学生讲解供应链管理专业基础课程，主要开设课程：采购与供应链管理、生产规划与控制、物流和运输管理 **供应链管理政策与应用**：学生掌握基础环节的供应链管理知识后，课程设置偏向应用类，如供应链管理政策以及供应链管理应用 **选修课程**：上述为必修课程，让学生掌握供应链管理的基本理论与实践，基于此，学生可以进一步选择选修课程。在选修课程方面，设置的课程整体可以分为三类：高级供应链管理类、模拟应用类以及建模预测类
课程聚焦	重视学生在体系化学习供应链相关知识前所具备的数量分析，经济学与金融的基础知识	更加关注学生对于供应链管理理论的学习，并看重供应链管理知识的实践
课程要求	数学与经济学基础	商业逻辑分析能力

① 张浩. 新文科背景下供应链管理专业的发展探讨[R]. 第二十届全国高校物流专业教学研讨会暨物流与供应链产教融合创新发展高峰论坛报告, 2021-07-30.

续表

	经管结合类	专业精深类
课程设置特点	第一、第二学年主要学习经济学、数学与金融学基础，第三、第四学年逐渐加入供应链管理基础课和进阶课程	在第一、第二学年学习基础的供应链管理的理论与实践，第三、第四学年主要安排高级供应链管理课程
课程优势	重视数量分析能力的培养，能够更有针对性地培养学生在供应链管理研究中的定量分析能力	创新型的教育模式，通过模拟软件与案例学习，帮助学生应用所学的供应链管理理论来解决企业的实际问题
代表院校	宾夕法尼亚州立大学、田纳西州立大学、亚利桑那大学	密歇根州立大学

面向未来，随着全球供应链模式的不断演进和企业供应链技术的不断创新，对美国高校供应链管理专业人才培养提出了新的要求和新的挑战，迫切要求企业供应链管理从业人员具有广阔的国际化视野和开展国际化业务的工作能力，能够熟练掌握和运用大数据分析、智能建模等现代信息化智能技术开展供应链数据分析、供应链系统建模和供应链决策仿真优化，能够更为全面地理解企业的社会责任和可持续性发展，具备良好的沟通交际能力，擅长商务谈判和沟通协作等软技能。为此，美国高校供应链人才培养出现了一些新的发展趋势。①

1. 强调更广泛的供应链学科知识学习和创新能力的培养

美国供应链行业产业发展快速。为顺应供应链产业企业发展需要，美国高校开始对学校供应链专业人才培养项目进行优化，不断强化对更广泛学科的专业知识学习。

例如，圣地亚哥大学为了拓展供应链专业学生的国际视野，帮助学生更好地理解全球供应链的运作实践过程，开始增加全球供应链、供应链运营管理等一系列新的课程，同时也增设了供应链风险管理、供应链金融等其他课程，以更好地满足供应链行业企业的教育需求；密歇根州立大学赋予供应链管理专业的学生更多的学习自主权限，要求学生选修商务谈判或市场营销等商科类课程；田纳西州立大学调整供应链管理专业方向，大幅增设供应链管理类课程，将原来的物流管理转向为更广泛的供应链管理，以顺应供应链行业的发展趋势。

2. 主张在供应链管理实践过程中学习和运用更多的新技术

大量的新技术被广泛地运用到供应链管理实践过程之中。例如，基于大数据分析，对供应链企业决策进行数据分析和计划优化，这要求供应链专业学生必须学习大数据分析、

① 王晓艳．美国高校供应链人才培养的借鉴与思考[J]．应用型高等教育研究，2018, 3（04）：90-95.

算法建模等一系列新技术，学会从供应链大数据中提取供应链业务知识，运用大数据进行供应链优化和决策，提升企业供应链效率以获得新的洞察力。

为此，美国许多高校开设了供应链信息管理方向，并为供应链管理专业学生开设了诸如 Access、Excel、Tableau、Google Analytics 和 MiniTab 等一系列数据分析工具软件课程，帮助学生更好地提高运用数据分析工具软件开展供应链管理的专业能力。例如，宾夕法尼亚州立大学将数据建模技术、仿真模拟和博弈论等作为供应链管理专业学生学习的重要内容，还不断地将物联网等一系列新技术加入供应链专业课程之中；再如，田纳西州立大学供应链专业运用仿真模拟技术来开展课程教学，以帮助学生更好地理解企业供应链管理的实践过程，提高学生供应链管理的操作实践能力；还有，南加州大学为满足供应链专业学生数据建模分析的专业需求，为学生开设了一系列偏重数理量化分析的专业课程，帮助学生更好地通过数据建模和量化分析等方式，不断优化供应链网络设计和系统规划，提升供应链需求预测的科学性，提高供应链管理效益。

3. 注重供应链行业伦理建设，关注企业社会责任和可持续发展

传统的供应链组织强调的是提高经济效率和降低交易成本，而如今的供应链发展除了关注这些经济价值目标以外，更加关注安全可靠、绿色环保、社会责任和可持续性发展等社会性价值，这也是当前全球供应链发展的重要趋势之一。

这反映到高校供应链人才培养实践中，就是许多高校开设了相关的必修课程，如密歇根州立大学供应链专业课程涵盖了社会责任、道德伦理和社会可持续性等专题；宾夕法尼亚州立大学供应链课程增设了诸如供应链风险管理、供应链韧性、供应链透明度等内容。

4. 注重学生沟通协作等软性能力的培养

传统的供应链管理主要关注流程的管理，注重通过优化管理层级来提高管理效率，而如今的供应链管理注重供应链上下游各主体之间的沟通协作关系的发展，要求学生具有高超的沟通协作、谈判博弈、跨文化沟通等方面的能力。

为此，美国一些高校除了增设相应的谈判博弈和全球跨文化等方面的课程，还要求学生必须具备国际工作或生活经历，加强学习第二语言等。通过参加国际实习项目等锻炼学生的跨文化沟通、谈判协作等方面能力，培养学生国际化背景下参与全球供应链管理与建设的实践能力，运用所学知识创新性地解决实际环境中的供应链管理问题。

5. 基于产业需求，增进课程教学与产业实践之间的紧密联系

供应链管理专业具有较强的实践性。高校供应链人才培养理应与供应链产业企业实践结合得更加紧密，将课程教学与企业实习实践紧密地结合在一起。

例如，美国密歇根州立大学供应链管理专业每年围绕供应链企业管理实践过程中遇到的具体问题，定期开展暑期实习项目，在帮助学生更加全面地了解供应链管理实践的同时，也帮助企业改善供应链管理流程和供应链管理问题解决的实践方案。

再如，美国圣地亚哥大学等高校与供应链行业协会合作，聘请供应链行业企业的顶尖专家和技术顾问到校授课，指导学生开展供应链方面的学习和研究工作，也安排学校教师和学生参加企业的供应链实习实践项目，共同探讨供应链管理领域的理论和实践问题。

综上所述，美国作为全球供应链产业和供应链教育最为发达的国家之一，在为全球供应链行业产业发展提供了重要的人才支持的同时，也始终引领着全球供应链产业发展和人才培养的重要趋势。尤其是，美国高校在供应链管理专业人才等方面积累了丰富而又宝贵的经验，如强化本科教育的基础性、注重供应链管理专业教育的实践性、加强供应链管理教育与产业发展的紧密联系等，对其他国家供应链管理人才培养都具有重要的启示意义。

第二节　英国高校供应链管理专业人才培养

英国是世界上最早成立物流与运输组织的国家之一。其 1932 年成立的英国皇家采购与供应学会（The Chartered Institute of Purchasing & Supply，简称 CIPS）拥有近 90 年历史，是世界上最大的采购与供应专业组织，也是全球最领先的采购与供应链行业职业教育认证中心。CIPS 注册采购与供应链经理认证，如图 5-2 所示。

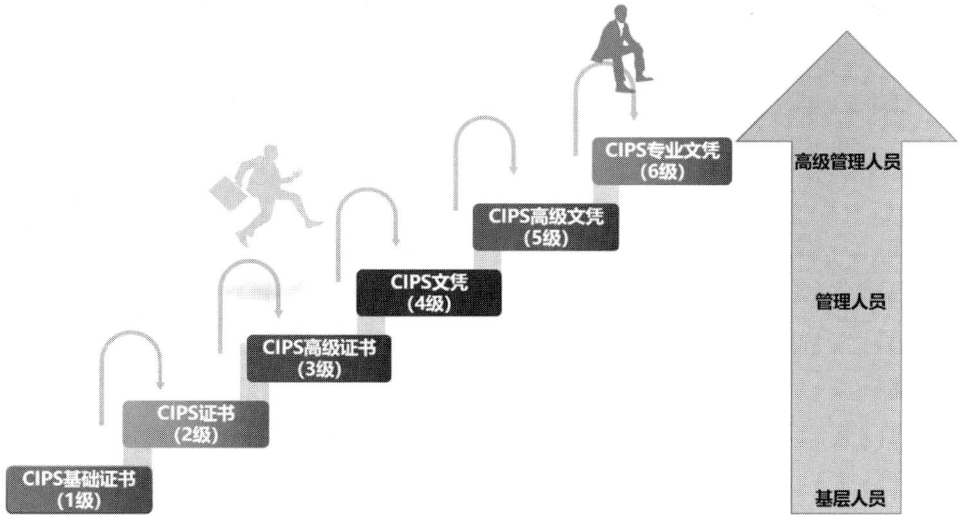

图 5-2　英国皇家采购与供应学会（CIPS）注册采购与供应链经理认证

CIPS注册采购与供应链经理认证因其体系完善、标准严格、注重实践技能的培养和评估，在国际上得到了世界各国政府和国际组织、上百所知名高校的广泛认可。1992年英国女王授予CIPS皇家宪章，以表彰其对全球采购与供应链行业的杰出贡献。由此可见，英国物流与供应链管理的国际地位，其高校物流与供应链管理专业的教学科研水平位居世界前列，在全球物流供应链管理教育领域享有盛誉。

一、开展情况和培养特色

根据英国“完全大学指南（CUG）”公开的相关资料文本整理，2021年英国共有11所高校提供了14个项目的供应链管理相关的学士学位课程。

从表5-11可以看到，英国供应链管理专业本科全日制学制一般为3年，个别高校为4年，如阿斯顿大学物流与供应链管理和商业与供应链管理项目；大部分高校授予理学士（荣誉）学位、部分为文学士（荣誉）学位；从专业的名称看，单独命名“供应链管理”的不多，基本上都采用与商业、物流运输等相结合的方式命名。

表5-11　英国高校的供应链管理本科专业设置情况

序号	大学名称	QS英国学排名	专业	学位	学制/年
1	阿斯顿大学 Aston University	47	物流与供应链管理	理学士（荣誉）	4
2			商业与供应链管理	理学士（荣誉）	4
3	哈德斯菲尔德大学 University of Huddersfield	53	商业与物流供应链管理	理学士（荣誉）	3
4	埃奇希尔大学 Edge Hill University	60	商业物流供应链管理	理学士（荣誉）	3
5	赫尔大学 The University of Hull	70	物流和供应链管理	理学士（荣誉）	3
6			商业和供应链管理	文学士（荣誉）	3
7	朴次茅斯大学 University of Portsmouth	74	商业与供应链管理	理学士（荣誉）	3
8	伯明翰城市大学 Birmingham City University	82	商业与供应链管理	文学士（荣誉）	3
9	南威尔士大学 University of South Wales	91	物流采购和供应链管理	理学士（荣誉）	3

续表

序号	大学名称	QS 英国学排名	专业	学位	学制/年
10	格林尼治大 University of Greenwich	92	商业采购和供应链管理	文学士（荣誉）	3
11			商业物流和运输管理	文学士（荣誉）	3
12	蒂赛德大学 Teesside University	95	供应链管理	文学士（荣誉）	3
13	密德萨斯大学 Middlesex University	107	商业管理（供应链和物流）	文学士（荣誉）	3
14	博尔顿大学 University of Bolton	113	商业管理（供应链）	理学士（荣誉）	3

数据来源：完全大学指南，https://www.thecompleteuniversityguide.co.uk.

英国高校物流与供应链管理教育在国际上享有盛誉，各高校在长期办学过程中已经形成较为鲜明的办学特色，课程设置较为多样。具体来说，英国供应链管理专业主要包括商业与供应链管理和物流与供应链管理两大类，或两者兼而有之。其中，商业与供应链管理主要偏重商科教育特色，强调企业供应链管理理论知识和方法技能的学习，培养企业供应链管理领域的高级人才；而物流与供应链管理偏重工程教育，将供应链管理人才按照工程师培养模式进行重点培养，强调将物流运输与供应链管理相结合，学生不仅需要掌握供应链管理等方面的理论知识和实践技能，还要学习交通运输、物流管理等学科领域的知识理论和方法技能。

例如，阿斯顿大学物流与供应链管理项目要求学生第二学年要学习空运和海运、陆路运输等交通运输类课程，强调物流运输在供应链管理中的重要地位；当然，在整个课程体系中，领导力和人力资源管理、战略管理和财务等经济管理类核心课程和供应链管理课程依然在供应链管理专业课程体系中占据着主导性的地位，如供应链管理核心课程包括供应链管理导论、供应链中的当代问题、供应链规划、供应链规划的量化工具、国际供应链采购原则等。

此外，各高校也有着自己的人才培养特色。如阿斯顿大学等高校还安排专门的实习项目，将第三学年设为 EAS 学习实习年，安排学生到企业进行工作实习/学习实习，锻炼学生的实践工作能力，提前适应企业供应链管理岗位的工作需求；哈德斯菲尔德大学等高校十分重视学生跨文化适应能力的发展，通过开设多国语言课程和各种跨文化课程，培养学生在全球化时代的跨文化交往与适应能力，提高学生参与全球供应链管理与建设的国际化能力；英国伯明翰城市大学、密德萨斯大学、格林尼治大学等高校还十分重视创新创业教育，通过为学生提供专门的创业教育项目，以培养学生的创业意识和创业能力，帮助学生更好地适应未来社会的发展需求，提升学生可持续发展的创业能力。

极具特色的还有英国的学位学徒项目。根据英国政策，16 岁或以上、住在英国、不在全日制教育中的人员均可向各相关机构申请。作为学徒，正常工作时间时必须有 20%以上时间用于培训。学徒制利用政府资金，可用于提高现有员工（包括高级管理人员）的技能，并为企业吸引新人才，将高质量的教育与基于工作的学习和持续的专业发展相结合，高级学徒从 4 级到 7 级，相当于基础学位及以上，学位学徒可在 6 级和 7 级获得，相当于完整的学士和硕士学位。英国学位学徒等级界定如表 5-12 所示。

表 5-12　英国学位学徒等级界定

学徒等级	相当于同等学力
2	普通中等教育证书
3	一个等级
4，5，6 和 7	基础学历及以上
6 和 7	学士或硕士学位

二、典型案例

案例 1：阿斯顿大学供应链管理专业

阿斯顿大学是位于伯明翰市的公立综合性大学。该大学的历史可追溯到 1895 年，当时名为伯明翰市立技术学校。大学的综合排名虽不算高，但其商学院教学和研究水平在世界上享有盛誉，为三皇冠（AMBA、EQUIS 及 AACSB）认证的商学院之一，获评第十六届 THE Awards 2020 年英国杰出创业大学奖以及《卫报》2020 年度最佳大学奖（其最关键指标为教学质量、学生满意度和就业能力），彰显了该大学的办学特色和教育质量。值得一提的是，阿斯顿大学也是英国最早拥有学位学徒制毕业生的大学（2017 年）。开设的供应链专业相关的学位如表 5-13 所示。

表 5-13　阿斯顿大学供应链专业的学位授予情况

序号	学士学位名称	类型	学制
1	商业和供应链管理理学士	全日制（荣誉）	4 年
2	物流与供应链管理理学士	全日制（荣誉）	3 或 4 年
3	供应链管理（专业实践）学士学位学徒项目	基于工作的学位（荣誉）[Work-based degree（Hons）]	4 年

1. 商业和供应链管理专业

（1）专业目标

通过学习，使学生对供应链管理以及为确保公司能够满足客户需求而发生的一切事情有透彻的了解。探索采购、制造和物流等角色，以及学习管理全球供应链所需的规划、组织和资源管理，培养学生关键的就业技能，如与他人的良好沟通、数据分析和组织技能等。

（2）培养特色

该专业培养过程中注重将基本商业理论、实践与供应链专业知识相结合。通过与NOVUS 信托公司集团合作，让学生有机会加入 NOVUS 计划（提供专业指导、暑期工作经验、有保证的第三年带薪实习和超过 50%的毕业生就业机会）。

（3）课程设置

阿斯顿大学商业和供应链管理专业主要课程设置，如表 5-14 所示。

表 5-14　阿斯顿大学商业和供应链管理专业主要课程设置

第一学年	第二学年	第三学年	第四学年
基础：供应链管理概论、商业会计概论、组织行为概论、商业法、营销管理概论、商业经济学概论	核心：供应链定量工具、国际供应链的采购原则、运营和流程管理、设施和系统、陆路运输员工资源 选修以下之一：管理工程项目、空运和海运、业务运营卓越、企业系统	EAS 实习：在英国或国外的一个组织完成 20-48 周。每周至少工作 16 小时；可以在学校合作大学之一留学或者在企业工作	核心：供应链和采购战略、战略财务管理和财务、供应链规划最后一年的项目、领导力的理论和实践、供应链中的当代问题 选修以下之一：国际贸易法、绩效和效率分析、电子商务技术与实践、国际营销创新、新产品和服务开发

2. 物流与供应链管理专业

（1）专业目标

通过学习，了解供应链管理和物流为确保公司能够满足其客户的需求而做的努力。学会如何开发相关流程、有效工作的技术，以及实现最低成本、最高服务水平和更短周期时间等战略目标，学习使用物流业务中使用的软件工具和软件包，培养学生分析和设供应链的技能，课程设置侧重于应用，培养关键就业技能。

（2）培养特色

本专业将技术知识与管理、商业研究相结合，是英国为数不多的以工程为基础的物流学位之一。课程强调物流和供应链对世界的重要性，学生学习掌握合作伙伴或供应商合作、简化业务运营和增加国际市场准入的技能，该专业获得英国特许物流与运输协会（CILT）的认证，学生毕业后拥有额外的专业经验，且可获得特许研究会会员（FCILT）。

（3）课程设置

阿斯顿大学物流与供应链管理专业的主要课程设置，如表5-15所示。

表5-15 阿斯顿大学物流与供应链管理专业的主要课程设置

第一学年	第二学年	第三学年	第四学年
基础：供应链管理概论、运输和工程经济学、工程师法、商业管理概论、商业会计入门、设施和系统	核心：运营和流程管理、空运和海运陆运、供应链规划的量化工具、管理工程项目、服务营销、国际供应链采购原则	EAS（工程与应用科学）实习：在英国或国外的一个组织完成20—48周。每周至少工作16小时。可以在学校合作大学之一留学或者在企业工作	核心：领导力和人力资源管理、国际贸易法、供应链和采购战略、战略管理和财务、供应链中的当代问题、供应链规划

3. 供应链管理专业实践（学士学位学徒项目）

（1）专业目标

学校学徒计划是与领先的行业专家合作设计的，并将由领先的供应链雇主合作提供，以支持高绩效的劳动力。学徒需要掌握供应链和物流管理的基本技能和理论知识，以及塑造强大的领导力和创新文化，学习如何变革、塑造和简化流程，在供应链世界中发挥作用，推动经济发展并为整个社会提供支持。

（2）培养特色

该专业培养属于英国学位学徒项目，在英国最佳学徒培养提供商50强名单中排名第一。该专业为6级学位，为有抱负的供应链专业人士提供实践和理论学习，包括在职人员和离校生，学徒可获得新知识、成功的网络和诀窍，以及正式的学位资格，并将免费学习、兼职，在供应链领域的核心单位获得实践经验，学生毕业后获得荣誉学位及4年以上的相关工作经验，且无须支付学费。

（3）课程设置

阿斯顿大学供应链管理学位学徒项目的课程开设，如表5-16所示。

表 5-16　阿斯顿大学供应链管理学位学徒项目主要课程设置

第一阶段	第二阶段	第三阶段
4 级课程，16 个月完成。此阶段旨在通过发展核心知识和技能以提高生产力，帮助学习者的工作变得更加高效。 课程：工作场所技能、仓储和运输操作、物流管理、财务管理	5 级课程，16 个月完成。这个阶段旨在扩展学科知识，学徒学习如何提高绩效并发展他们的领导和管理能力。 课程：供应链分析、全球供应链采购原则、发展管理能力、管理项目和绩效、发展领导能力	6 级课程，16 个月完成。学徒将探索供应链战略的应用，结合颠覆性技术和持续创新。第三阶段包括一个主要的工作项目。学徒有机会通过专注于组织中深入的供应链挑战或问题来扩展自己并展示他们的学习成果。需提交一份项目报告，为组织提供有价值的见解。 课程：技术与创新、战略供应链管理

案例 2：埃奇希尔大学供应链管理专业

埃奇希尔大学创办于 1885 年，起初是面向女性的非宗教教师培训学院。现在拥有近 10 000 名全日制学生，另有 3 000 名兼读本科课程的非全日制学生，以及近 5 000 名全日制和非全日制研究生。该学校于 2022 年被泰晤士报被评为年度现代大学，在卓越教学框架（TEF）中被评为金牌，在学生满意度方面名列西北地区前三名。

开设商业与物流供应链管理学士学位（荣誉）课程项目，学制 3 年。

（1）专业目标

通过学习，使学生认识到现代组织的竞争力取决于其供应链。让学生掌握业务运营所需知识，包括物流、全球供应链建模和国际贸易环境，学生获得与公共和私营部门组织的业务运营和物流管理相关的专业技能，同时使用相关软件和技术工具积累额外的专业知识，并学习商业运营规划和设计。

（2）培养特色

专业培养定位为创新学位，课程涵盖了商业和管理实践的基础知识，特别关注物流和供应链管理的挑战。该学位由英国特许物流与运输学院认可，因此可免除特许会员的教育要求（但须达到至少二等荣誉学位等级）。此外，学生还将获得全球认可的专业机构特许管理协会（CMI）的附属会员资格，时效至毕业后一年，还将获得 CMI 5 级管理和领导力证书。

（3）课程设置

埃奇希尔大学商业与物流供应链管理专业的课程开设如表 5-17 所示：

表 5-17　埃奇希尔大学商业与物流供应链管理主要课程设置

第一学年	第二学年	第三学年
基础：商业经济学、会计与统计概论、人与组织、运营管理、商业营销信息与组织。 可以选择学习一门语言：阿拉伯语、法语、德语、意大利语、普通话或西班牙语、语言 1	核心：商业研究方法、质量管理战略、采购物流与运输。 选择以下模块之一：就业能力研究、人力资源管理、项目管理、人员管理、国际商务、领导文化与变革、财务与绩效管理、语言 2	核心：战略管理、敏捷供应链和弹性、全球供应链建模。 选择以下模块之一：论文扩展业务项目、战略财务管理、展望未来：商业的下一个十年、商业战略和数字产品、全球物流与国际贸易、创业与创新、可持续性与商业、语言 3

案例 3：赫尔大学供应链管理专业

成立于 1927 年，最初为赫尔大学学院（University College Hull），1954 年 9 月 6 日获女皇授权委任状，成为英国第十四所有权颁发自己学位的综合性公立大学。赫尔大学商学院是全球前 2%的精英商学院，受到包括工商管理硕士协会（AMBA）和国际高等商学院协会（AACSB）等国际认证。商学院的教学基于真实生活情境，侧重于实践，也就是“真实商业学习（Authentic Business Learning）”，确保学生获得就业的知识、技能和大学支持。

赫尔作为英国的港口之一，有着成熟配套的港口综合体，蓬勃发展的食品和制造业。作为英国领先的物流和供应链网络学院——赫尔大学商学院，学生可以学习包括商业管理（荣誉）学士学位和供应链管理、尖端的物流和供应链管理硕士学位，以及该领域的博士学位等课程项目，并且所有课程均得到了英国皇家物流与运输协会（CILT）和英国皇家采购与供应协会（CIPS）的认可。

（1）专业目标

明确定义了物流和供应链管理专业的核心在于学习管理复杂的供应链，以及供应链上相互关联的利益相关者之间的关系。

（2）培养特色

专业培养特色体现在三个核心课程的学习中：一是供应链网络设计，以全球视角看待供应链，并认识到世界上大部分的贸易将在其旅程中的某个点通过一个港口（机场或海港）；二是供应链可持续发展与环境，分析制造和服务组织的最佳和最坏的做法，以探索有效的供应链管理如何对可持续发展产生至关重要的影响；三是供应链管理咨询项目，包括项目管理、供应链工具和技术（包括 SCOR 模型、过程映射、决策树的因果关系对接、SWOT 分析等）、供应链成本计算技术、供应链分团队合作、供应链绩效指标等。

（3）课程设置

赫尔大学物流和供应链管理专业的课程开设，整理如表 5-18 所示。

表 5-18　赫尔大学物流和供应链管理要课程设置

第一学年	第二学年	第三学年
基础：运营、供应链业务实践、当代组织的个人和专业技能、会计和金融、商业环境营销、世界经济	核心：采购和供应管理、供应链信息管理与大数据、社会责任与道德、行动研究项目 选修：信息管理与数据科学原理、可持续商业与创新、消费者和企业、买家行为、暑假班（在合作机构之一学习 3 周）、互联网、电子商务和新兴技术、可持续性管理系统和标准、整合营销、传播与品牌、语言（法语、德语、西班牙语、意大利语、日语或俄语）	核心：供应链网络设计、全球物流和港口管理、供应链可持续性、供应链咨询项目 以下选一：论文或研究项目、复杂系统的问题解决 以下选修：数字经济中的组织、商业项目管理、个人理财规划、暑假班（在合作机构之一学习 3 周）

第三节　德国高校供应链管理专业人才培养

德国向来有制造业立国的传统。在德国，供应链管理与物流管理两个术语意义相同，指对所有信息流和物流的整合规划与控制，是对任何企业成功都会产生重要影响的一个过程。①2021 年 6 月德国议院批准的《德国供应链尽职调查法》中对供应链也有明确定义“供应链涵盖企业用于制造产品或提供服务的所有投入，从原材料采购到将其交付给最终客户”。②

物流（或供应链）是德国最具专业性的核心领域之一，也是德国最吸引人才的领域之一，为德国经济、社会、生活各领域的突出业绩奠定了坚实基础，但由于物流的多样性和多面性，物流与其他领域的很多关联仍然处在公众视野之外。由此，德国高校物流学校（供应链）管理教育主要关注成本控制、能源节约以及对现有合作型供应链系统的重新评估等。③

一、开展情况和培养特色

根据德国大学校长联席会议（HRK）“大学指南（Hochschulkompass）”数据库截至 2021 年 1 月的统计数据，德国共有各类高校 390 所，由综合性大学（120 所，占比 31%）、应用

① 托马斯·维默尔，刘黎．供应链管理：杰出而专业的德国制造[J]．中国流通经济，2014, 28（04）：9-13.
② 周尚颐．德国议院批准《供应链尽职调查法》[J]．董事会，2021（06）：83.
③ 托马斯·维默尔，刘黎．供应链管理：杰出而专业的德国制造[J]．中国流通经济，2014, 28（04）：9-13.

科学大学（206 所，占比 53%）、音乐艺术类高校（57 所，占比 14%）、其他类型学校（7 所，占比 2%）组成，其重视应用型人才培养不言而喻。进一步搜索得出，涉及供应链管理课程的本科专业有 64 个，包括科隆大学等 61 所大学在诸如工业工程、国际物流、商业管理、工商管理、经济学等专业中教授供应链管理课程，但其中只有德国柏林 BBW 应用技术大学、德国德累斯顿国际大学、北莱茵威斯特法伦 SRH 应用技术大学共 3 所私立应用科学大学开设了名称包含“供应链管理”的专业。供应链管理专业开设情况，如表 5-19 所示。

表 5-19　德国高校供应链管理专业开设情况

大学	专业	学位	学习方式	学习年限	学分	专注领域	大学类型
柏林 BBW 应用技术大学（BBW Hochschule）	供应链管理	理学学士	全职/在职	36 个月	180	供应链管理，数字工业 4.0	私立应用科学大学
德累斯顿国际大学（DIU-Dresden International University GmbH）	供应链管理	理学学士	全职	36 个月	180	供应链管理、采购管理、生产计划和控制、物流系统和内部物流	私立应用科学大学，德累斯顿工业大学的继续教育大学
威斯特法伦州 SRH 应用技术大学（SRH Hochschule in Nordrhein-Westfalen）	供应链管理	理学学士	全职	36 个月	180	供应链管理	私立应用科学大学

数据来源：德国大学指南针官网、各大学官网。

在培养特色方面，德国的供应链管理专业培养目标都强调关注工业 4.0 领域的发展和应用，基础课程中工业工程基础知识，专业课程中商业信息学、供应链管理特定知识和软技能以及大数据领域发展跨学科专业知识等学习是其特色。①

二、典型案例

案例 1：德国柏林 BWW 应用技术大学供应链管理专业

德国柏林 BBW 应用技术大学是德国著名的私立大学，创建于 2007 年，隶属于德国 BBW 教育集团，是由德国勃兰登堡商业协会和柏林应用科学大学共同合作成立的一所高等教育机构，旨在满足企业对高级应用管理人才的需求。目前学校下设经济学系、经济工程学系和工程学系共三个学系，其中供应链管理专业设置在“经济工程学系”之下，强调经济与工程专业的交叉融合，所以该校供应链管理专业课程中特别基础课程侧重于工业工

① 陈民伟，林宇虹．供应链人才应用型本科教育的探索与经验[J]．供应链管理，2021, 2（09）: 59-68.

程基础知识。

（1）专业目标

德国柏林 BBW 应用技术大学供应链管理专业致力于将工商管理知识和基本技术理解与特定学科和行业相关的内容相结合，涉及的行业职业领域相当广泛，旨在培养能够在制造公司、工业和软件公司以及运输和物流部门担任管理职位，拥有物流与供应链管理领域特殊的专业知识的工业工程师，将物流与供应链管理当作制造业管理和工业工程的重要组成部分，培养学生学习分析和控制动态流程和程序、执行质量控制、优化价值链中的流程、计算成本并为公司提高效率和盈利的能力。

（2）培养特色

德国柏林 BBW 应用技术大学供应链管理专业学制为三年或四年，其供应链管理专业课程主要包括基础课程和专业课程两大类。基础课程包括数学、经济管理、财务金融、商务英语、计算机等课程，旨在为学生将来学习专业课程提供良好的理论知识和技能方法准备；专业课程包括物流管理、电子商务、供应链管理、跨文化管理等专业基础课程，其中主要以物流与供应链管理类课程为主，包括交通运输、物流管理、全球供应链管理、PKM 实验室等，与物流供应链管理紧密相关。同时，专业还设置了两次实践实习，锻炼学生运用专业知识解决实际问题的能力，为学生今后的职业生涯做好就业准备。①

德国柏林 BBW 应用技术大学供应链管理专业课程教学均采用最新的教学方法和网络应用程序进行授课。由于学校教授和讲师主要来自商界和工业界，他们可以以特别实用的方式将他们的经验和网络融入教学中。此外，与专家实习、远足和客座讲座平行的讲座、案例研究和专家辩论也是课程的构成要素。除了面对面的课程外，所获得的专业知识还反映并应用于自学、小组工作和伴随学习（电子学习），学生不同的生活和专业背景被视为一种重要的财富。

（3）课程设置

德国柏林 BBW 应用技术大学供应链管理专业的课程开设，如表 5-20 所示。

① 德国柏林 BBW 应用技术大学. 供应链管理专业课程设置[EB/OL]. https://www.bbw-hochschule.de/studium/studiengaenge/bachelor/logistik-und-supply-chain-management. html，2021-12-15.

表 5-20　德国柏林 BBW 应用技术大学供应链管理专业课程设置

基础课程	专业课程	职业领域
科学方法和数字技能基础、商业数学、一般商业研究、外部会计和公司税收基础知识、成本和绩效会计、项目管理、商务法、金融、物理、IT 系统和 IT 管理基础、组织和人事管理、制造和装配技术、经济学基础、物料和信息流系统、生产计划和控制系统、技术英语、质量与环境管理、学生论文、实践阶段	交通运输、物流管理、全球供应链管理、电子商务、KM 系统实验室（流程链管理丨ARIS）、项目与资源控制：ERP 系统实验室、建筑/CAD 和产品设计、国际化管理和企业战略、跨文化管理/商业道德/多样性管理、学生论文、实用阶段学士论文和座谈会	项目和信息管理、技术经济工艺优化、生产开发和质量管理、过程的规划、评估和控制、概念的规划和实施、物流和供应链管理、机械工业、电气工程、航空和车辆技术、能源与环保技术、化学工程与制药、建造、控制、采购、经济建议、制造和生产、研究与开发

案例 2：德累斯顿国际大学（DIU）供应链管理专业

德累斯顿国际大学成立于 2003 年，是一所由德国“TU9 联盟”——德累斯顿工业大学和德国萨克森州前州长 Kurt Biedenkopf 教授倡导下成立的，该大学隶属于德累斯顿工业大学的直属学校。两校作为兄弟院校，以合作共赢为目的，以相互补充为宗旨，旨在为全球学生提供基于现代生活计划的学术教育，为学生进入全球就业市场做好职业准备。德累斯顿国际大学是德累斯顿工业大学“协同大学”未来计划中主要的合作伙伴，与德累斯顿工业大学共用经济、工程领域合作资源，共享国际教育科研网络。

（1）专业目标

该校供应链管理专业主要是以经济管理类课程为主，具有鲜明的商科教育特色。在强调学生掌握商务信息技术、定量数据处理分析能力的同时，着力通过经济管理类、供应链管理类等课程教学，强化培养学生战略管理思维和协同管理能力等企业供应链管理所必需的专业知识和核心能力。

（2）培养特色

供应链管理专业全日制学士课程为期三年，分六个学期举办讲座和练习，第六学期也为本科论文做准备。考试由两部分组成：第一部分包括学位课程模块 1 到 30（模块考试）的考试，共 170 个学分，涵盖 1980 个学时（不含实习）；第二部分包括准备学士论文，以及第六学期的答辩（座谈会），学生将获得 10 个学分，主要展示学生在指定时间内根据科学方法独立完成特定主题任务的能力。

供应链管理专业课程设置包括定量教育、工商管理和经济学、商业信息学、供应链管理特定知识和软技能等领域的知识和技能。

（3）课程设置

供应链管理专业全日制学士学位课程分为以下几个领域：定量模块、商业和经济模块、商业信息学相关模块、SCM 的重点模块，如表 5-21 所示。

表 5-21 德累斯顿国际大学供应链管理专业课程设置[①]

定量模块	商业和经济模块	商业信息学相关模块	SCM 的重点模块
分析、代数、描述性统计和统计推断、行动调查、大数据分析	运营和战略管理、营销、控制、投融资、组织和变革管理、人力资源管理、质量管理、项目和过程管理、知识和信息管理、国际经济关系、管理经济学	信息系统和电子商务、供应链数字化、使用 SAP 进行物流管理	基础知识和深入了解、单片机、采购管理、生产计划与控制、物流系统和内部物流

案例 3：德国威斯特法伦州 SRH 应用技术大学供应链管理专业

德国威斯特法伦州 SRH 应用技术大学创立于 2005 年，是由 SRH 基金会创办的一所私立应用科学大学，也是德国第一所开设物流本科专业的高校。目前学校拥有哈姆、勒沃库森和明斯特共三个校区，拥有专任教师 100 余人，在校生 750 余人，主要面向全球三十多个国家为学生提供物流管理、社会科学和心理学等学科领域的国际学位课程，力图为学生提供以能力为导向、高质量、高成功率的高等教育。

（1）专业目标

德国威斯特法伦州 SRH 应用技术大学供应链管理专业旨在通过供应链管理学士学位课程，让学生学习分析业务和 IT 流程以及供应链规划、控制和管理的新流程，培养学生在战略物流管理、供应链运营、国际管理、流程设计和管理以及大数据领域发展所需的跨学科专业知识，同时提高学生的个人技能。

该专业的学习目标是为供应链管理提供以实践为导向、以科学为基础的教育，使供应链管理专业学生未来有资格担任物流领域的专家或管理职位。学生毕业后，其潜在的职业机会包括在国内和国际制造或零售企业以及与物流相关的服务提供商等领域的工作。当然，除了在供应链管理专业领域开始职业生涯之外，还可以继续攻读物流与供应链管理领域的研究生学位，为继续深造求学做好准备。

（2）培养特色

在校学习期间，学生将获得重要的个人技能以及以流程为导向的全球价值创造链方法所需的特定学科专业知识，深入了解工业、贸易和物流服务公司的物流相关领域的管理方

① 德国德累斯顿国际大学. 供应链管理专业课程设置[EB/OL]. https://www.di-uni.de/studium-weiterbildung/supply-chain-management, 2021-12-15.

式、物流流程以及物流信息系统，掌握如何应用供应链管理降低成本，并在更短的时间内带来优化的结果并提高客户满意度的管理理论和技术方法。进一步来说，学生通过供应链管理学士学位课程的系统学习，可以从整体、专业和管理的角度了解物流，培养学生面向应用的实践能力。

学校特别注重实践环节的教学设计和实施。开展有项目研讨会、应用 ERP 系统、学术论文、实习等诸多实验教学和实习实践环节，旨在帮助学生尽快融入企业供应链管理的一线实践场景之中，了解企业供应链管理的工作流程和技术方法，掌握企业供应链管理所必需的专业理论知识，并将其转化为胜任企业供应链管理工作的职业技能，帮助企业降低企业经营竞争成本，提高企业供应链竞争力。值得一提的是，学生每个学期都要参加为期十四周的讲座和考试，并且在最后一个实践学期，学生需要在公司工作期间撰写学位论文，在这个实践阶段，学生可以与感兴趣的公司和潜在雇主建立个人联系，这被认为是学生迈向成功职业道路上的重要一步。

（3）课程设置

德国威斯特法伦州 SRH 应用技术大学供应链管理专业课程体系主要涵盖了经济管理、自然科学、计算机信息系统和物流供应链管理等几大核心领域，在团队领导、人事管理、运营和战略供应链管理及参与或执行职能方面为学生提供能够进行独立实践工作所需的专业知识，为学生毕业后独立从事企业供应链管理岗位工作提供充分的知识理论准备。具体设置如表 5-22 所示。

表 5-22　德国威斯特法伦州 SRH 应用技术大学供应链管理专业课程明细表①

第 1 学期	第 2 学期	第 3 学期	第 4 学期	第 5 学期	第 6 学期
自我管理、商务英语、商业研究导论（制定商业计划）、商业研究导论 II、数学、微观经济学、宏观经济学、统计、采购、生产管理、物流 2、数学二	市场销售、评价统计、投融资、成本与绩效会计、外部会计 I、数学三、科学工作和演示技巧、项目管理、质量管理、项目研讨会一	公共法、商业私法和商业法、危险品和物质、计算机科学导论、面向应用的数据处理、编程和 IT 项目、物理 I（力学）、个人与组织、控制、企业管理与规划	经济学中的定量方法、ERP 系统介绍、应用 ERP 系统、物理 II（EIMO）、物料流计算与模拟、内部物流技术、机器元件、人力资源管理、项目研讨会二	物流系统规划、产品控制、货物流控制、交通和处理系统、供应链战略、控制与自动化技术、订单拣选系统	实习、学士论文

① 德国威斯特法伦州 SRH 大学．供应链管理专业[EB/OL]. https://www.srh-hochschule-nrw.de/en/bachelor/supply-chain-management-bsc/, 2021-12-15.

第四节　欧美高校供应链管理专业人才培养的总体特征

近些年，随着欧美等国家供应链经济和供应链管理专业教育的快速发展，美、英、德等欧美高校供应链管理本科人才培养在其办学实践过程中已经积累了较为丰富的办学经验，形成较为鲜明的办学特色，其供应链管理专业特征突出表现在时代内涵的演化、地区产业的关联和大学学科的底蕴这三方面。①

一、时代内涵的演化

供应链管理是从物流管理进化而来。20 世纪 70 年代，欧美国家随着工业和政府对物流专业人才需求的不断增长，开始关注物流学的研究和应用；1982 年英国人基思・奥利弗和迈克尔・韦伯在一份白皮书中提到供应链管理的概念；到 90 年代初美国学术界才开始讨论供应链管理。②2005 年美国物流管理协会（Council of Logistics Manage-ment，CLM）正式更名为美国供应链管理专业协会（Council of Supply Chain Management Profession-als，CSCMP），标志着美国企业界正加速从物流管理向供应链管理转变，引领着全球物流与供应链管理的发展热潮，在全球物流与供应链管理发展史上具有重要的里程碑意义。

随着供应链管理理论与技术开始在全球范围内广泛传播，推动物流管理加速向供应链管理转变，促使供应链管理成为产业界学术界、的讨论和研究热门课题。可以说，供应链管理虽然是从物流管理进化而来，但却具有十分丰富的发展内涵，已经远远超出物流管理本身，成为企业经营管理的关键核心。

虽然如此，但供应链管理和物流管理却不是简单的非此即彼的替代关系，而是存在彼此之间相互交叉、紧密联系的包含关系；不同于物流管理关注企业生产制造和经营管理过程中的物流运输环节，供应链管理是站在促进企业长远发展，推动企业利益命运共同体建设的整体视角，不仅关注企业自身采购、生产、制造、销售等过程的运营管理，还要关注上下游企业关系、客户消费者等主体之间关系的运营管理，推动企业利益命运共同体的有效构建，实现企业共同价值和共同利益的长远发展。

二、地区产业的关联

从课程设置看，教学内容设计呈现地域性特征，美国各高校兼顾系统性训练和领域细

① 陈民伟，林宇虹．供应链人才应用型本科教育的探索与经验[J]．供应链管理，2021，2（09）：59-68．

② 何明珂．供应链管理的兴起：新动能、新特征与新学科[J]．北京工商大学学报（社会科学版），2020，35（03）：1-12

分培养，突出院校特色发展，全流程、全方位设计课程体系；英国学生偏好商科教育，供应链管理与商业、流通经济紧密结合，核心课程学习侧重运输和统计工具；德国聚焦生产制造领域，关注工业 4.0 发展与需求，供应链管理与物流管理的术语一致，两者相互结合在一起。

可见，由于不同国家或地区供应链经济发展阶段和供应链发展定位等方面的差异，各个国家高校供应链人才培养形成了自身较为鲜明的教育特色，从而更好地满足本国供应链产业链发展对高校供应链管理本科人才培养的现实需求。即便是同一个国家内部，不同区域、层次和类型高校由于办学历史、发展定位、区位资源条件、课程教学等方面的不同，也都形成了各具特色的供应链管理专业育人模式。作为应用型学科，供应链管理人才培养体现了高度的地域产业关联性，与地方产业链供应链经济发展形成紧密的联系。

三、大学学科的底蕴

学科知识供给能力与专业目标定位强相关。这一点在美国高校供应链管理学科专业上表现得特别明显。美国是个地方分权制国家，各州高校具有充分的办学自主权，高校学科建设的自主权较大，各高校的学科专业发展往往坚持自己学校的历史底蕴和办学特色。

同样是供应链管理专业项目，麻省理工学院工学强势，供应链管理课程组合侧重在制造业，适合工科背景或者是在制造业有工作经验的人学习；密歇根州立大学商科历史悠久，供应链管理课程项目则开设在商学院，侧重于提高企业竞争力和战略策划，适合文科背景和有企业管理工作经验的人学习，形成了各具特色的人才培养模式。但不管是哪一种人才培养模式，美、英、德等欧美发达国家的高校供应链管理专业都具有较强的市场适应性，办学机制较为灵活，育人特色较为突出，与市场需求结合较为紧密，能够及时地根据市场需求的变化来完善学校供应链管理本科人才培养模式，推动学校课程教学资源的开发建设。

总的来说，高校通过培养高素质、专业化的供应链管理专业人才来发挥其对区域乃至全球供应链经济发展的引领推动作用，从而充分地满足本国和全球供应链经济发展对高校供应链管理专业本科人才培养的现实需求，提升国家供应链竞争的战略能力，为国家供应链竞争发展提供重要的人才和智力支持。

第六章

地方高校面向县域供应链管理人才培养的模式构建

我国“现代物流”概念及管理思想是在 1978 年改革开放后引入并逐步发展起来的。以政府大力推动为特征，积极借鉴美国、德国、日本等发达国家的物流发展成功经验，在商业模式创新和技术进步的“双轮”驱动下，我国的物流与供应链经济不断发展壮大，无论是市场规模，还是技术与管理方面均开始领跑世界。梳理 40 多年的发展历程，大致可分为 4 个发展阶段：仓储运输阶段、现代物流阶段、一体化供应链阶段和数字化供应链阶段。我国现代物流概念变迁，各阶段的时间节点和重要事件如图 6-1 所示：

如今，随着现代物流发展到智慧物流和供应链管理阶段，以物联网、大数据、云计算、人工智能和感知技术等为核心的新一代未来信息技术被广泛应用到人类社会生活的各个领域，人类社会发展也由此发生广泛而又深刻的变化，影响到经济社会发展的方方面面。同时，也推动供应链发展进入到与人工智能、大数据分析、物联网、云计算等深度融合的“智慧供应链”阶段。①在这一阶段，“智慧供应链”将会推动包括供应链、产业链、教育链、创新链等在内的各个领域、各个方面发生广泛而又深远的社会变革，使企业内部管理、企业关系管理、市场营销、商业模式、知识生产模式、人才培养模式等都发生了根本性的变化。面对新一轮科技革命对产业链供应链的深刻影响，如何将“智慧供应链”建设融合到“新商科”“新文科”背景下的供应链管理人才培养过程之中，推进地方高校供应链管理人才培养理念与模式的改革创新，深化高校产教融合和校企合作协同育人机制的改革创新，

① 刘伟华. 智慧供应链成价值重构的新纽带[EB/OL]. https://www.iyiou.com/analysis/2018120386760, 2018-12-03.

提升地方高校供应链管理人才培养的质量，更好地满足县域经济社会发展和乡村振兴对高校人才培养的新要求，已经成为当下重要命题之一。

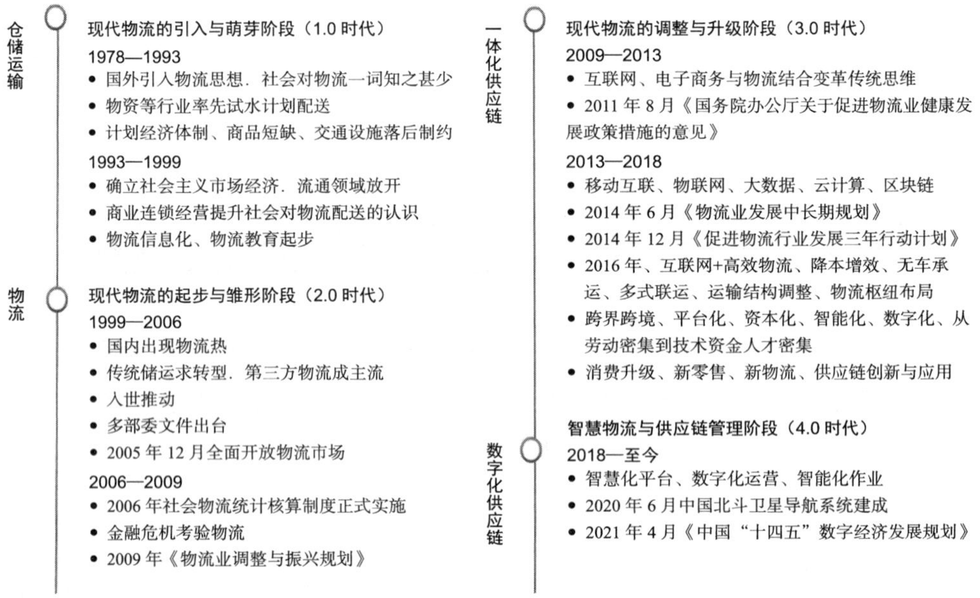

图 6-1　我国现代物流概念变迁示意图①

第一节　供应链管理的学科专业建设

一、完善学科专业设置，加强供应链管理一级学科建设

学科专业是高校人才培养的基本单元，明确供应链管理专业的学科专业归属，倡议设立物流与供应链管理一级交叉学科，对推进高校供应链管理本科人才培养具有重要的基础性作用。从目前来看，我国高校供应链管理本科人才培养被分散在管理科学与工程、物流管理与工程、工商管理等多个学科之下，需要依靠其他学科的支持来获得发展，缺乏独立自主的学科地位，如供应链管理专业在本科专业目录中被划分在物流管理与工程类专业之下；在研究生层次则被划分在管理科学与工程之下，还有的高校将其划分到工商管理等其他学科专业之下。

分散的学科专业设置，造成高校供应链管理学科专业身份的模糊不清，缺乏独立自主

① 厦门华厦学院．供应链时代，厦门华厦学院适时推进物流管理与工程类专业建设[EB/OL]. https://sg.hxxy.edu.cn/info/1018/4875.htm, 2020-03-17.

的学科合法性地位。无论是在学科规划建设还是学科发展过程中都要依附于其他学科的存在和发展，严重影响到高校供应链管理学科发展的自主性和独立性，也难以得到政府和高校等对供应链管理学科专业发展的政策和资源支持。同时，也造成高校供应链管理学科内部的学术人员缺乏对供应链管理这一新兴学科的合法性认同和身份归属，学科发展的向心力和凝聚力不足，不利于促进高校供应链管理学科学术共同体的形成和发展。

分散的学科设置方式加剧了政府和高校学科管理的难度和复杂性，以及相邻学科之间的资源争夺和相互矛盾冲突，更不利于高校供应链管理本科人才培养的有序开展，也妨碍高校供应链管理学科专业人才培养质量标准的统一制定和教育教学活动的正常开展，造成不同层次、不同类型高校供应链管理本科人才培养的相互割裂，无法切实保障不同层次、不同类型高校对供应链管理学科专业人才培养的质量标准，更无法有效满足供应链行业企业发展对人才的社会需求。

供应链管理学科在现有学科体系中没有独立的位置，因此，设立供应链管理学科势在必行，为此需要对相关国家标准和目录进行修订和完善。[①]就目前而言，我国高等教育亟须改革相对僵化的学科专业管理体制，加快修订高校学科专业目录，整合物流管理、物流工程等相关学科专业资源，优化高校供应链管理学科专业设置，规范物流与供应链管理学科专业命名，完善高校供应链管理学科专业体系，确立物流与供应链管理在学科专业目录和学科专业管理体系中的合法性地位。

具体来说，首先要加快推动高校本科专业目录和研究生学位授权点目录修订，如优化高校学科专业目录，将普通高校本科专业目录中的“物流管理与工程类”修改为“物流与供应链管理类”，[②]完善物流与供应链学科专业设置，或者直接在管理学门类之下增设“供应链管理类”，下设供应链金融、供应链管理等专业方向；与此同时，要加快修订《学位授予和人才培养学科目录》，建议在管理学门类之下增设“物流与供应链管理”为一级学科，同时增设“1257 供应链管理”专业学位，明确其在学位授予和人才培养中的独立地位；[③]必要时，可增设“供应链管理”为一级交叉学科，允许高校在供应链管理一级学科之下自主增设二级学科专业，加快推动高校供应链管理学科专业发展，完善高校供应链管理的学科专业体系。具体设置如表 6-1 所示。

---

① 何明珂. 供应链管理的兴起：新动能、新特征与新学科[J]. 北京工商大学学报（社会科学版）, 2020, 35（3）: 1-12.

② 陈民伟，林宇虹. 供应链人才应用型本科教育的探索与经验[J]. 供应链管理, 2021, 2（09）: 59-68.

③ 何明珂. 供应链管理的兴起：新动能、新特征与新学科[J]. 北京工商大学学报（社会科学版）, 2020, 35（3）: 1-12.

表 6-1　普通高校学科专业目录修订方案：增设物流与供应链管理

《普通高等学校本科专业目录》（2020 年版）	12 管理学 · 1201 管理科学与工程类 · 1202 工商管理类 · 1203 农业经济管理类 · 1204 公共管理类 · 1205 图书情报与档案管理类 · 1206 物流管理与工程类 · 1207 工业工程类 · 1208 电子商务类 · 1209 旅游管理类	12 管理学 · 1201 管理科学与工程类 · 1202 工商管理类 · 1203 农业经济管理类 · 1204 公共管理类 · 1205 图书情报与档案管理类 · 1206 物流与供应链管理类 · 1207 工业工程类 · 1208 电子商务类 · 1209 旅游管理类
《学位授予和人才培养学科目录》（2018 版）	12 管理学 1201 管理科学与工程（可授管理学、工学学位） 1202 工商管理 1203 农林经济管理 1204 公共管理	12 管理学 1201 管理科学与工程（可授管理学、工学学位） 1202 工商管理 1203 农林经济管理 1204 公共管理 1205 物流与供应链管理
	管理类 1251 工商管理 1252 公共管理 1253 会计 1254 旅游管理 1255 图书情报 1256 工程管理	管理类 1251 工商管理 1252 公共管理 1253 会计 1254 旅游管理 1255 图书情报 1256 工程管理 1257 物流与供应链管理

二、优化学科专业布局，扩充供应链管理专业布点和培养规模

要整合物流管理、采购管理、物流工程等相邻学科专业资源，加快推进高校供应链管理的学科专业布局，增加高校供应链管理专业在经济发达的中心城市或地区的学科专业布局数量，扩大高校供应链管理专业本科人才培养规模，提升高校供应链管理本科人才培养的规模效应。

目前我国大陆地区批准开设供应链管理专业的 55 家高校中，高校分布地区只覆盖 20 个省（自治区、直辖市），没有实现全国各省市自治区的全覆盖，尤其在经济欠发达的县域地区该类高校数量较少。因此，无论是高校层次还是覆盖面都有所不足，无法有效满足我国县域地区供应链经济发展对高校供应链管理人才培养的庞大需求。同时，在地方高校开设供应链管理专业只是满足我国供应链经济发展的迫切需要，是对外部教育需求的被迫反应，这还远远不够。[①]我国高校供应链管理本科人才培养尚未形成规模，研究生教育层面还没有设置独立的供应链管理专业，其人才培养被纳入管理科学与工程等其他学科之下，培养规模十分有限，还远远无法满足当前我国供应链教育发展和供应链经济发展对供应链管理本科专业人才培养的现实需求，这无疑都对当前我国高校供应链人才培养提出了迫切的改革要求，而学科专业建设是高校供应链管理本科人才培养的重要基础。

因而，整合物流管理、工商管理、管理科学工程等相关学科专业的资源，加快推动高校供应链管理的学科专业建设，优化高校供应链管理学科专业布局，对丰富高校供应链管理学科专业体系和推动高校供应链管理本科人才培养具有非常重要的作用。

第二节　供应链管理本科人才培养体系的建设

一、适应技术进步，培养数智时代的智慧供应链管理人才

技术的进步和应用推动了供应链不断升级，从原始供应链、初级供应链、整合供应链、协同供应链，到智慧供应链，不同阶段对应不同的驱动核心技术，呈现出不同的特征，如表 6-2 所示。

表 6-2　供应链不同发展阶段的主要特征[②]

发展阶段	主要特征	驱动核心
原始供应链	随机、分散，处于无意识的原始阶段	无意识状态
初级供应链（1.0 时代）	出现职能分工，各岗位人员各司其职，但是岗位之间缺乏有效沟通，单兵作战是最大特点，部门之间容易相互推诿责任	专业化的职能分工

① 何明珂. 供应链管理的兴起：新动能、新特征与新学科[J]. 北京工商大学学报（社会科学版）, 2020, 35（3）: 11-12.

② 供应链：从原始到智慧的升级之路[EB/OL]. https://www.sohu.com/a/219531793_610682,2018-01-29.

续表

发展阶段	主要特征	驱动核心
整合供应链（2.0 时代）	建立跨部门的流程（包括计划、采购、生产、交付、退货等五大流程），形成有效的协同机制，但企业与供应链上下游之间缺乏协同	跨部门的流程构建
协同供应链（3.0 时代）	企业与供应链上下游之间建立有效的协同机制，实现实物流、信息流和资金流在供应链上的顺畅流动	供应链领导力（三大目标：指明方向、协同统一和获得承诺）
智慧供应链（4.0 时代）	Digitization Visibility（数字化）、可视化（眼）、Sensibility 可感知（脑）、Adaptability 可调节（身）	新技术应用能力

随着数智化技术的飞速发展和智能装备的广泛应用，“数字化”和“智能化”已经变得更加密不可分。这种以数字化模型为基础，以智能终端设备为手段，以“数字化+智能化”为要素的新型发展模式正在快速发展，供应链行业产业发展进入到与互联网、物联网、人工智能等信息技术相融合的智慧供应链阶段。①因此，高校应主动应对，面向数智时代积极开展新的专业布局、已有专业升级迭代和教学内容充实更新等。

智慧供应链“是以互联网和大数据为依托，以增强客户价值为导向，通过协同、共享、创新的运作模式和人工智能等先进技术，实现产品设计、采购、生产、销售、服务等全过程高效协同的组织形态”。②不仅对包括供应链、产业链、教育链、创新链等在内的各个领域、各个方面产生了深远的影响，同时也对企业内部管理、企业关系管理、市场营销、商业模式、知识生产模式、学校人才培养模式等产生了深刻的影响。不同于以往的供应链，“智慧供应链”基于大数据支撑、信息化共享、智能化协作、网络化互联，具有数字化（Digitization）、可视化（Visibility）、可感知（Sensibility）和可调节（Adaptability）等诸多特征③，主张包容、开放、共享、透明的基本理念，特别是数字供应链技术的应用使未来的供应链更加数字化，不可避免地需要重塑供应链企业的人才画像、人才需求乃至组织架构。供应链企业急需要懂运营或懂业务的技术人才，或是了解技术基本原理的运营人才和业务人才。

全球物流与供应链行业最有影响力的组织——美国供应链管理专业协会（CSCMP，Council of Supply Chain Management Professionals）认为，新一代的数字供应链要基于先进的技术，比如说机器人自动化（RPA）、人工智能和物联网（IOT）等，将重复的手工任务

① 杨成延. “数智化”助力精益供应链构建与运营[J]. 物流技术与应用, 2019, 24（11）, 126-131.
② 刘伟华, 李波, 彭岩. 智慧物流与供应链管理[M]. 北京: 中国人民大学出版社, 2022.
③ 供应链: 从原始到智慧的升级之路[EB/OL]. https://www.sohu.com/a/219531793_610682, 2018-01-29.

转化为高度自动化的流程，也就进入了智慧供应链阶段。在企业供应链数字化转型中，非常强调管理者具备端到端的供应链管理思维能力，跨职能跨部门的协调能力以及数据的掌握与分析能力。只有当一家企业从头到尾地去组织和管理供应链中的所有合适的角色，数字化转型才有可能成功，并就此提出了新一代的智慧供应链组织结构图，也进一步对设计的部门进行了职能描述。[①]新一代的智慧供应链组织结构图如图 6-2 所示。

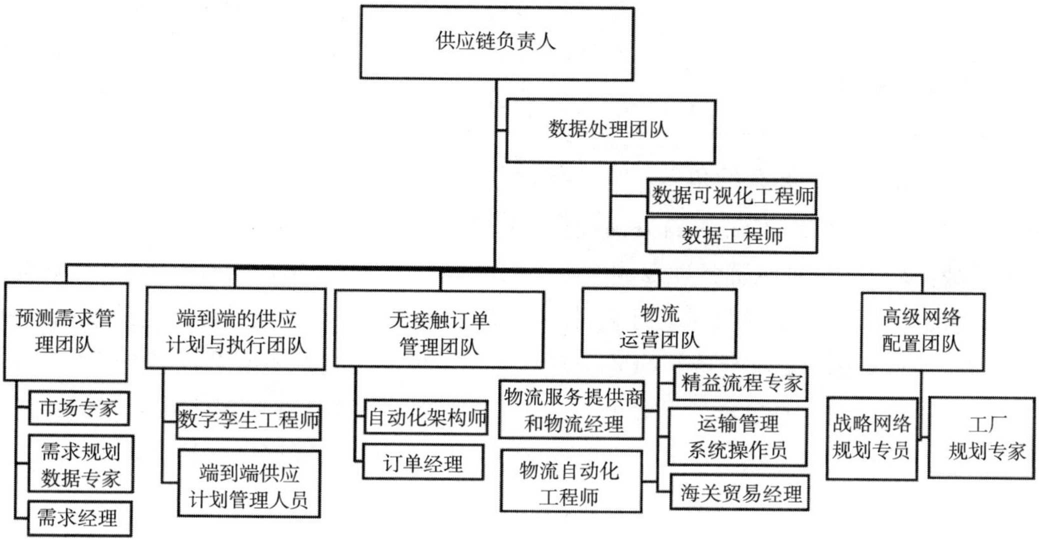

图 6-2 新一代的智慧供应链组织结构图

针对智慧供应链组织结构图，CSCMP 也对构成的团队的岗位描述和工作内容做了进一步的展望，如表 6-3 所示。

表 6-3 新一代的智慧供应链组织的部门及职能

序号	部门	岗位描述和工作内容
1	预测需求管理团队	将向供应链中的其他部门提供准确的需求信号，还需要人为干预创建需求计划和预测的异常情况。例如新产品的引入（NPI）或产品生命周期结束（EOL）
2	端到端（E2E）的供应计划与执行团队	将维护生产计划和调度模型，并采取行动解决任何发生的供应异常
3	无接触订单管理团队	将维护自动（或“无接触”）订单到发票的流程，同时管理任何异常情况的发生

① CSCMP, ToolsGroup. 数字化时代供应链企业的组织架构与人才管理[EB/OL]. http://www.cscmpchina.org/list/ ?20_1.html, 2022-02-25.

续表

序号	部门	岗位描述和工作内容
4	物流运营团队	将设计、运营和改进自动化（或半自动化）仓库，管理和执行各种操作任务。如物流经理、物流服务提供商（LSP）以及处理外部供应商
5	高级网络配置团队	将处理与网络设计相关的工作和任务，如决定新产品的生产足迹，针对关税和汇率波动来优化网络，定期进行供应链风险评估
6	数据处理团队	将提供专门的解决方案来进行数据分析和主数据管理。工作重点是确保数据的可用性和质量，这两者都是数字化供应链的先决条件

这些部门都包括一系列的角色，既包括结合人工智能和数据管理的技术岗位，也包括注重人际关系和管理的工作。这就为高校供应链管理本科人才培养带来了新视角，也带来巨大的挑战，要求高校供应链管理专业学生不仅要熟练掌握物联网、大数据分析、云计算、人工智能等新一代智能信息技术，还要能够熟练运用这些新技术进行供应链的规划分析、需求预测、数据挖掘、算法建模、风险管理和绩效管理等，同时还要求智慧供应链管理人才具有供应链管理的战略思维，熟悉供应链细分领域的管理知识和运作技能，掌握供应链管理的前沿理论与实践方法，推动企业供应链管理模式的创新发展。智慧供应链对供应链管理人才的专业知识提出了新的要求，如图 6-3 所示。

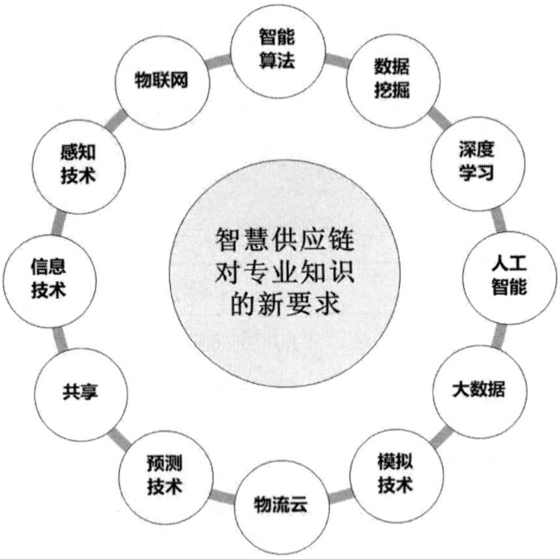

图 6-3 智慧供应链对专业知识的新要求

根据智慧供应链对供应链人才专业知识的要求，设计供应链管理专业人才专业能力的新要求，如表 6-4 所示。

表 6-4 智慧供应链对供应链管理专业人才专业能力的新要求

综合能力	数据业务化能力	智能优化分析能力	智能协同决策能力
具体细化能力	数据感知 数据分析 数据可视化 数据增值 ……	流程优化 库存优化 智能仓配 智能仿真 路径优化 模型优化 ……	供应链预测协同 供应链计划协同 供应链生产协同 物流设施协同 车货协同决策 供应链风险预警 ……

在数智化发展的新时代，数据业务化能力、智能优化分析能力、协同决策能力等将是供应链管理专业人才不可或缺的专业竞争力。数智实践技能只有在具备了数据业务化能力的基础上，才能对供应链端到端的业务和流程进行智能优化分析，才能运用供应链管理的前沿理论和实践方法及时发现、分析和创新性地解决供应链管理过程中遇到的诸多问题，最终全面提升对整条供应链的协同决策能力。因而，智慧供应链对供应链管理本科人才培养的素质要求主要体现在战略思维、国际化的专业视野、理解供应链的可持续性发展和社会责任、擅长谈判和协作等软技能、创新意识和创新精神等方面。①

因此，立足新时代，高校要紧密结合数智时代智慧供应链发展对高校供应链管理专业本科人才培养的时代需求，以智慧供应链管理岗位需求为目标导向，以数智化实践能力和创新能力素养为核心，创新高校供应链管理本科人才培养理念，优化高校供应链管理人才培养流程，重塑高校供应链管理本科人才培养体系，构建数智时代的智慧供应链人才培养新模式，面向未来培养能够满足数智时代智慧供应链岗位需求，具有高度的社会责任感和使命感，具备良好的科学文化素养和国际视野，具有扎实的管理理论基础，掌握系统的供应链管理理论与方法，具有较强的计算机、大数据分析、云计算等智能信息技术，能够运用这些数智技术开展供应链管理实践，能够及时发现和分析问题并提出创新性供应链优化方案，具备较强的创新精神、创业意识和创新创业能力，能够在智慧供应链管理岗位从事科学研究、管理实践等工作的复合型智慧供应链管理人才。

二、整合专业资源，构建多场域实践的人才培养体系

智慧供应链经济发展对人才培养提出了智慧型、创新型的现实要求。高校需要聚焦智慧供应链管理岗位的教育需求和复合型供应链管理人才培养的目标定位，以数智化供应链管理能力和创新创业能力素养为核心，整合政府部门、行业企业、高校等校内外各方资源

① 王晓艳. 美国高校供应链人才培养的借鉴与思考[J]. 应用型高等教育研究, 2018,3（04）: 90-95.

和力量，深化校企合作协同育人机制，加快推进“课、岗、证、赛、创”一体化，努力构建全员参与、全程贯通、全方位协同的智慧供应链管理育人体系，共建多元主体协同育人、协同发展的教育生态系统。

企业如厦门易木科技有限公司，以供应链相关教学培训软件（包括：供应链时代实战平台、供应链规划仿真平台、供应链金融实战平台）为基础，深耕产教融合，在供应链管理、采购管理、物流管理、物流工程、电子商务、工商管理、企业管理、市场营销等多个专业中，以核心课或选修课的方式开展实践教学，实现跨专业的知识互通，形成文理交叉的教学模式，把现代信息技术融入课程中，为学生提供综合性的跨学科学习，达到知识扩展和创新思维的培养，以需求导向，促进多学科交叉与深度融合，推动传统文科的更新升级；同时，公司携手知名行业协会、高校及企业，以“对接行业、提升教学、服务企业”为原则，举办全国供应链大赛，通过供应链运营实战、供应链规划实战以及供应链案例分析等赛项内容，培养学生严谨周密的思维方式、系统的思维能力和运营的全局观，提升团队合作和沟通协调等供应链管理层面的关键能力，实现“以赛促学、以赛促教”的核心理念，为在校师生和企业搭建一个交流与合作的平台。大赛过程中，各院校积极组织供应链管理、采购管理、物流管理、物流工程、电子商务、工商管理、企业管理、市场营销等专业的学生进行跨专业组队，促进了专业间的交流。值得一提的是，厦门华厦学院与易木科技有限公司、略胜供应链公司、荆艺物流软件公司等地处厦门（供应链创新与应用示范城市）的公司，共同发挥城市供应链创新发展的区位优势，开展深度校企合作，推进产教融合，打造物流与供应链人才培养理实一体化教学平台，努力创新“新文科”建设背景下“新商科”建设模式，如图 6-4 所示。

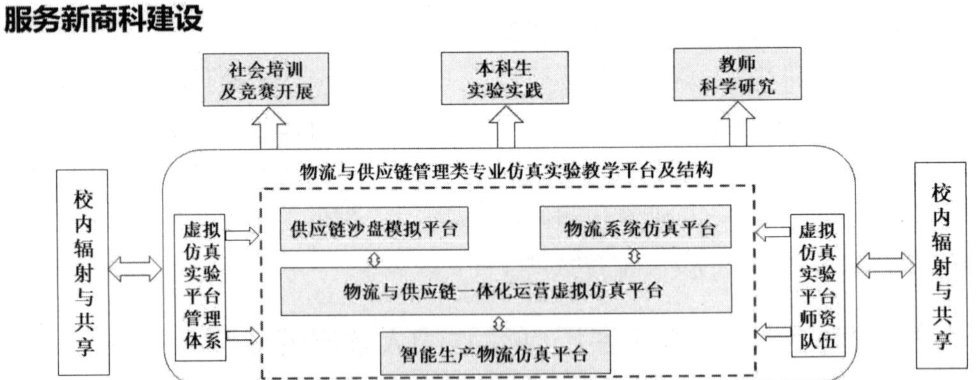

图 6-4　校企共建物流与供应链管理人才培养理实一体化平台

这些先行的高校和企业的创新实践为我国供应链人才培养提供了可借鉴的经验。为顺应数智时代智慧供应链管理对人才培养的新要求，我国高校还亟须全面整合政府、高校、行业企业等校内外优势教学资源，深化高校产教融合协同育人机制，完善高校供应链管理本科人才培养方案，优化课内课外教育教学与质量管理流程，加强供应链管理本科人才培养的过程管理和质量管理，优化专业课程教学体系，构建课内课外相协同、理论与实践相结合、“课、岗、赛、证、创”一体化的人才培养模式，充分发挥供应链行业企业等育人主体的重要作用，全面剖析企业供应链管理岗位的用人需求，将企业供应链管理岗位的胜任要求和职业供应链管理师的知识技能要求等有机地融入人才培养的过程之中，推动高校供应链管理专业“课、岗、赛、证、创”的一体化，加快形成高校课程、岗位实践、技能竞赛和职业技能证书等多元主体协同育人的基本格局。

同时，全面加强对供应链管理本科人才培养的过程管理和质量管理，充分发挥通识教育、专业教育和创新创业教育等的全面协同育人作用，促进高校供应链管理本科人才培养主体、时间和空间的有效协同，打造“政产学研社”协同育人的教育共同体，加快形成全方位育人、全过程育人和全员协同育人的教育新格局，更好地满足数智化时代智慧供应链管理对高校供应链管理专业复合型创新人才培养的现实要求。

三、重构知识体系，推进课岗赛证创、工学等一体化实践教学

数字化和智能化浪潮正在加速改造升级经济社会的方方面面，新一轮科技革命驱动大学教学范式的变革。[①]高校供应链管理本科人才培养必须紧密结合数智社会背景下智慧供应链管理岗位对学生能力素质的多元化、数智化发展的创新要求，面向智慧供应链管理岗位的复合型创新人才培养目标，贯彻落实以学生发展为中心、以数智化信息技术为基础、以智慧供应链运营管理能力为核心的数智化供应链人才培养理念，优化高校供应链管理本科人才培养方案，重构高校供应链管理专业知识体系。同时，校企合作开发教学资源，加大力度推进高校供应管理专业人才培养“课、岗、赛、证、创”一体化、“工学一体化”等实践教学，强化学生专业实践技能和创新创业能力的全面发展。

（一）高校：重构专业知识体系，推进“工学一体化”的实践教学

我国多数高校的供应链管理专业课程教学仍然停留在强调物流管理、注重部门管理的供应链管理阶段，课程教学“重理论、轻实践”，过于注重书本教材上的理论知识传授，忽视对学生供应链管理实践能力的培养，课程教学脱离企业供应链管理的实践情景，与企业供应链管理实践结合不够紧密，也没能及时反映企业供应链管理发展的新趋势和新需要，尤其是高校供应链管理专业课程教学普遍缺乏与企业供应链管理实践的紧密结合，缺乏面

① 史秋衡，张纯坤. 数智时代大学教学范式的革新：虚拟与现实的融合[J]. 高校教育管理，2022，16（03）：24-31，90.

向智慧供应链管理岗位对学生供应链管理的实践能力的训练、与供应链行业企业合作共同开发的特色实践课程，以至于在这种模式下培养出的学生既没有熟练掌握数智化背景下智慧供应链管理的数智化技术要求，也没有有效培养出学生供应链管理的战略思维、专业能力和创新素质，难以满足数智时代企业智慧供应链管理的用人需求。①

这些问题反映在目前高校供应链管理专业的课程设置上，表现为对智慧供应链管理实践教学模块缺乏足够的重视，课程教学偏重知识理论，实践教学环节时间安排不足，导致高校供应链管理专业学生实践实训经验不足，未能有效促成学生供应链管理实践技能的养成，也不能满足企业智慧供应链管理岗位的实践技能要求。更为紧迫的是，高校供应链智慧管理实践实训资源和系统平台严重不足，实践教学设计环节过于简单，与企业供应链管理实践相脱节，没有建立起与企业智慧供应链管理实践的有机结合、具备实际体验感的实践教学体系。当然，高校与企业也在行动，不断深化校企合作育人的探索实践，共同推进“课岗赛证创一体化”“工学一体化”等实践教学，重构专业课程体系。

例如，武汉学院以复合应用型人才培养和学生个性化发展为根本出发点，按照“底层共享、中层分立、高层互选、顶层综合”的原则，重构专业课程体系。其中，“底层共享”课程群由通识类和基础类课程构成，学科基础课在管理学院内打通，专业基础课在大类专业内打通，开设专业导航课程；“中层分立”课程群则设立供应链专业核心课程和专精性课程，专业选修课程设置不同方向课程模块，学生根据自身兴趣选择物流管理、供应链运营分析和京东特色班等不同的课程模块实现个性化发展，其中对于“京东特色班”则单独设置了选修模块，与京东共同打造具有特色的课程模块；“高层互选”课程群立足于提高人才培养的复合性，要求学生在任意选修模块内选择三门课程，实现跨专业人才培养；“顶层综合”则借鉴国外 Capstone 课程理念，与企业共同开发供应链运营实战课程，学生在专业老师和企业导师指导下自主完成项目，获得综合能力的训练。②

（二）企业：深化校企产教融合，共同开发校企实践教学资源

供应链管理是一门实践性、应用性很强的学科专业，高校牵手企业，借助企业实践经验和技术力量，更新教学内容，构建适应产业发展需求的专业知识体系，是有效破解供应链管理专业人才培养现实难题的重要手段。供应链企业的创新变革实践以及教育科技服务企业的人才培养解决方案为我们促进供应链管理专业人才培养问题的有效解决提供了另一个视角。

---

① 刘伟华，蔡幼馨．推进智慧供应链创新与应用的配套政策研究[J].供应链管理，2021, 2（07）: 5-15.

② 任莹莹，姚琪，范瑾，等．新文科背景下供应链管理专业建设思路[A]．第二十届全国高校物流专业教学研讨会暨物流与供应链产教融合创新发展高峰论坛会议手册，广西桂林，2021-07-30: 242-247.

1. 怡亚通：基于“供应链+科技”的产业供应链数字服务创新变革

1997 年创立，2007 年上市的怡亚通是以物流为基础，以供应链服务平台为载体，以产品运营和品牌运营为核心的整合型运营服务商，立志做“供应链改变中国先驱者”。

我国“十四五”规划将产业链与供应链深度“绑定”，产业供应链要围绕地方特色产业，以“补链、强链、延链”为着力点，通过构建数字化产业供应链，补充产业链缺失环节，形成产业链闭环、增强企业核心竞争力，提升产品附加值和促进产业链上下游中小企业深度融入供应链，帮助上下游中小企业完成产业转型升级，成为当前供应链行业企业关注的重点。

怡亚通在分析国内国际“双循环”发展格局下地方产业和企业存在的痛点（如图 6-5 所示）后，围绕产业发展的痛点难点问题积极开展和构建数字产业供应链的创新实践。

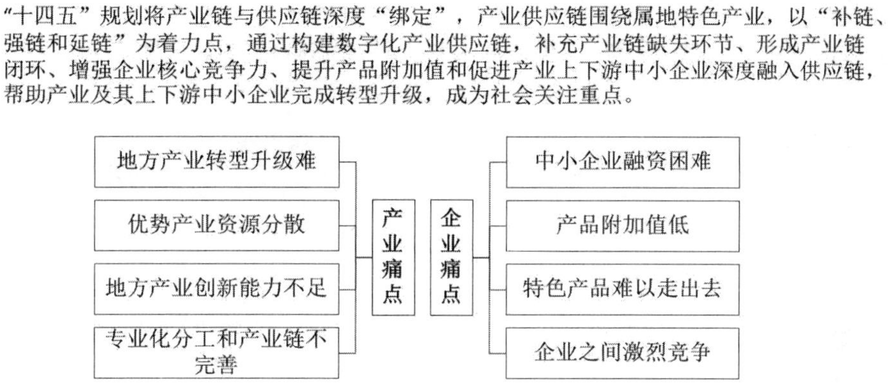

图 6-5　新发展格局下产业与企业的痛点

（1）创建数字产业供应链发展模式

为产业链上的原材料供应商、品牌商、制造商、下游渠道商、销售终端、大客户等提供采销执行、物流服务、数字化转型等供应链服务，实现产业供应链平台的资源对接、信息链接、渠道共享，致力于搭建全方位的产业供应链服务网络。

（2）全方位搭建企业数字化平台

以建立统一的流程、统一的数据、统一的系统为方向，构建了“一个怡亚通，一个体系，一个标准”的整合型数字化平台，将“业务＋管理＋运营”工作流聚焦于一个功能端口，构建数据协同的柔性供应链体系。

（3）打造融资平台助力产业发展

以“供应链＋”模式战略投资（控股）新兴产业、企业，孵化战略协同、资源共享、联合创新发展的企业集群，实现供应链平台和投资企业之间的相互促进。

（4）落实新时期数字化组织与人才体系建设

供应链数字服务创新变革不局限于商业模式创新与内部信息化系统应用，而是附加战略设计、管理构建、企业文化等方面的不断变革创新，促进企业健康、有序、稳定地发展。

2. 百蝶教育科技：创新智慧供应链人才培养解决方案

百蝶教育科技有限公司基于智慧供应链管理专业本科人才培养对专业理论与岗位实践相结合的现实需要，联合校内外行业企业专家等多方力量共同合作开发了“互联网+理实一体化”的智慧供应链人才培养解决方案。

该方案设计开发了一系列供应链管理的专业核心课程，以职业技能标准为设计原型，将职业技能标准有机地融入职业技能考试、课程教学、学科竞赛等过程之中，实现课程教学、职业技能证书与学科技能竞赛的一体化，促进高校供应链管理专业教育教学过程与行业企业生产过程的有机融合。供应链管理本科人才培养解决方案，如图 6-6 所示。

课程教学平台化

通过基于互联网的ITP一体化教学平台，实现教学过程、能力训练、评价考核、技能竞赛的一体化在线实施与管理。

教学载体场景化

利用三维虚拟仿真教学系统，构建真实的企业运营场景，使教学内容 和学习任务都与实际企业的职业岗位和工作流程紧密相关。

教学内容项目化

构建基于项目导向、任务驱动的教学内容体系，有利于强化学生职业能力培养，提升学生职业素质，提高课堂教学质量。

教学模式一体化

依托项目化的教学内容，能够实现作业任务方案设计与实施的一体化，有效解决理论与实践脱节的问题。

技能训练任务化

学生能够在作业方案设计和实施中逐步形成职业能力，做到学以致用，从而激发学生学习积极性、主动性和创造性，达到事半功倍的学习效果。

教学方法混合化

教无定法，老师根据自己需求与学生的接受程度进行选择与优化教学方法，通过ITP教学平台可支持线上线下混合式，MOOC,SPOC,线下理实加实验实训，工学结合项目化等。

图 6-6　百蝶教育科技供应链管理本科人才培养解决方案①

其中，“智慧供应链管理”课程以培养学生熟练掌握供应链运营管理工具、技术与方法为出发点，产品属性与供应链类型相匹配这一供应链管理的基本战略要求为主线，以制造商、分销商、零售商及物流商主导的供应链为切入点，从供应链的认知、供应链的构建、供应链的运营、供应链的协同与优化等视角对供应链运营管理进行了工作过程系统化的项目化教学探索。学生通过学习，能熟练掌握制造商主导的供应链运营管理、分销商主导的供应链运营管理、零售商主导的供应链运营管理、物流商主导的供应链运营管理、供应链

① 上海百蝶教育. 智慧供应链运营管理人才培养解决方案[EB/OL]. https://www.sohu.com/a/453719349_121038524,2021-03-03.

协同管理及供应链优化管理的方案设计制定与实践操作；并且可以通过方案设计、仿真实施等方法培养学生发现、分析和解决问题的能力；为学生今后进入供应链管理服务行业或相关企业从事供应链运营工作打下坚实的基础。①

（三）交叉融合与创新

基于国内外知名高校开展的供应链管理本科人才培养的有益经验，聚焦智慧供应链管理对高校供应链管理专业本科人才培养的新要求，结合我国高校供应链管理专业本科人才培养的实际情况，我国高校供应链管理专业课程体系建构应当充分吸取数智化时代背景下智慧供应链管理课程教学的“数智+”“文理工+”“供应链+”的学科交叉融合特点，大力推进供应链管理专业的新文科建设，按照专业教育、通识教育与创新创业教育相协同的教育教学理念，推进以“解决实践问题”为导向的学科交叉理念②。

要淡化学科中心主义的专业课程设置，打破学科专业之间的制度壁垒界限，逐步建立起文理工交叉融合、工学一体化的课程体系，不断强化供应链管理专业的学科交叉和实践问题导向，面向产业需求和行业实践共同开发设置基于项目问题的跨学科实践课程，增进高校供应链管理专业人才培养与智慧供应链管理实践之间的联系交流，让学生在项目实践的过程中培养问题意识和分析解决问题的实践能力，促进知识授受和实践技能训练的交织融合，推动学生智慧供应链管理能力和创新创业实践能力等方面的发展，满足学生职业发展的多元化和个性化发展需求，打造面向供应链行业产业发展需求，满足学生主体发展，兼具基础性、实践性与创新性的供应链管理专业课程体系，有效推动教育链、人才链、产业链与创新链的有机衔接。例如，高校供应链管理专业的课程教学，应当以培养学生发现问题、解决问题的能力为目标，提倡教师开展研讨式、问题驱动式、团队协作式等新型研究性教学方法，引进供应链管理决策模拟平台，大胆实施案例情境教学法、游戏实验教学法、项目竞赛教学法等教学方式，将企业供应链管理实践中的案例带入课堂，提高学生对供应链管理专业的学习兴趣，培养学生的学习主动性和创造能力。

而高校供应链管理专业的实践教学，应当多采用案例情境教学，引导学生进入企业供应链规划、运作与管理的实践情景，在实践情境中深化对供应链管理理论的认识理解，学习如何运用专业理论知识分析和解决供应链管理实践中的复杂问题，促进供应链管理理论知识与管理实践的创新；运用模拟仿真、虚拟现实等现代信息技术开展游戏实验教学，增强供应链专业课程的趣味性和实践性，培养学生对供应链管理专业的职业兴趣，通过仿真实验模拟企业供应链管理的各个环节、各个流程，培养学生理论联系实际、动手解决复杂问题的实践能力；鼓励教师采用项目竞赛教学，积极组织学生参加各类创新创业大赛、学

① 上海百蝶教育. 智慧供应链管理课程[EB/OL]. http://www.baidee.com.cn/product/60.html,2021-11-21

② 沈黎勇，齐书宇，费兰兰. 高校产教融合背景下人才培育困境化解：基于 MIT 工程人才培养模式研究[J].高等工程教育研究, 2021（06）: 146-151.

科竞赛、创新实践及科研训练项目，拓宽学校供应链管理专业的教育教学资源，激发和培养学生专业学习的浓厚兴趣，培养学生创新创业能力和专业实践能力，为学生未来职业发展奠定坚实的教育基础。①

四、创新组织模式，构建政产学研合作育人的教育共同体

高校教育教学组织是高校人才培养的重要载体，是高校组织开展教学科研活动的重要基础。目前我国高校供应链管理本科人才培养主要是以学科知识逻辑为主导，在学科专业院系的组织安排下，按照学科知识授受的内在逻辑来组织开展课程教学等人才培养活动，这种教育组织模式是为了适应以理论知识授受为主要教学目标的课程教学要求，具有较强的理论知识导向，已经难以适应新时期高校供应链管理专业发展和企业智慧供应链管理岗位对复合型创新人才培养的时代要求。

与之相对，数智化时代背景下的高校供应链管理本科人才培养对学生创新创业能力、专业实践能力等提出了更高的要求，尤其是强调学生数智化技术应用和智慧供应链管理实践能力的培养，这要求高校供应链管理本科人才培养必须变革教育教学模式，推动高校教育教学组织形式变革，大力开展以项目制教学为主要导向，以问题学习、项目实践为主要内容的教学组织形式，依托校企合作的资源优势，面向行业企业供应链管理的实践需求，政校企合作共同打造项目学习、实习实践的多元实践育人平台，政校企合作共同建设实验室、工作室、实践基地、仿真实验平台等多元形态的供应链专业育人平台，校企合作开发课程资源、项目研发、技术咨询、协作创新、教育培训等，让学生在项目学习的“做中学”中获得情景式、沉浸式的学习体验，帮助学生拉近与企业供应链管理实践的距离，为学生理论知识运用和解决实践问题提供良好的实践实习平台，让学生在项目学习和实习实践中获得真实的供应链学习体验，培养和锻炼学生的创新思维、专业技能和创新创业能力。

例如，厦门华厦学院面向供应链行业企业管理岗位用人需求，与政府、高校、企业等部门开展深度合作，汇聚政府、企业、学校等多方优质教育教学资源，采取“引企入校”“引校入企”等多种形式，政校企合作共建了福建省高校人文社科基地“现代供应链研究中心”、中国物流学会产学研基地。2022 年厦门市物流与供应链学会秘书处落设学校，旨在打造厦门市乃至福建省物流与供应链理论研究和实践的学术共同体。校企共同合作开发专业核心课程、教材案例编写、实践项目资源和搭建学科竞赛平台，将企业实践案例引入到课程教育等育人过程之中，开展平台开发、技术转化和咨询服务，形成以“校内实验+校外实习”为主体的实践机制，构建起面向产业需求、立足学生发展的供应链课程教学体系，学校还通过与中国物流生产力促进中心、厦门市物流协会、厦门易木科技有限公司合作举

① 陈刚，付江月. 物流与供应链管理本科课程教学模式改革探索[J]. 物流工程与管理，2020，42（02）：152-154.

办全国供应链大赛，合作研发全国供应链大赛竞赛平台，为学生校外技能实践和互动交流提供了重要的互动交流平台；同时，依托全国供应链大学等学科竞赛，进一步完善“课、岗、赛、训、证”相互融通的育人体系，健全高校供应链管理本科人才培养质量自我完善、持续改进的质量保障机制，创新“政校企”产教深度融合、多方协同育人机制，深入推进高校供应链管理本科人才培养质量。校企共建“现代物流与供应链产学研究中心”，如图 6-7 所示。

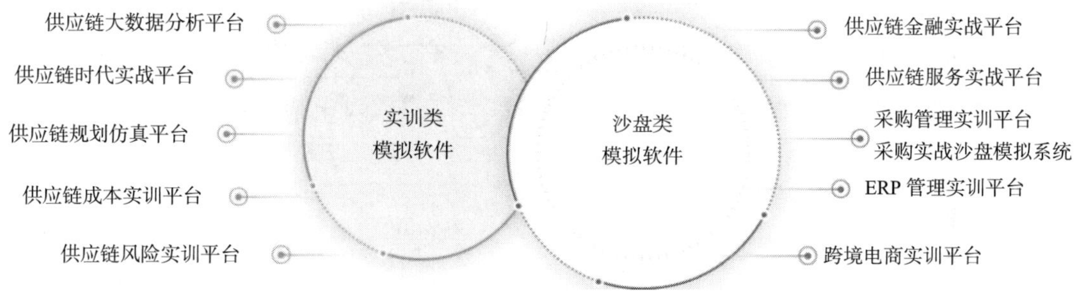

图 6-7　厦门华厦学院校企共建“现代物流与供应链产学研究中心”

近年来，为深化校企合作、产教融合，推进高校供应链教育组织创新，一些高校整合校内外优势资源，深化与供应链行业企业建立的战略合作关系，推动政校企共建产业学院，如海南三亚学院与传化智联共建传化供应链产业学院、江西工商职业技术学院与京东物流共建智能产业学院、浙江经济职业技术学院与浙江物产集团共建物产中大供应链产业学院等。这些产业学院，聚焦智慧供应链产业发展生态，面向智慧供应链服务的新需求，校企共建智慧供应链创新与应用研究中心，共同打造智慧供应链产教融合新平台，完善以产业学院或企业大学为核心的嵌入式校企合作机制，逐步构建起融“商流、物流、信息流、资金流”四流一体，全要素、一体化、集成式的供应链产业学院，将其打造为集技术研发、产教融合和技术转化等多功能于一体的创新服务平台，进一步拓展高校供应链创新人才培养、应用技术研发、职业技能服务、在职教育培训等功能，最大限度地提升供应链产业学院在人才培养、技术研发、员工培训、产能合作等方面的全面综合效应。

第三节　供应链管理专业认证与质量保障体系建设

一、完善评价体系，推进“1+X”证书制度试点工作

“1+X”证书制度是职业教育领域深化复合型技术技能人才培养改革的重要举措，要求

学生在接受学历教育、获得学历教育证书的同时，也要取得职业技能等级证书。此举旨在打破学校教学领域与职业工作领域的制度隔阂，促进学校专业教学标准和职业技能标准的有效衔接，保证学校人才培养和用人单位岗位技能需求的一致性，实现学校人才培养和劳动就业的有机统一。[①]职业教育领域“1+x”证书制度框架，如图 6-8 所示。

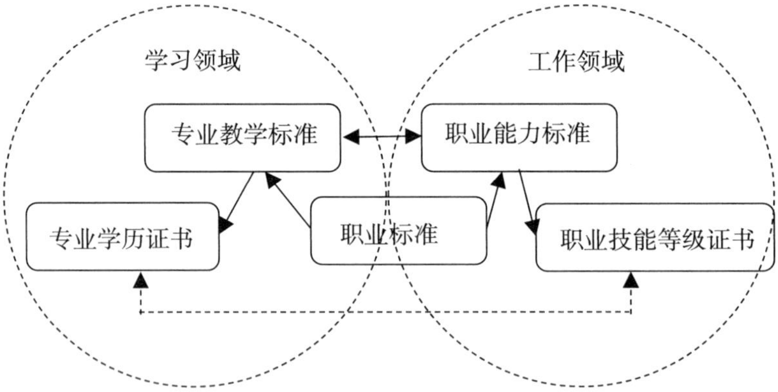

图 6-8　职业教育领域“1+x”证书制度

2019 年，国务院印发了《国家职业教育改革实施方案》，明确提出“启动 1+X 证书制度试点工作”。[②]随后，教育部、国家发改委、财政部和市场监管总局等多部门联合印发了《关于院校实施学历证书+若干职业技能登记证书制度试点方案》，明确提出从 2019 年开始，围绕国家经济社会发展需要、劳动力市场就业需求及学生就业能力提升，从 10 个左右领域推进 1+X 证书制度试点工作；结合 1+X 证书制度试点，探索建设“学分银行”，构建符合中国国情的国家学历资格框架，有序开展体现学历证书和职业技能等级证书的学习成果的认定、积累和转换，为专业技术和职业技能人才持续成长拓宽通道。[③]

截至目前，教育部已经连续发布了四批 130 余项“1+X”职业技能等级证书名单和标准，有力地推动了学历证书与职业技能等级证书的相互衔接，促进了高校人才培养模式和教育教学模式的改革创新，深化了产教融合协同育人机制，增强了高校人才培养与产业需求之间的契合度和吻合度，提高了高校人才培养对经济社会发展需求的适应度。与之相应，

① 刘朝晖．学分银行理念下高职院校“1+X”证书制度运行机制探索[J]．广东农工商职业技术学院学报，2020, 36（04）: 16-18.

② 国务院．关于印发《国家职业教育改革实施方案》的通知[EB/OL].http://www.gov.cn/zhengce/content/2019-02/13/content_5365341.htm, 2019-02-13.

③ 教育部等．院校实施学历证书+若干职业技能登记证书制度试点方案[EB/OL]. http://www.moe.gov.cn/jyb_xwfb/gzdt_gzdt/s5987/201904/t20190416_378206.html, 2019-04-16.

2020 年 2 月，“供应链管理师”作为新职业，正式纳入国家职业分类大典目录。[①]2020 年 11 月，国家人力资源和社会保障部正式颁布施行了《供应链管理师国家职业技能标准》，对供应链管理从业人员的职业活动内容进行规范、细致的描述，对各等级供应链管理从业者的理论知识水平和职业技能水平进行了明确规定，为供应链管理师职业教育培训、职业技能等级评价和就业服务等工作提供了重要的制度依据，详见表 6-5。

表 6-5 供应链管理师国家职业技能标准（2020 年版）[②]

职业技能等级	学历教育要求	职业技能要求
三级/高级工	取得高级技工学校、技师学院、高级职业学院或大专以上本专业或相关专业毕业证书，且具有职业四级/中级工职业资格证书（技能等级证书）	取得本职业或相关职业四级/中级工职业资格证书（技能等级证书）后，累计从事本职业或相关职业工作 5 年以上，或从事本职业或相关职业工作 4 年以上，经本职业高级工培训达到规定标准学时数，取得结业证书
二级/技师	大学本科以上学历，累计从事本职业或相关职业工作 3 年以上	取得本职业或相关职业三级/高级工职业资格证书（技能等级证书）后，累计从事本职业或相关职业工作 4 年以上，或从事本职业或相关职业工作 3 年以上，经本职业技师培训达到规定标准学时数，取得结业证书
一级/高级技师	硕士研究生及以上学历，累计本职业或相关职业工作 2 年以上	取得本职业或相关职业二级/技师职业资格证书（技能等级证书）后，累计从事本职业或相关职业工作 4 年以上，或从事本职业或相关职业工作 3 年以上，经本职业高级技师培训达到规定标准学时数，取得结业证书

从职业技能认证标准来看，供应链管理师职业技能等级主要划分为三级/高级工、二级/技师、一级/高级技师等三个等级，并从学历教育要求、职业技能要求、知识技能要求、评价鉴定方式等方面对不同等级技工做出了明确细致的规定，详见表 6-6。

① 人力资源和社会保障部．新职业：供应链管理师就业景气报告[EB/OL]. https://www.sohu.com/a/462795827_120834266, 2021-04-05.

② GZB4-02-06-05, 供应链管理师国家职业技能标准（2020 年版）[S].

表 6-6　国家供应链管理师职业技能标准：知识技能要求（2020 年版）[①]

项目 \ 技能等级		三级/高级工（%）	二级/技师（%）	一级/高级技师（%）
基本要求	职业道德	5	5	5
	基础知识	25	15	10
相关知识要求	战略管理	—	10	20
	计划管理	20	15	10
	采购管理	15	15	101
	生产管理	15	10	0
	物流管理	20	15	10
	创新管理	—	10	15
	培训指导	—	5	10
技能要求	战略管理	—	10	20
	计划管理	30	20	15
	采购管理	20	15	10
	生产管理	20	15	10
	物流管理	30	20	15
	创新管理	—	10	20
	培训指导	—	10	10
合计		100	100	100

高校供应链管理专业本科人才培养与国家供应链管理二级/技师相对应，要求从业人员需掌握战略管理、计划管理、采购管理、生产管理、物流管理和创新管理等方面的工作内容，对职业技能的要求较为广泛，涉及物流与供应链管理的方方面面，职业技能要求较高；与之相比，三级/高级工仅要求从业人员掌握计划管理、采购管理、生产管理和物流管理等方面的知识技能，强调知识技能的实用性与实操性，能够胜任初级岗位的工作要求，而一级/高级技师要求从业人员需掌握战略管理、计划管理、采购管理、生产管理、物流管理和创新管理等方面的工作内容，具备较强的战略管理和创新管理能力，要求从业人员具有硕士研究生以上学历。虽然高校供应链管理专业本科人才培养与国家供应链管理师的二级/技师相对应，但是从人才培养的角度来看，高校供应链管理人才培养应当为学生终身职业发展提供良好的教育基础，这意味着供应链管理专业学生毕业时不仅要达到二级/技师的职业技能要求，还要面向未来为学生职业发展和专业技能提升，实现从二级/技师向一级/高级

① GZB4-02-06-05, 供应链管理师国家职业技能标准（2020 年版）[S].

技师乃至更高级别的职业晋升打好坚实的教育基础。

表 6-7　国家供应链管理师工作内容要求（2020 年版）①

职业功能	三级/高级工工作内容	二级/技师工作内容	一级/高级技师工作内容
1.战略管理	——	1.1 供应链流程管理	1.1 供应链战略制定
		1.2 供应链规划布局	1.2 供应链风险管理
		1.3 供应链风险评估	1.3 供应链绩效管理体系制定
		1.4 供应链绩效管理	1.4 供应链质量管理体系制定
2.计划管理	2.1 需求预测处理	2.1 销售与运营计划（S&OP）实施	2.1 供应链协同计划制定
	2.2 客户订单分析	2.2 客户需求管理	2.2 销售与运营计划（S&OP）流程管理
	2.3 库存计划处理	2.3 库存计划管理	2.3 战略库存管理
3.采购管理	3.1 采购订单分析	3.1 供应商评估与选择	3.1 采购管理体系制定
	3.2 供应商管理	3.2 供应商开发	3.2 战略寻源策略制定
	——	3.3 采购合规管理	3.3 采购合规体系制定
4.生产管理	4.1 生产计划执行支持	4.1 产能规划与调控	4.1 生产策略制定
	4.2 物料控制	4.2 产品与服务生产流程管理	4.2 物料管理策略制定
	——	4.3 物料管理	4.3 产品与服务开发协同
5.物流管理	5.1 运输与配送运营	5.1 运输与配送管理	5.1 物流运营策略制定
	5.2 仓储运营	5.2 仓储管理	——
	5.3 逆向物流运营	5.3 逆向物流管理	5.3 逆向物流体系设计
	5.4 物流外包监控	5.4 物流业务外包策略实施	5.4 物流外包战略制定
6.创新管理	——	6.1 供应链创新服务	6.1 供应链创新管理
		6.2 供应链金融业务管理	6.2 供应链金融业务战略制定
		6.3 供应链数字化运营	6.3 供应链数字化战略制定
7.培训指导	——	7.1 业务培训	7.1 业务培训
		7.2 业务指导	7.2 业务指导

① GZB4-02-06-05，供应链管理师国家职业技能标准（2020 年版）[S].

表 6-8　国家供应链管理师二级/技师职业技能要求[①]

职业功能	工作内容	技能要求	相关知识要求
1. 战略管理	1.1 供应链流程管理	1.1.1 能制定供应链战略实施方案 1.1.2 能分解供应链管理目标 1.1.3 能设计供应链资源配置方案	1.1.1 供应链战略实施方案的制定方法 1.1.2 供应链管理目标的分解方法 1.1.3 供应链资源配置方案的设计方法
	1.2 供应链规划布局	1.2.1 能设计生产与服务设施选址方案 1.2.2 能设计生产与服务设施布局方案 1.2.3 能设计供应链网络	1.2.1 生产与服务设施选址方法 1.2.2 生产与服务设施布局方法 1.2.3 供应链网络设计方法
	1.3 供应链风险评估	1.3.1 能识别并评估供应链风险事件 1.3.2 能制定供应链风险控制方案	1.3.1 供应链风险事件识别与评估方法 1.3.2 供应链风险控制方法
	1.4 供应链绩效管理	1.4.1 能制定供应链绩效评估流程 1.4.2 能设计供应链绩效改进方案	1.4.1 供应链绩效评估的工具及方法 1.4.2 供应链绩效改进方法
2. 计划管理	2.1 销售与运营计划（S&OP）实施	2.1.1 能组织销售与运营计划（S&OP）会议 2.1.2 能跟踪销售与运营计划（S&OP）执行并采集数据	2.1.1 销售与运营计划（S&OP）会议实施流程 2.1.2 销售与运营计划（S&OP）数据采集与处理工具及方法
	2.2 客户需求管理	2.2.1 能设计客户需求预测流程 2.2.2 能编制客户需求分析报告 2.2.3 能编制客户需求计划	2.2.1 客户需求预测流程与设计方法 2.2.2 客户需求分析报告编制方法 2.2.3 需求计划编制方法
	2.3 库存计划管理	2.3.1 能设计供应链库存管理方案 2.3.2 能制定库存计划 2.3.3 能制定库存控制策略	2.3.1 供应链库存管理方法 2.3.2 库存计划编制方法 2.3.3 库存控制方法
3. 采购管理	3.1 供应商评估与选择	3.1.1 能制定供应商评估与选择策略 3.1.2 能执行供应商合同管理策略	3.1.1 供应商选择工具及方法 3.1.2 供应商合同管理方法
	3.2 供应商开发	3.2.1 能制定供应商开发流程 3.2.2 能对供应商进行认证与分级	3.2.1 供应商开发的工具及方法 3.2.2 供应商关系管理方法
	3.3 采购合规管理	3.3.1 能制定供应商行为准则 3.3.2 能制定供应商合规性评价规范	3.3.1 供应商行为准则制定方法 3.3.2 供应商合规性评价方法

① GZB4-02-06-05，供应链管理师国家职业技能标准（2020 年版）[S].

续表

职业功能	工作内容	技能要求	相关知识要求
4. 生产管理	4.1 产能规划与调控	4.1.1 能计算和规划产能 4.1.2 能制定产能调控方案	4.1.1 产能计算和规划的工具及方法 4.1.2 产能调控方案制定方法
	4.2 产品与服务生产流程管理	4.2.1 能制定产品与服务生产流程 4.2.2 能设计产品与服务生产流程优化方案	4.2.1 产品与服务生产流程制定方法 4.2.2 产品与服务生产流程优化方法
	4.3 物料管理	4.3.1 能制定物料计划 4.3.2 能制定物料库存管理流程	4.3.1 物料计划制定方法 4.3.2 物料库存管理流程制定方法
5. 物流管理	5.1 运输与配送管理	5.1.1 能设计运输与配送运营方案 5.1.2 能设计运输与配送业务绩效考核方案	5.1.1 运输与配送运营方案设计方法 5.1.2 运输与配送业务绩效考核方法
	5.2 仓储管理	5.2.1 能制定仓储运营方案 5.2.2 能设计仓储业务绩效考核方案	5.2.1 仓储运营方案设计方法 5.2.2 仓储业务绩效考核方法
	5.3 逆向物流管理	5.3.1 能制定逆向物流运营方案 5.3.2 能设计逆向物流业务绩效考核方案	5.3.1 逆向物流运营方案制定方法 5.3.2 逆向物流业务绩效考核方法
	5.4 物流业务外包策略实施	5.4.1 能制定物流业务外包服务体系 5.4.2 能设计物流供应商管理和绩效考核方案	5.4.1 物流业务外包服务体系制定方法 5.4.2 物流供应商管理和绩效考核设计方法
6. 创新管理	6.1 供应链创新服务	6.1.1 能制定供应链创新方案 6.1.2 能编写供应链创新服务项目报告	6.1.1 供应链创新的工具及方法 6.1.2 供应链创新服务项目报告编写方法
	6.2 供应链金融业务管理	6.2.1 能编制供应链金融业务需求分析报告 6.2.2 能设计供应链金融业务优化方案	6.2.1 供应链金融需求分析方法 6.2.2 供应链金融业务优化方法
	6.3 供应链数字化运营	6.3.1 能制定供应链数字化运营实施方案 6.3.2 能制定供应链大数据、区块链等新技术应用方案	6.3.1 供应链数字化运营实施方案编制方法 6.3.2 供应链大数据、区块链等新技术应用方案制定方法

续表

职业功能	工作内容	技能要求	相关知识要求
7. 培训 指导	7.1 业务培训	7.1.1 能制定培训计划 7.1.2 能编制培训讲义 7.1.3 能对三级/高级工进行培训	7.1.1 培训计划编制要求 7.1.2 培训课程开发的技术与方法 7.1.3 培训组织与实施方法
	7.2 业务指导	7.2.1 能制定业务指导方案 7.2.2 能对三级/高级工进行业务指导	7.2.1 业务指导方案编制体例及要求 7.2.2 业务指导方法

虽然2020年国家已将供应链管理师职业技能认证列入国家“1+X”证书制度试点工作（第四批，供应链运营1+X证书），不过多数高校并没有将国家供应链管理师职业技能标准融入高校供应链管理本科人才培养过程之中，并将其作为高校供应链管理本科人才培养和教育质量评价的重要标准和参考依据。尤其是在满足高校人才培养和经济社会发展需求之间，国家供应链管理师职业技能标准作为供应链管理行业从业人员的基本规范和职业要求，理应在经济社会发展需求与高校人才培养之间扮演着重要的中介桥梁作用，成为联结高校人才培养和供应链行业企业岗位用人要求的重要纽带，从而起到促进高校产教融合、校企合作协同育人的重要作用，但是从目前来看，国家供应链管理师职业技能标准还没有充分发挥好这一中介桥梁作用，起到沟通联系社会需求的重要作用。

目前我国国家供应链管理师职业技能标准评价标准和评价体系尚不健全，虽然既有的国家供应链管理师职业技能标准已经对三级/高级工、二级/技师、一级/高级技师等从业人员的知识技能、学历要求等内容作出了明确具体的规定，为规范供应链管理师职业活动和提高供应链管理师职业技能水平提供了重要的参考依据，但是从现实来看，目前我国国家供应链管理师职业技能标准对知识技能的要求还较为笼统和模糊，还不能较好地反映数智化时代背景下供应链行业产业发展的最新趋势，无法满足新时期企业智慧供应链管理对供应链管理师从业人员知识技能的最新要求，而且也没有将教育培训与职业技能认证、职业发展等有机地结合在一起，为企业供应链管理师的职业发展提供良好的政策制度支持，更没有将其与国家供应链管理的试点创新与实践应用有机地结合在一起，构建起体系完善、层次分明的供应链管理职业技能培训与认证评价体系，为推动国家现代供应链行业产业发展提供有效的支持。

因而，借鉴我国职业教育领域推进高校学历证书+若干职业技能等级证书制度试点的宝贵经验，进一步完善供应链管理师职业技能认证评价体系，全面推进供应链管理师国家“1+X”证书制度试点工作，打通供应链管理师职业发展和高校供应链管理专业教育的制度阻隔，推动国家供应链管理师职业技能评价理念、体系和标准有机地融入高校供应链管理专业的人才培养过程之中，实现高校供应链管理专业教育和供应链管理师职业技能评价标准与评价体系的有机融合，从而满足国家供应链经济社会发展对高校供应链管理本科人才培养的有效需求。

与此同时，也要通过供应链管理师职业技能培训与评价体系对学校供应链管理专业本科人才培养质量进行评价反馈，发挥其对高校供应链管理本科人才培养质量的评价保障作用，促进高校供应链管理本科人才培养质量的持续改进。除此以外，还要充分发挥国家供应链管理师职业技能评价对高校供应链管理本科人才培养的先进引领作用，主动学习先进的教育教学和评价理念，推动高校不断深化供应链管理专业教育教学改革，提高高校供应链管理专业本科人才培养质量，从而为深化高校供应链管理本科人才培养的改革创新和完善供应链管理师职业成长渠道提供重要的制度和政策支持。

二、建立专业认证制度，完善供应链管理专业质量保障体系

高校教育教学质量保障是检视和促进高校专业人才培养质量的重要机制，是推动和实现高校供应链管理专业高质量发展的重要途径。目前我国高校已经建立起包括自我评估、院校评估、教学状态数据库常态监测、专业认证和国际评估等在内的“五位一体”的高校教学质量保障体系①，但是高校供应链管理专业作为一门新兴的学科专业，其教学质量保障体系还处于起步阶段，校内外专业教学质量保障体系尚不健全，质量保障机制尚不完善，高校供应链管理专业教学质量保障标准还处于编制起草阶段，专业教学质量保障标准尚不明晰，专业教学质量保障成效尚未充分显现，还没有起到促进高校供应链管理本科人才培养改善提升的重要作用。

在专业认证方面，目前我国供应链管理领域的专业认证项目仅有中物联旗下的采购与供应链管理专业委员会于 2018 推出的供应链管理专家（SCMP）认证项目，如表 6-9 所示。

表 6-9　中国物流与采购联合会供应链管理专家认证（SCMP）②

认证等级	供应链管理专家 SCMP	助理供应链管理专家 ASCMP
项目描述	该等级认证主要针对具有一定经验的供应链管理人员开展，着重提高供应链管理人员的管理和领导技能，提高其职业能力	该项目为入门级供应链管理资格认证，主要针对初进入供应管理领域的人员展开，着重提高供应管理人员的运作技能

① 吴岩. 高等教育公共治理与“五位一体”评估制度创新[J]. 中国高教研究，2014（12）：14-18.

② 国际供应链学习．“SCMP-供应链管理专家”职业水平认证[EB/OL].https://xw.qq.com/cmsid/20210311A0245X00,2020-12-22.

续表

认证等级	供应链管理专家 SCMP	助理供应链管理专家 ASCMP
考试科目	包含 4 个模块： （1）供应链管理运作 （2）供应链管理规划 （3）供应链管理环境 （4）供应链管理战略与领导力	包含 2 个模块： （1）供应链管理运作 （2）供应链管理规划
申请资质	（1）通过全部 4 个模块的考试	（1）通过全部 2 个模块的考试
	（2）并满足以下条件中的一项： a. 具有 3 年及以上全职物流、采购、运输、供应链等方面的工作经验 b. 拥有大学本科学历，全职从事物流、采购、运输、供应链等相关工作 1 年及以上	（2）满足以下条件中的一项： a. 具有 1 年以上全职物流、采购、运输、供应等方面的工作经验 b. 高校在读学生，所学专业为物流、采购、交通、供应链等相关专业

该项目是采购与供应链管理专业委员会联合众多国内的供应链管理专家自主研发的一套供应链管理知识体系，包含供应链管理运作、供应链管理规划、供应链管理环境和供应链管理战略与领导力等四大模块，侧重于提升供应链管理人员的领导技能和职业能力。该项目是中物联在开展 CPSM 培训和考试、认证的基础上，组织国内相关专家团队按国际性、专业化、本土化、分级设定、可持续更新的五大原则，耗时 4 年精心编制而成，其核心特点是兼具国际视野和本土特色、理论知识和实操案例，是目前国内供应链领域唯一成体系的、专业的供应链培训知识体系。①

与欧美等发达国家评估认证不同的是，SCMP 认证课程主要是为供应链管理专业人士量身打造，在知识结构上讲求循序渐进、环环相扣，并注重实践案例的分析讲解，即课程具有高端性、专业性及实战性。②对此，在一些地区的政府部门还将获得 SCMP 证书的专业人士视之为供应链管理专业的高端人才，如 2020 年 3 月《福建自贸试验区厦门片区促进供应链创新发展若干办法》第七条明确规定："支持引进培养供应链人才。对自贸片区企业新引进供应链高端人才，按照目前我市及片区人才奖励办法予以个税返还；对获得当年或上一年度 APICS CPIM、CSCP、CLTD、SCOR、ISM CPSM、中国物流与采购联合会 SCMP

① 国际供应链学习．"SCMP-供应链管理专家"职业水平认证[EB/OL].https://xw.qq.com/cmsid/20210311A0245X00，2020-12-22.

② 国际供应链学习．"SCMP-供应链管理专家"职业水平认证[EB/OL].https://xw.qq.com/cmsid/20210311A0245X00, 2020-12-22.

等任一种认证的供应链人才，给予 1.5 万元/人/证的一次性奖励。”[①]不过，与欧美等发达国家相比，该认证项目起步时间较晚，影响范围十分有限，含金量相对不足，尤其是在全球供应链管理领域的影响力还十分有限，并未得到西方国家高校和跨国企业的认同和支持。

反观西方国家，由于供应链管理最先在英美等西方发达国家兴起和发展，在这些国家已经拥有相对完善的教育培训网络和相对雄厚的专家人才资源，也已经建立起相对完善的供应链管理专业组织和评价认证体系（见表 6-10）。

表 6-10　国际物流（供应链管理）类协会简况

序号	国家	协会名称	发展情况
1	美国	美国供应链管理专业协会 Council of Supply Chain Management Professionals（CSCMP）	1963 美国实物配送协会 1985 美国物流管理协会 2005 美国供应链管理专业协会
2	美国	美国供应链管理协会 Association for Supply Chain Management（ASCM）	1957 美国生产与库存协会(APICS) 2005 美国运营管理协会 2018 美国供应链管理协会(ASCM)
3	美国	美国供应管理协会 Institute for Supply Management（ISM）	1915 全美采购代理协会（NAPA） 1968 国家采购协会管理公司 2002 美国供应管理协会（ISM）
4	英国	英国皇家物流与运输学会 Chartered Institute of logistics and Transport（CILT）	1919 英国皇家物流运输学会（ILT） 2014 国际物流与运输学会（CILT）
5	英国	英国皇家采购与供应学会 Chartered Institute of Purchasing and Supply（CIPS）	无

具体认证项目如美国营运管理协会（APICS）的计划和库存管理认证（CPIM），供应链管理师认证（CSCP），物流、运输和配送认证（CLTD）和美国供应管理协会（ISM）认证（CPSM，见表 6-11）；英国皇家的采购与供应认证（CIPS，见表 6-12）以及 CSCMP 的 SCPro 认证等。[②]

① 中国（福建）自由贸易试验区厦门片区管理委员会. 关于印发《福建自贸试验区厦门片区促进供应链创新发展若干办法》的通知[EB/OL].http://www.china-fjftz.gov.cn/article/index/aid/14602.html, 2020-04-14.

② 王晓艳. 美国高校供应链人才培养的借鉴与思考[J]. 应用型高等教育研究, 2018, 3（04）: 90-95.

表 6-11　欧美国家供应链管理领域的国际认证项目[①]

认证项目	项目内容
计划和库存管理认证（CPIM）	CPIM 是美国营运管理协会（APICS）的经典认证，侧重运营领域，也是供应链领域最为广泛的认证之一。从内容上讲，CPIM 认证包括五个模块：供应链管理基础、主计划和资源规划、详细计划和排程、运营实施与控制、战略资源管理，全方位阐述库存、生产计划和运营管理。CPIM 不要求认证者具备相关工作经历，有些美国大学也承认认证课程的学分。从某种意义上说，拥有该专业证书，代表你获得了世界权威机构 APICS 国际供应链及运营管理协会对其供应链管理专业能力的认同。
供应链专业人士认证（CSCP）	CSCP 是美国营运管理协会（APICS）推出的一个供应链管理专业人士专业资格认证。它已经成为供应链管理领域教育和认证的全球化标准。CSCP 认证拓展了 APICS 在运营领域的知识体系，跨越了企业内部的运营管理，涵盖了整个供应链上的端到端的所有层面：从供应商到制造企业，一直到最终客户。CSCP 含金量很高，相对抽象侧重战略层面，适合在各国大集团总部工作的专业人士。
物流、运输和配送认证（CLTD）	CLTD 是由美国营运管理协会（APICS）和该领域的专家们开发的认证项目，侧重物流领域，同时兼顾了供应链的其他两个领域的基础概念和重点原理及实践案例。该认证于 2016 年推出，所以它既吸收了其他知识模块中的优秀部分，又补齐了物流领域没有主导的专业认证的空档。而且因为是全新编纂，无论是统计数据还是案例都紧跟时代，对电商的商业模式和信息、分拨网络等也有详细的解读。
SCOR-P 认证项目	SCOR 职业资格（SCOR-P）是美国营运管理协会（APICS）在供应链管理领域的又一专业认证项目。SCOR-P 供应链运营参考模型被广泛地定义为供应链管理的全球化标准。企业可以使用 SCOR 模型来管理、改进和交流供应链管理的实践。SCOR 职业资格主要证明你是否掌握 SCOR 的知识并具有运用 SCOR 模型技术来衡量、管理以及改进供应链绩效的能力，具体内容包括建立评估供应链效益的标准、设计和管理全球化供应链、最大限度地提升供应链绩效。
CPSM 认证	CPSM 是美国供应管理协会（Institute for Supply Management，ISM）推出的专业认证项目。CPSM 认证侧重于采购领域，涉及多层次的供应管理角色，包括战略采购、物流管理、供应关系管理、供应来源多元化等。

① 供应链管理师．供应链管理专业证书：SCMP、CSCP、CPIM、CPSM 有什么区别？[EB/OL]. https://xw.qq. com/cmsid/20201111a07cp200?f=newdc，2021-12-08.

续表

认证项目	项目内容
CIPS 认证	英国皇家采购与供应协会（CIPS）及其认证项目 CIPS 始建于 1932 年，在采购与供应管理领域是世界知名的专业组织之一。CIPS 推出的认证项目共分为 6 个等级。获得不同等级的认证后可获得相应的证书，这些证书涵盖从最基础的采购与供应国际证书到顶级的采购与供应执行文凭，这一点更接近普通高等教育。因此。很多国外高校认可 CIPS 的等级认证，认为其代表全球采购与供应管理领域领先的职业标准，得到世界许多国家和地区官方职业认证当局的认可，同时也被众多跨国公司指定为其全球统一的、必须具备的采购与供应职业标准，而且与世界银行、联合国、欧盟、英国政府以及其他世界性专业组织都有深入合作，引领着全球采购变革，在全球范围内代表着采购和供应管理的最高职业标准。

表 6-12　英国皇家采购与供应协会 CIPS 认证项目

认证级别	部分教材
CIPS 一级 采购与供应运作基础证书	CIPS 采购与供应基础教程（合订本）
CIPS 二级 采购与供应运作证书	《采购与供应原理》 《采购与供应职能》 《采购与供应流程》 《采购与供应管理》 《采购与供应的利益相关者》
CIPS 三级 采购与供应运作高级证书	《采购与供应环境》 《采购与供应关系》 《采购与供应运作概论》 《采购与供应业务流程》 《物流运作基础》
CIPS 四级 采购与供应文凭	《采购与供应的组织环境》 《采购与供应中的合同与关系管理》 《供应源搜寻》 《采购与供应策略》 《采购与供应中的谈判与合同》

续表

认证级别	部分教材
CIPS 五级 采购与供应高级文凭	《采购与供应中的管理》 《供应链风险管理》 《提高供应链竞争力》 《采购与供应中的类别管理》 《供应链中的可持续性》 《供应链中的运作管理》
CIPS 六级 采购与供应专业文凭	《采购与供应中的领导力》 《企业战略》 《战略供应链管理》 《供应链环境》 《项目管理》 《采购与供应中的法务》

可以说，这些认证项目对明确供应链行业职业标准、规范供应链行业企业管理行为和引导供应链行业健康发展发挥了重要的促进作用，同时也对高校供应链管理专业本科人才培养起到了良好的引导作用，进一步完善了高校供应链管理本科人才培养和教育质量保障体系，促进了高校供应链管理专业本科人才培养模式和课程教育教学的改革创新，有效地提升了高校供应链管理专业本科人才培养对供应链行业产业发展需求的有效满足。

例如，中央财经大学供应链管理专业以 AACSB 商学国际教育认证为契机，按照 AACSB 的国际认证标准，对供应链管理本科人才培养、课程教学和质量保障等方面进行了全方位的深化改革，逐步建立起一套以专业知识、沟通能力、解决问题、创新思维和商业伦理为核心的供应链管理专业人才的知识能力框架，一套逻辑自洽、科学合理、系统完善的人才培养体系和一套高标准、严要求且具有商学特色的学习保障体系，有效地推动了学校供应链管理专业教育教学模式的改革创新，实现了以学生为中心的人才培养体系设计，完善了高校供应链管理专业教学质量保障体系，有效地保障了高校供应链管理本科人才培养的质量水准，切实提升了供应链管理专业学生的专业知识和创新能力，有效满足了供应链管理专业学生职业发展的个性化需求。

除中央财经大学外，许多高校也通过积极参与国际专业认证的方式，引入国际专业认证标准和课程教学资源，推进供应链管理的学科专业建设，完善供应链管理专业的教学质量保障体系，提升供应链管理专业建设的国际化水平。但目前我国多数开设供应链管理专业的本科高校还处于起步发展阶段，还没有广泛开展供应链管理专业的学科评估与专业认证活动，也没有建立起相对完善的教学质量保障体系，对高校供应链管理专业本科教学质量进行有效评估和监督。

因而，为满足高校供应链管理专业高质量发展的迫切需要，我国高校亟须建立相对完善的专业教学质量保障机制，借鉴供应链管理专业评估与国际认证的相关经验，建立具有中国特色、国际水准、实质等效的供应链管理专业认证与评价体系，明确供应链管理专业本科人才培养的质量标准和具体要求，健全供应链管理专业校内外教学质量评估与监督机制，通过开展自我评估和校外评估等多方面相结合的教育质量评估活动，及时诊断和发现高校供应链管理专业本科教育过程中的现实问题，推动高校供应链管理专业本科教育质量的持续改进。

同时，地方高校需要推动供应链管理专业的评估认证活动，鼓励有条件的高校开展国际认证，以评估认证为契机推动高校完善供应链管理专业人才培养和质量保障体系，加强高校供应链管理学科专业建设，充实高校供应链管理专业师资队伍、课程教学、实习实践等教育资源建设，搭建产教融合、科教融合、政校企合作育人的一体化组织平台，完善产教融合、校企合作协同育人机制，深化地方高校供应链管理专业课程教学改革创新，更好地满足数智化时代背景下县域经济社会发展和乡村智慧供应链产业对供应链管理人才的时代需求。

第七章

研究结论与展望

一、研究结论

在世界迎来大变局的新时代，全球经济政治格局也发生了大变化，我国县域经济社会发展和乡村振兴战略对供应链创新实践提出了新的要求，也对地方高校供应链管理人才培养提出了新的挑战，要求高校必须适应经济“双循环”发展、先进制造2025等社会背景下供应链行业企业创新发展对地方高校供应链管理人才培养的创新需求，培养能够胜任数智化时代背景下企业智慧供应链管理的创新型供应链管理人才，从而更好地满足国家供应链创新发展和乡村振兴战略对地方高校供应链管理人才培养的现实需求，为提升国家及县域地区供应链竞争力和实现供应链现代化建设提供重要的人才支持。

为此，我们需要全面深入了解新时代背景下国家供应链经济发展的实际情况及其对地方高校供应链管理专业人才的社会需求情况，明确国家经济社会发展及县域行业企业对高校供应链管理人才培养的具体需求，理清地方高校供应链管理人才培养的目标定位，明晰高校供应链管理人才培养的教育理念和实践模式，完善高校供应链管理人才培养体系，加快推进我国地方高校供应链管理学科专业发展，深化高校供应链管理人才培养体制机制，切实提升高校供应链管理人才培养质量，实现高校供应链管理专业高质量发展。具体来说，本研究从社会需求、现实考察、国际比较、实践困境和对策建议五个方面，对高校供应链管理人才培养展开了全面深入的研究。

（一）应时而动，顺势而为：供应链经济对供应链人才的旺盛需求

从社会需求来看，近年来随着国际经济政治格局的风云变幻、国家经济社会发展形势的快速变化和乡村振兴战略的实施，我国供应链经济发展在“双循环”“疫情防控”“中美贸易战”“供给侧结构性改革”等一系列经济社会政策的影响之下呈现出一系列新的发展变

化，诸如全球供应链经济发展在疫情防控等关键时期进入快速修复阶段，但外部经济社会发展的不确定性风险依然广泛地影响着供应链经济的发展，促使供应链经济发展更加注重风险管理、韧性建设，同时也更加凸显出政府在供应链经济发展中的主导作用愈来愈强。而全球供应链经济体系也正在重返区域性，供应链经济的区域化和本土化趋势正在加强，供应链经济发展目标也正从单纯的经济发展目标转向经济、环境和社会综合绩效的持续提升。尤其是随着我国政府提出 2030 年碳达峰、碳中和目标的顺利实现要求提高供应链的生态保护能力，加强绿色供应链的管理与建设，同时人工智能等新型信息技术的广泛运用也将推动产业链和供应链的数智化发展。

在这一背景下，国家经济社会发展对县域地区供应链发展提出了一系列新的要求和挑战，要求县域地区供应链在经济“双循环”和供给侧结构性改革等方面发挥其应有的作用，助推乡村产业发展，推进国家供应链产业链的创新发展，提升国家供应链产业链的国际竞争力。这对企业供应链管理和地方高校供应链人才培养提出了更高的要求和挑战，一方面要求企业顺应新时期全球产业制造业竞争和信息科技革命的发展趋势，深入推进供应链管理变革，提高行业企业的供应链竞争力；另一方面要求地方高校积极顺应新时期国家供应链经济发展对供应链专业人才培养的现实需求，面向供应链经济的创新发展和供应链企业的科学管理，培养具有国际视野、创新意识和创新精神、团队沟通与协作能力、战略思维、良好的职业规范和终身学习、可持续发展能力等高素质、复合型专业人才。

从针对企业供应链管理专业人才需求的调查结果来看，目前我国企业对高校供应链管理人才培养表现出较为旺盛的教育需求，多数企业已经设置了供应链管理的职业岗位，且对供应链管理专业从业人员的区域分布、学历教育背景、知识能力素质等提出了具体的要求，要求地方高校供应链人才培养不仅要注重学生对供应链管理、数理统计分析、信息技术、经济管理等方面的专业知识与专业技能的培养，还要注重培养学生团队沟通协作、创新意识与创新精神、终身学习、战略思维、国际化视野等方面的核心能力素质，从而更好地满足供应链行业企业对高校供应链管理专业人才培养的现实要求，改善企业供应链运营管理水平，提升企业核心竞争实力和整体效能。

（二）因需而生、方兴未艾：我国高校供应链管理专业的蓬勃发展

进入新时期，为顺应国家及地区供应链经济发展对高校供应链管理专业发展的现实需求，在中物联和教育部物流教指委的共同努力和积极推动下，我国政府从 2017 年开始在高校设置供应链管理专业，武汉学院由此成为全国第一所设立供应链管理专业的本科院校。此后，随着我国高校供应链管理专业布点数量不断增加，我国高校供应链管理专业呈现出蓬勃发展的态势。截止到 2021 年，大陆地区已经有 55 所高校获批设立“供应链管理”专业，主要分布在北京、重庆等 20 个省、市、自治区，其中公办高校 37 所、民办高校 17 所、中外合作办学 1 所。尤其是，随着国家“新文科”建设政策的推进实施，供应链管理专业

在国家“新文科”建设和“新商科”建设的政策指引下深入开展高校供应链管理专业新文科建设试点，不断加强供应链管理学科专业建设，深化高校供应链管理专业教育教学改革，创新高校供应链管理专业育人理念和实践模式，完善高校供应链管理专业校企合作协同育人机制，不断提高高校供应链管理人才培养质量，有力地推动了我国地方高校供应链管理学科专业的蓬勃发展。

从教育实践来看，我国地方高校供应链管理专业经过多年的建设和发展，已经积累了较为丰富的办学经验，形成了较为鲜明的办学特色，取得了较为显著的办学成果，对我国高校供应链管理学科专业的快速发展具有重要的促进意义。例如，我国地方高校供应链管理专业在理论与实践相结合、通识教育与专业教育相结合、多学科课程相结合的教育理念指引下，按照高校供应链管理人才培养的目标需求，逐步构建起以“通识教育课程——学科基础课程——专业教育课程——创新创业教育课程”等课程模块为主要内容的多元化课程体系，较好地满足了国家经济社会发展和供应链管理专业学生职业发展对供应链管理专业课程教学的基本需求。尤其是以武汉学院、合肥学院、厦门华厦学院等高校为代表的地方应用型高校大胆探索、锐意改革，已经在供应链管理人才培养方面形成了较为鲜明的办学特色，逐渐建构起各具特色的人才培养模式，有力地推动了我国地方高校供应链管理人才培养的改革发展，对我国其他高校供应链管理人才培养改革实践具有重要的示范意义。这些教育实践对推动我国地方高校供应链管理学科专业的蓬勃发展起到了重要的促进作用。

各高校还根据学校人才培养的具体特色开设了诸如自由选修课程、全人教育课程、素质拓展课程、跨学科选修课程、职业进阶模块课程等课程，为学生提供丰富的课程教学内容，以满足新时期经济社会发展和学生个性化发展对学校课程教学资源的多样化需求。本研究案例分析的几所高校发挥各自办学优势，供应链管理专业建设初具特色，列举如下：

武汉学院作为全国第一所开设供应链管理专业的本科高校，始终坚持“应用型、特色化、国际化”的办学定位，紧密结合国家和地方供应链经济发展对供应链专业人才培养的现实需求，坚持以培养适应现代供应链发展，以供应链管理、运营管理、采购管理理论与方法等为核心知识体系，具备跨职能、组织边界的协同管理能力，能在各类组织中从事供应链资源规划、协同运营管理及信息技术服务的复合型、应用型专门管理人才为目标。一方面，学校与京东集团签订战略合作协议，不断深化高校供应链管理专业建设，开设京东特色班，设置京东特色教学模块，合作开发供应链管理运营实战综合实践课程体系，建立企业教师流动站、合作编制专业特色教材等。另一方面，以复合应用型人才培养和学生个性化发展为出发点，不断深化供应链管理专业培养模式改革，构建“底层共享、中层分立、高层互选、顶层综合”的课程体系，搭建以专业认知、运营管理、京东智慧供应链管理和智慧供应链规划协同为核心的课程模块，形成“1+X”的供应链管理专业人才培养模式。

合肥学院作为我国中德合作共建应用型人才培养的示范高校，其供应链管理专业坚持以应用能力为导向，知识、能力、素质并重的应用型人才培养目标，旨在培养从事供应链系统规划与设计、供应链运营管理等工作的“高层次、应用型、国际化”的供应链管理人才，基于学生中心和产出导向的教育理念绘制了供应链管理专业人才培养的知识能力矩阵，搭建了“思想教育+通识教育+专业教育+创新创业教育”的模块化课程体系，强化课程教学与知识能力发展的有效支撑，为学生个性发展提供强有力的教育支持。

厦门华厦学院从企业需求侧出发，系统梳理了企业在供应链运营、管理、监控等层面相关岗位职责和能力需求，形成了应用型供应链管理专业面向的主要岗位群或技术领域，确定了高素质应用型人才培养的目标规格。同时，基于 OBE 人才培养理念和实践模式，不断深化产教融合和校企合作协同育人机制，优化应用型供应链管理专业的课程体系结构，完善课程体系和教材建设，逐步构建起“三位一体”的应用型供应链人才培养模式，即坚持企业需求为导向（紧盯企业岗位能力需求和未来发展趋势），优化教学供给为目标（引进科技力量助力理实一体化教学资源建设），参与大赛检验为手段（赛教相长、以赛促学，洞察并解决“教与学”的痛点难点）的“三位一体”的供应链人才培养模式，实现企业的“需求”、学校的“供给”和大赛的“校检”对供应链管理本科人才培养的有力支撑，全面保障供应链管理本科人才培养的标准和质量。

西安欧亚学院瞄准国家供应链行业应用与创新发展对供应链专业人才培养的现实需求，聚焦供应链数字化运营与管理，面向企业寻源经理、采购经理、ERP 咨询顾问、供应链工程师等供应链管理岗位，培养能够胜任供应链管理岗位需要的高素质、国际化、应用型专业人才。为此，西安欧亚学院借鉴国内外先进的教育理念与模式，逐步构建起课内课外相结合、通识教育与专业教育相结合、理论与实践相结合、国际教育与国内教育相协同的人才培养体系，确立起职业导向、校企合作、产教融合的应用型人才培养路径，形成全周期、个性化、多元化的学生学习路径，构建起产学研相融合、本研贯通一体化的体制机制，更好地满足供应链管理专业学生专业知识和职业技能发展的多方面需要。

总体来看，我国地方高校供应链管理专业能根据学校办学定位和专业人才培养目标，发挥各自优势开展供应链管理人才培养，初步建立起各具特色、定位明确、结构合理、质量效益较好的人才培养模式。但是对于全国大部分开设供应链管理专业的高校而言，供应链管理专业建设都还处于起步发展阶段，其供应链管理学科专业建设和人才培养面临着诸多的现实困境，还无法有效满足供应链产业发展和学生身心发展对供应链管理人才培养的现实需求，制约和妨碍着高校供应链管理学科专业和人才培养的高质量发展。

（三）新兴学科，问题隐忧：我国高校供应链人才培养面临的现实困境

近些年来，虽然我国高校供应链管理专业快速发展，但是供应链管理作为一门新兴的

学科专业，仍处于起步发展阶段，学科专业发展和教育教学理念还不成熟，尚未形成较为成熟的发展模式，加上受到高校内外部管理体制等方面因素的束缚，政府和高校对供应链管理专业教育教学资源投入依然不足，导致我国高校供应链管理本科人才培养在学科专业、目标发展、师资建设、课程教学、学科交叉、产教融合、资源保障、质量保障等方面面临着诸多的现实困境，严重制约着高校供应链管理专业的深入发展，造成高校供应链管理本科人才培养无法充分满足我国供应链产业行业发展对供应链管理人才培养的现实需要，无法有效支撑高校供应链管理专业学生知识能力素养的全面发展。具体来说，我国高校供应链管理专业人才培养主要面临着以下几个方面的问题。

1. 在学科专业方面，目前我国高校供应链管理专业横跨工商管理、物流管理与工程、管理科学与工程等多个学科而存在。学科设置较为分散，学科归属不够明晰，学科身份较为模糊，缺乏统一的供应链管理学科设置和独立自主的学科合法性地位，在高校学科专业竞争中处于相对劣势的地位，难以从政府和高校等手中获取足够的办学资源和政策支持，进一步限制了高校供应链管理学科专业的快速发展。

2. 在教育目标发展方面，各高校积极响应国家建设现代供应链、推进供应链创新应用的战略部署。各高校都能紧紧围绕供应链行业产业发展对供应链管理本科人才培养的社会需求，紧密结合学校自身的办学发展定位和学科专业发展的特色优势，积极瞄准供应链产业行业发展的细分需求，着力培养供应链行业企业发展所需的高素质、复合型、创新性的供应链管理专业人才。但是从目前来看，部分高校供应链管理专业发展目标定位不够清晰，办学特色不够凸显，与社会需求结合不紧密，专业布局不够合理，还难以充分满足区域供应链行业企业发展对高校供应链管理本科人才培养的目标需求。

3. 在师资建设方面，我国高校供应链管理专业的教师培养和师资积累依然不足。专业师资队伍建设依然存在着数量规模小、学历职称和年龄等比例结构不合理、高水平教师严重不足、校际资源差距悬殊等诸多问题，尤其是部分高校具有正高职称、博士学历的教师数量依然较少，甚至少数高校还面临着教师老龄化、兼职教师比例过高、青年教师不足等诸多难题，导致高校难以发挥高水平教师对供应链管理学科专业发展的引领带动作用，直接制约着高校供应链管理学科专业的快速发展，影响着高校供应链管理学科专业人才培养质量的快速提升。

4. 在课程教学方面，我国高校供应链管理专业课程体系建设的科学性有待加强。课程设置还有待规范，不同模块课程的结构比例还有待优化，实践教学环节还有待拓展，学校课程教学特色有待探索，供应链管理专业课程教学对供应链管理本科人才培养目标的有效支撑还有待加强，还不能很好地满足供应链行业产业发展和学生主体身心发展的多方面需要，与地方供应链行业产业发展需求、学生供应链管理的职业发展等结合不够紧密。

5. 在学科交叉方面，各高校都在不断推进文理工管等多学科之间的交叉融合。但从现实来看，多数高校供应链管理专业学科交叉与知识融合仍面临理念认识不足、师资经费匮乏、体制机制不全、资源整合困难等方面的障碍，制约着高校供应链管理专业学科交叉与知识融合的深度开展，影响着高校供应链管理专业交叉融合的实践成效，难以有效促进供应链管理专业学生学科交叉融合的思维与能力发展，无法充分满足现阶段我国供应链行业产业发展对供应链管理人才学科交叉能力的创新需求。

6. 在产教融合方面，深化政产学研、校企合作协同育人机制，是完善高校供应链管理本科人才培养体系、提高高校供应链管理本科人才培养质量的重要渠道。但是从现实来看，我国高校供应链管理学科专业在校企合作、产教融合过程中面临着理念、制度、资源、利益等一系列现实困境，导致我国高校供应链管理学科专业的产学合作进程受阻、校企双方参与产学合作的积极性不高、产教融合机制实践运行不畅、产教融合实践育人成效不高等，难以发挥校企双方产学合作育人的重要作用，影响高校供应链管理专业与供应链企业之间的协同育人成效。

7. 在资源筹措方面，高校办学经费资源是促进高校供应链管理本科人才培养的重要保障。但是从现实来看，由于区域环境的制约、办学条件的限制、资源配置的不足等因素影响，各高校供应链管理专业教学科研条件、办学经费资源等表现出较为明显的差异，这也在很大程度上影响了我国高校供应链管理学科专业的发展和高校供应链管理本科人才培养的质量水平。

8. 在质量保障方面，高校供应链管理专业作为一门新兴发展的学科专业，其教学质量保障体系还处于起步发展阶段。校内外专业教学质量保障体系还不健全，学校教学质量保障机制运行还不顺畅，专业教学质量保障标准也尚不明晰，学校供应链管理专业教学质量保障成效尚未充分显现，还没有很好地发挥出质量保障体系在高校供应链管理本科人才培养质量中的重要保障作用，导致高校供应链管理本科人才培养缺乏行之有效的质量保障举措，人才培养质量还无法较好地满足供应链行业企业发展的多样化需求。

（四）他山之石，可以攻玉：高校供应链人才培养的国际经验

纵观全球，美、英、德等国家供应链管理专业教育起步时间早，发展历史较为悠久，在长期的办学实践过程中已经形成较为完整的教育体系、较为鲜明的办学特色和较为丰富的办学经验，引领着全球高校供应链管理专业人才培养的发展潮流，对全球其他国家高校供应链管理专业人才培养具有重要的借鉴意义。

美国是全球供应链管理的重要发源地，是世界最早开展供应链人才培养的国家，也是全球供应链教育最为发达的国家。在美国，大部分高校在本科教育阶段并没有开设专门的供应链管理专业，但是通过在工商管理、管理科学等学科大类下，分设供应链运营管理等

细分方向，开设与供应链管理相关的课程，以一种选修课的形式来满足供应链经济社会发展对人才培养的多方面需要。因而，美国高校供应链管理本科人才培养更加强调学生的通识教育和供应链管理专业教育的基础性，注重通过通识教育来培养学生的通识能力和综合素养，强化供应链管理专业学生的商科教育基础，鼓励学生跨学科选修课程，为学生继续深造打下坚实的基础；在专业特色上，美国各高校兼顾系统性训练和领域细分培养，突出院校特色发展，全流程、全方位设计课程体系，在学科交叉融合创新上引领全球供应链管理理论创新和应用实践的发展。例如，卡内基梅隆大学的供应链管理侧重于工程制造人才培养，设有包括数学、经济学、数据科学、企业战略管理、组织运营管理、商务管理等多学科课程；而斯坦福大学的供应链管理则侧重于供应链系统规划与设计、供应链流程和网络的运营管理，强调运用博弈论、运筹学、计算机科学、数据科学、人工智能等新兴信息科技与现代管理方法推进供应链系统的设计、规划与运营管理等，培养学生设计和运营供应链复杂系统的能力，助力企业提升和改善供应链管理运营竞争力等等。

英国是世界上最早成立物流与运输组织的国家之一。其物流与运输组织是世界上最大的采购与供应专业组织，也是全球最领先的采购与供应链行业职业教育认证中心——CIPS注册采购与供应链经理认证，其体系完善、标准严格，注重实践技能的培养和评估，在国际上得到了世界各国政府和国际组织、上百所知名高校的广泛认可。英国单独开设本科供应链管理专业的高校数量较少，仅有 11 所高校提供 14 个供应链管理学士学位项目，其供应链管理专业主要划分为偏商科特色、以经济管理课程为主的商业与供应链管理和偏工科以物流运输管理为特色的物流与供应链管理，前者主要偏重商科教育特色，强调企业供应链管理理论知识和方法技能的学习，培养企业供应链管理领域的高级人才；后者偏重工程教育，将供应链管理人才按照工程师培养模式进行重点培养，强调将物流运输与供应链管理相结合，学生不仅需要掌握供应链管理等方面的理论知识和实践技能，还要学习交通运输、物流管理等学科领域的知识理论和方法技能。例如，阿斯顿大学物流与供应链管理项目要求学生第二学年要学习空运和海运、陆路运输等交通运输类课程，强调物流运输在供应链管理中的重要地位；同时，也非常注重领导力和人力资源管理、战略管理和财务等经济管理类核心课程和供应链管理导论、供应链中的当代问题、供应链规划、供应链规划的量化工具、国际供应链采购原则等供应链管理核心课程的系统学习。哈德斯菲尔德大学等高校十分重视学生跨文化适应能力的发展，通过开设多国语言课程和各种跨文化课程，培养学生在全球化时代的跨文化交往与适应能力，提高学生参与全球供应链管理与建设的国际化能力。英国伯明翰城市大学、密德萨斯大学、格林尼治大学等高校则十分重视创新创业教育，通过为学生提供专门的创业教育项目，培养学生的创业意识和创业能力，帮助学生更好地适应未来社会的发展需求，提升学生可持续发展的创业能力。

德国作为先进的制造业国家，关注工业 4.0 发展与应用，满足制造业产业发展对供应链管理的现实需求，将供应链管理与物流管理紧密地联系在一起，甚至将物流管理等同于供应链管理，其单独开设本科供应链管理专业的高校数量较少，仅有的几所高校供应链管理专业均聚焦生产制造领域。在课程设置上，不同模块课程设置有着较为鲜明的教学特色，如基础课程中强调工业工程基础知识，在专业课程中强调商业信息学、供应链管理特定知识和软技能以及大数据领域发展跨学科专业知识等。例如，德国 BBW 大学供应链管理专业设在“经济工程学系”之下，强调物流与供应链管理是制造业管理、工业工程的重要组成部分，注重经济与工程专业的交叉融合，重视培养学生学习分析、控制动态流程和程序、执行质量控制、优化价值链中的流程、计算成本并为公司提高效率和盈利的能力。德累斯顿国际大学（DIU）供应链管理专业具有鲜明的商科教育特色，在强调学生掌握商务信息技术、定量数据处理分析能力的同时，着力通过经济管理类、供应链管理类等课程教学，强化培养学生战略管理思维和协同管理能力等企业供应链管理所必需的专业知识和核心能力。北莱茵一威斯特法伦州 SRH 大学供应链管理专业重视为学生提供以实践为导向、以科学为基础的专业教育，旨在让学生学习分析业务和 IT 流程以及供应链规划、控制和管理的新流程，培养学生在战略物流管理、供应链运营、国际管理、流程设计和管理以及大数据领域发展所需的跨学科专业知识，掌握如何降低供应链管理成本，并在更短的时间内带来优化结果以提高客户满意度等管理理论和技术方法。与其他国家不同，德国高校物流（供应链）管理教育主要关注成本控制、能源节约以及对现有合作型供应链系统的重新评估等，与本国先进制造业产业发展形成了较为紧密地联系，较好地满足了本国制造业供应链发展和制造业企业供应链管理的现实需求。①

可见，无论是在满足本国经济社会发展需求还是满足供应链管理专业学生学习发展需求方面，欧美等发达国家都已经形成了较为成熟的人才培养模式，教育教学理念较为先进，课程教学资源较为丰富，与供应链产业企业发展形成了较为紧密的配合，有力地促进了本国供应链行业企业发展对供应链专业人才的教育需要。

（五）立足现实，面向未来：深化高校智慧供应链人才培养的改革创新

立足现实，面向未来，我国高校供应链管理本科人才培养应当聚焦新时代背景下智慧供应链经济发展对高校智慧供应链管理本科人才培养的时代需求，深化高校供应链管理本科人才培养理念和实践模式改革创新。具体来说，主要体现以下几个方面：

1. 在学科发展和专业布局方面，要整合物流管理、工商管理、管理科学工程等相关学科专业的资源，推进物流与供应链管理一级学科建设，完善高校学科专业目录管理体系，优化高校供应链管理学科专业布局，扩大高校供应链管理学科专业规模，增强高校供应链管理学科专业发展的自主性，完善高校供应链管理的学科专业体系，提升高校供应链管理

---

① 托马斯·维默尔，刘荔. 供应链管理：杰出而专业的德国制造[J]. 中国流通经济，2014, 28（04）: 9-13.

专业人才培养的质量效益。

2. 在教育教学理念方面，要聚焦数智时代背景下智慧供应链发展对高校智慧供应链人才培养的时代需求，以智慧供应链管理岗位需求为目标导向，以数智化实践能力和创新能力素养为核心，创新高校供应链管理本科人才培养理念，优化高校供应链管理人才培养流程，重塑高校供应链管理本科人才培养体系，构建数智时代的智慧供应链人才培养新模式，面向未来培养能够满足数智时代智慧供应链岗位需求，具有高度的社会责任感和使命感，具备良好的科学文化素养和国际视野，具有扎实的管理理论基础，掌握系统的供应链管理理论与方法，具有较强的计算机、大数据分析、云计算等智能信息技术，能够运用这些数智技术开展供应链管理实践，能够及时发现和分析问题并提出创新性供应链优化方案，具备较强的创新精神、创业意识和创新创业能力，能够在智慧供应链管理岗位从事科学研究、管理实践等工作的复合型智慧供应链管理人才。

3. 在人才培养体系构建方面，高校应当聚焦智慧供应链管理岗位的教育需求和复合型供应链管理人才培养的目标定位，以数智化供应链管理能力和创新创业能力素养为核心，加快推动高校供应链管理专业的新文科、新商科建设，整合政府部门、行业企业、高校等校内外各方资源和力量，深化校企合作、产教融合协同育人机制，加快推进“课、岗、证、赛、创”一体化，努力构建全员参与、全程贯通、全方位协同的智慧供应链管理育人体系，共建多元主体协同育人、协同发展的教育生态体系。

4. 在课程教学模式方面，紧密结合数智社会背景下智慧供应链管理岗位对学生能力素质的多元化、数智化发展的创新要求，大力推进高校供应管理专业人才培养“课、岗、赛、证、创”的一体化，强化学生专业实践技能和创新创业能力的全面发展。一方面，充分吸取数智化时代背景下智慧供应链管理课程教学的“数智+”“文理工+”“供应链+”的学科交叉融合特点，大力推进供应链管理专业的新文科建设，加快落实以“解决实践问题”为导向的学科交叉理念，建立起文理工交叉融合、工学一体化的课程体系，不断强化供应链管理专业的学科交叉和实践问题导向；另一方面，面向产业需求和行业实践共同开发设置基于项目问题的跨学科实践课程，增进高校供应链专业人才培养与智慧供应链管理实践之间的联系交流，在项目实践的过程中培养学生的问题意识和分析解决问题的实践能力，促进学生智慧供应链管理能力和创新创业实践能力等方面的发展；在课程教学方法方面，以培养学生发现问题、解决问题的能力为目标，鼓励教师开展研讨式、问题驱动式、团队协作式等新型研究性教学方法，引进供应链管理决策模拟平台，大胆实施案例情境教学法、游戏实验教学法、项目竞赛教学法等教学方法，将企业供应链管理实践中的案例带入课堂，提高学生对供应链管理专业的学习兴趣，培养学生的学习主动性和创造能力。

5. 在组织制度建设方面，推动高校教育教学组织形式变革，大力开展以项目制教学为主要导向，以问题学习、项目实践为主要内容的教学组织形式，依托校企合作的资源优势，面向行业企业供应链管理的实践需求，政校企合作共同打造项目学习、实习实践的多元实践育人平台，政校企合作共同建设实验室、工作室、实践基地、仿真实验平台等多元形态的供应链专业育人平台，校企合作开发课程资源、项目研发、技术咨询、协作创新、教育培训等，让学生在项目学习的“做中学”中获得情景式、沉浸式的学习体验，帮助供应链管理专业学生拉近与企业供应链管理实践的距离，为学生理论知识运用和解决实践问题提供良好的实践实习平台，让学生在项目学习和实习实践中获得真实的供应链学习体验，培养和锻炼学生的创新思维、专业技能和创新创业能力。

6. 在专业技能认证方面，借鉴职业教育领域推进高校学历证书+若干职业技能登记证书制度试点的改革经验，进一步完善供应链管理师职业技能认证评价体系，全面推进供应链管理师国家“1+X”证书制度试点工作，打通供应链管理师职业发展和高校供应链管理专业教育的制度隔阂，促进高校供应链管理专业教育和供应链管理师职业技能评价的有机融合，为深化高校供应链管理本科人才培养模式改革和完善供应链管理师职业成长渠道提供重要的人才和制度支持。

7. 在专业质量保障方面，借鉴高校供应链管理专业评估与国际认证的相关经验，完善高校供应链管理专业教学质量保障体系，建立具有中国特色、国际水准、实质等效的供应链管理专业认证与评价体系，健全高校供应链管理专业校内外教育教学质量评估与监督机制，通过开展自我评估、专业认证和校外同行评估等多方面相结合的教育质量评估活动，及时诊断和发现高校供应链管理专业本科教育过程中的现实问题，推动高校供应链管理专业本科教育质量的持续改进，实现高校供应链管理专业的高质量发展。

二、研究反思与展望

本研究聚焦新时代背景下供应链经济发展对高校供应链人才培养的现实需求，基于产业需求侧和教育供给侧的适应性分析视角，从社会需求、实践考察、现实问题、国际经验与改革发展五个方面对域内外国家高校供应链本科人才培养展开了深入研究，阐明了全球供应链经济发展对高校供应链管理专业人才培养的深刻影响，明晰了供应链行业企业对高校供应链管理本科人才培养的现实需求，分析了我国高校供应链管理本科人才培养的实践现状和发展困境，揭示了我国高校供应链本科人才培养面临着的诸多现实问题；同时，借鉴欧美等发达国家供应链发展的有关经验，对美、英、德等发达国家的高校供应链人才培养的实践现状和发展趋势进行了全面分析。在此基础上，聚焦数智化新时代背景下智慧供应链发展对高校供应链管理本科人才培养的时代需求，提出了高校供应链管理专业本科人才培养理念与实践改革创新的具体策略。

尽管如此，本研究仍存在着诸多不足，亟待后续研究进一步加强和完善对域内外国家高校供应链管理人才培养的相关研究，进一步丰富和完善高校供应链管理专业人才培养理论，以此来深入推动我国高校供应链管理本科人才培养的改革创新，促进高校供应链管理本科人才培养的高质量发展，为我国供应链经济高质量发展提供重要的智力和人才支持。具体如下所示。

第一，在研究内容上，本研究主要聚焦供应链管理专业本科人才培养的理念和实践问题，试图从理念上回答高校供应链管理专业培养什么样的人、怎么样培养人的基本问题，从实践上厘清高校供应链管理本科专业发展的历史、现状和未来。但是从现实来看，由于我国高校供应链管理学科专业尚处于起步发展阶段，高校供应链管理专业本科人才培养理念和实践模式还不成熟，尤其是在实践过程中，高校供应链管理专业本科人才培养面临着学科专业发展不够成熟、教育目标定位不够清晰、师资建设不足、课程教学不够创新、学科交叉不够深入、产教融合不够紧密、资源投入不足、质量保障不全等诸多方面的现实问题，这也造成本研究更多地局限于现实层面对高校供应链管理专业本科人才培养的实践问题展开分析，未能对高校供应链管理本科人才培养展开更为深入的理论探讨，未能实现高校供应链管理本科人才培养模式的理论创新，未能总结提炼出具有本土特色、创新意义的高校供应链管理专业本科人才培养理论。

第二，在国际比较方面，缺乏对域外国家高校供应链管理专业人才培养进行实地、多维度的调研考察。由于受疫情影响、调查困难等方面的原因，本研究未能对美、英、德等域外国家高校供应链管理本科人才培养实践展开全面、多维度地调查研究，仅限于通过网络渠道来获取相关的文献资料，未能深入到课程教学、产学合作、学科交叉等教育教学实践过程之中，未能更加全面深入地了解欧美国家高校供应链管理本科人才培养的教育理念与改革实践，这也是本研究未来亟须拓展和完善之处，需要进一步加强对欧美国家高校供应链管理专业本科人才培养理念和实践的深入认识，总结提炼欧美等发达国家供应链经济发展与供应链管理专业人才培养的最新理念、创新实践和发展举措，为我国高校深化供应链人才培养理念与改革创新提供重要的借鉴。

第三，在学科专业理解层面，对供应链经济发展认识还不够深刻。本研究基于数智化时代背景下企业智慧供应链管理对高校智慧供应链管理专业本科人才培养理念和实践模式进行了一定的探讨，但由于对企业供应链管理实践需求认识还不够全面深入，对供应链管理实践缺乏深刻认识，因而对企业供应链经济发展对高校供应链管理本科人才培养的现实需求缺乏足够深入的了解。面向未来，全面深入了解企业供应链管理实践的教育需求，满足新时期数智化时代国家供应链经济发展对高校供应链管理专业本科人才培养的创新需求，深化高校供应链人才培养与区域供应链经济发展之间的紧密联系，完善政府、企业和高校等多元主体共同参与、教育层次类型更加多样化的供应链人才培养体系，促进高校供应链管理等多学科专业的交叉融合，推动政产学研、校企合作协同育人机制，提高高校供应链管理本科人才培养的质量成效，仍然是本研究未来亟须加强和完善的地方。

综上所述，全球供应链产业链已经进入深度调整的关键时期，为顺应新形势背景下县域供应链经济创新发展和国家乡村振兴战略对高校供应链管理专业创新人才培养所提出的新要求和新挑战，我国地方高校唯有积极主动顺应新形势下高校供应链管理创新人才培养的时代要求，以智慧供应链管理岗位需求为目标导向，以数智化实践能力和创新能力素养为核心，不断深化高校供应链管理人才培养理念和实践模式的改革创新，深入推动高校“智慧供应链”建设融入“新商科”“新文科”背景下的供应链管理人才培养过程之中，推进地方高校供应链管理人才培养理念与模式的改革创新，深化地方高校产教融合和校企合作协同育人机制的改革创新，重塑地方高校供应链管理人才培养体系，加快构建数智时代的智慧供应链人才培养新模式，切实提升高校供应链管理人才培养质量，增强地方高校供应链人才培养与县域地区供应链产业行业经济发展之间的密切联系，才能更好地满足新时期县域地区供应链行业企业和供应链数智化发展对地方高校供应链管理人才培养的新要求，为县域现代供应链建设、乡村产业发展和供应链创新发展提供重要的人才和智力支持，切实提升国家供应链发展的战略竞争力，实现高校供应链管理学科专业和国家供应链经济的高质量发展。

附录 1

企业供应链管理人才需求情况调查问卷（企业端）

为更好地服务企事业单位对供应链管理人才的需求，我们特制定了此调查问卷。烦请您在百忙之中填写以下信息。

第 1 题　贵单位性质：　[单选题]

□国有单位　□民营单位　□外资单位　□合资单位　□其他

第 2 题　贵单位所在地：　[单选题]

第 3 题　贵单位所在行业：　[单选题]

第 4 题　贵单位现有规模（按在职员工计）　[单选题]

□50 人以下　□50~99 人　□100~499 人　□500~999 人　□1000~4999

□5000 人以上

第 5 题　贵单位现有规模（按注册资金计）　[单选题]

□1 亿以上　□5000 万至 1 亿　□1000 万至 5000 万　□500 万至 1000 万

□100 万至 500 万　□100 万以下

第 6 题　您目前在贵单位担任职位为　[单选题]

□高层管理职位　□人力资源管理职位　□财务与会计职位　□行政管理职位

□生产职位 □市场营销职位 □销售职位 □物流职位 □技术职位 □其他职位

第 7 题 您是否有从事过供应链管理相关的工作经历 [单选题]

□是 □否

第 8 题 请简要复述一下您具体从事的供应链管理工作或担任的具体工作职务 [填空题]

第 9 题 贵单位现有的供应链信息系统有 [多选题]

□订单管理系统 □库存管理系统 □运输管理系统 □配送管理系统

□货物跟踪管理系统 □客户关系管理系统 □仓库管理系统 □供应商管理系统

□ERP 系统 □供应链管理系统 □生产过程执行系统 □其他

第 10 题 目前贵单位所需供应链管理人才的主要层次为 [单选题]

□博士研究生 □硕士研究生 □本科生 □专科生 □其他 □无需求

第 11 题 贵单位目前所急需的与供应链相关的人才类型包括 [多选题]

□研究型 □管理型 □工程技术型 □技能型 □其他

第 12 题 您认为从事供应链管理工作应掌握下列哪些知识 [多选题]

□供应链管理知识 □经济管理知识 □国际化管理知识 □工程知识

□信息知识 □数理统计知识 □其他

第 13 题 您认为下述什么能力对于从事供应链管理工作至关重要 [多选题]

□问题分析能力 □研究能力 □现代工具使用能力 □设计/开发解决方案能力

□项目管理能力 □沟通能力 □其他

第 14 题 请您对下述供应链管理能力进行排序 [排序题]

◎供应链运营管理能力 ◎供应链系统规划与设计能力 ◎供应链实践运作能力

◎供应链协调管理能力 ◎供应链信息管理能力 ◎供应链金融与风险管理能力

第 15 题 您希望贵单位招聘的供应链管理专业大学生应具备哪些素质战略思维 [多选题]

□国际化专业视野 □职业规范 □可持续发展和社会责任 □个人和团队

□擅长谈判和协作 □创新意识和创新精神 □终身学习 □其他

第 16 题　贵单位开展供应链管理培训的主要途径有　　[多选题]

□邀请专家到企业培训　□企业内训　□员工外出培训　□网络课程学习

□无相关培训　□其他

第 17 题　您认为大学毕业生不能很快胜任供应管理工作的主要原因是什么

[多选题]

□供应链管理知识不够　□实践经验不足　□对行业不够了解　□基本素质培养不够

□其他

第 18 题　贵单位与高校有何合作意向　　[多选题]

□联合进行人才培养　□定向培养　□合作共建实习基地　□招聘毕业生　□其他

第 19 题　请您为供应链管理本科人才培养工作提点建议　　[填空题]

第 20 题　如若贵单位对调查结果感兴趣，请留下您的电子邮箱

附录 2

高校供应链管理本科人才培养调查问卷（高校端）

为更好地了解高校供应链管理人才培养的状况，我们特制定了此调查问卷。烦请您在百忙之中填写以下信息。

贵校名称：[填空题]

1．贵校目前是否已经开设供应链管理专业？[单选题]

□是　□否

2．贵校是否准备申报供应链管理专业？[单选题－跳转]

□是　□否

3．贵校供应链管理专业申报时间是（　　）[单选题－跳转]

□2017 年之前　□2017 年　□2018 年　□2019 年　□2020 年　□2021 年

4．贵校供应链管理专业目前在校学生人数是：[填空题]

5．贵校的供应链管理专业所属的院系是：[填空题]

6．贵校的供应链管理专业高考招生选科是（　　）[单选题]

□物理　□历史　□不提科目要求　□自主招生

7．贵校供应链管理专业的人才培养定位是（　　）　[多选题]

□供应链物流管理　□供应链协同运营管理　□供应链信息管理

□供应链系统规划与设计　□供应链金融领域服务与应用分析

□供应链数据分析与决策　□其他

8．贵校供应链管理专业的培养方向及定位能否满足该行业的人才需求？

[滑动条]

9．贵校供应链管理专业的课程设置是否满足人才培养目标的需要？　[滑动条]

10．贵校供应链管理专业的人才培养毕业总学分是______，实践环节占比大约为____%，专业核心课程有___门。请列出贵校开课计划中最主要的三门专业核心课程_________、________、________，最主要的三门基础课程________、________、________。[填空题]

11．贵校供应链管理专业依托的主干学科是（　　）　[多选题]

□工商　□物流管理与工程　□其他

12．贵校在供应链管理专业建设中是否开展学科交叉？　[单选题]

□是　□否

13．贵校在供应链管理专业建设中的交叉学科主要是（　　）　[多选题]

□传统文科自身交叉融合　□传统文科与社会科学交叉融合　□文科与工科交叉融合　□文科与农科交叉融合　□文科与理科交叉融合

14．您认为贵校的供应链管理专业对学生的能力要求有哪些，并按照重要程度排序（　　）　[排序题]

◎专业知识　◎应用实践能　◎基础知识　◎项目管理能力　◎交叉融通能力　◎沟通表达能力　◎思想政治素养　◎终身学习能力　◎身心素质　◎思辨能力　◎“双创”能力◎其他

15．贵校的供应链管理专业是否开展校企合作项目（　　）　[单选题]

□是　□否

16．贵校供应链管理专业合作企业的项目开展类型是（　　）　[多选题]

□讲座　□课程共建　□指导学生专业比赛　□产学研合作　□实习实践　□其他

17．贵校的供应链管理专业的合作企业性质是（　　）　[多选题]

□国有企业　□民营企业　□外资或合资企业　□政府机构或科研单位　□其他

18．贵校的供应链管理专业毕业生就业方向是（　　）　　[多选题]

□计划岗位　□采购岗位　□库存分析岗位　□运营管理岗位　□供应链技术支持岗位　□供应链信息管理　□其他

19．您认为贵校在供应链管理专业人才培养方面存在的困难主要有：　　[填空题]

20．您对培养供应链管理专业人才的建议是：　　[填空题]

21．贵校供应链管理专业的人才培养定位是（　　）　　[多选题]

□供应链物流管理　□供应链协同运营管理　□供应链信息管理　□供应链系统规划与设计　□供应链金融领域服务与应用分析　□供应链数据分析与决策　□其他

22．贵校未申报供应链管理专业的原因是：____________________　　[填空题]

参考文献

一、学术著作

[1] 马士华. 供应链管理（第二版）[M]. 武汉：华中科技大学出版社，2014.

[2] 马士华，林勇. 供应链管理（第六版）[M]. 北京：机械工业出版社，2020.

[3] 益达（广州）教育科技有限公司，益达供应链管理（广州）有限公司，深圳市怡亚通益达教育服务有限公司. 智慧供应链人才培养教程[M]. 北京：中国财富出版社，2018.

[4] 国家电网有限公司. 现代智慧供应链创新与实践[M]. 北京：中国电力出版社，2020.

[5] 文丹枫，周鹏辉. 智慧供应链：智能化时代的供应链管理与变革[M]. 北京：电子工业出版社，2019.

[6] 王先庆. 新零售时代的供应链变革与机遇[M]. 北京：中国经济出版社，2019.

[7] 陈晓华，吴家富. 供应链金融[M]. 北京：人民邮电出版社，2018.

[8] 辛童. 采购与供应链管理：苹果、华为等供应链实践者[M]. 北京：化学工业出版社，2018.

[9] 陈英，钟林. 供应链管理理论与实践创新研究[M]. 天津：天津科学技术出版社，2019.

[10] 计国君，蔡远游. 供应链管理[M]. 厦门：厦门大学出版社，2012.

[11] 张成考. 基于循环经济的生态供应链管理[M]. 徐州：中国矿业大学出版社，2007.

[12] 辛童. 华为供应链管理[M]. 杭州：浙江大学出版社，2020.

[13] 李健，侯书生. 协同与共赢：企业的供应链管理[M]. 成都：四川大学出版社，2016.

[14] 姚建明. 战略供应链管理[M]. 北京：中国人民大学出版社，2014.

[15] 刘宝红. 采购与供应链管理：一个实践者的角度（第三版）[M]. 北京，机械工业出版社，2019.

[16] 刘宝红. 供应链管理：高成本、高库存、重资产的解决方案[M]. 北京：机械工业出版社，2016.

[17] 唐隆基，潘永刚. 数字化供应链：转型升级路线与价值再造实践[M]. 北京：人民邮电出版社，2021.

[18] 黄滨. 透明数字化供应链[M]. 北京：人民邮电出版社，2019.

[19] 柳荣. 新物流与供应链管理[M]. 北京：人民邮电出版社，2020.

[20] 韩胜建. 大数据赋能供应链管理[M]. 北京：机械工业出版社，2022.

[21] 林庆. 物流 3.0:“互联网+”开启智能物流新时代[M]. 北京:人民邮电出版社，2017.

[22] 王先庆. 智慧物流:打造智能高效的物流生态系统[M]. 北京:电子工业出版社，2019.

[23] 童芸芸. 新工科背景下应用型人才培养教育研究及教学改革[M]. 杭州：浙江大学出版社，2018.

[24] 潘懋元，吴丽卿，黄锦汉，等. 新编高等教育学[M]. 北京：北京师范大学出版社，2009.

[25] 潘懋元. 应用型本科院校人才培养的理论与实践研究[M]. 厦门：厦门大学出版社，2011.

[26] 孔繁敏. 应用型本科人才培养的实证研究：做强地方本科院校[M]. 北京：北京师范大学出版社，2010.

[27] 吴巧慧，邢培正. 应用型本科人才培养模式研究与实践[M]. 北京：中国轻工业出版社，2011.

[28] 胡璋剑. 应用型人才培养新论[M]. 北京：中国社会科学出版社，2009.

[29] 王立人，顾建民. 国际视野中的本科应用型人才培养[M]. 杭州：浙江大学出版社，2008.

[30] 蔡敬民，陈啸. 走应用型人才培养之路：合肥学院人才培养模式改革与探索[M]. 合肥：安徽大学出版社，2013.

[31] 刘丽建. 我国应用型本科商科课程改革研究[M]. 福州：福建教育出版社，2020.

[32] 刘伟华，李波，彭岩. 智慧物流与供应链管理[M]. 北京：中国人民大学出版社，2022.

[33] [美]唐纳德 • J. 鲍尔索克斯，戴维 • J. 克劳斯，M. 比克斯比 • 库珀，等. 供应链物流管理（第四版）[M]. 马士华，张慧玉，北京：机械工业出版社，2014.

[34] [美]约翰 • J. 科伊尔，C. 小约翰 • 兰利，罗伯特 • A. 诺华克，等. 供应链管理：物流视角[M]. 宋华，王岚，译. 北京：清华大学出版社，2021.

[35] [美]迈克尔 • H. 胡格斯. 供应链管理精要（第三版）[M]. 刘怡，译. 北京：人民邮电出版社，2018.

[36] [英]马丁 •克里斯托弗. 物流竞争：后勤与供应链管理[M]. 马越，马月才，译. 北京：北京出版社，2001.

[37] [丹]赫伯特 • 科扎布，[德]斯蒂芬 • 苏瑞，[德]马丁 • 穆勒，等. 供应链管理研究方法论[M]. 刘彦平，译. 天津：南开大学出版社，2013.

[38] [美]塞西尔 • 博扎思，罗伯特 • 汉德菲尔德. 运营与供应链管理[M]. 邵晓峰，译. 北京：中国人民大学出版社，2014.

[39] [英]肯尼斯 • 莱桑斯，布莱恩 • 法林顿. 采购与供应链管理（原书第 9 版）[M]. 胡海清，译. 北京：机械工业出版社，2018.

[40] [日]野中郁次郎，竹内弘高. 拥有智慧的企业：企业持续创新之道[M]. 陈劲，姜智勇，译. 北京：人民邮电出版社，2021.

[41] [美]供应链管理专业协会（CSCMP），娜达 • 桑德斯. 供应链运营管理：流程协同，打造高绩效、强竞争供应链体系[M]. 荣岩，译. 北京：人民邮电出版社，2020.

[42] [美]苏尼尔 • 乔普拉，彼得 • 迈因德尔. 供应链管理：战略、计划和运作[M]. 刘曙光，吴秀云，译. 北京：清华大学出版社，2014.

[43] [美] 马克 • 穆恩. 供应链与需求管理：精准预测需求与高效匹配供需[M]. 高雪洁，译. 北京：人民邮电出版社，2020.

[44] [美]保罗 •迈尔森. 供应链精益管理：技术赋能，打造低成本、高效率供应链体系[M]. 徐珏，译. 北京：人民邮电出版社，2020.

二、期刊论文

（一）中文期刊论文

[1] 刘海峰，韦骅峰. 高瞻远瞩：中国高教 2035 与世界高教 2050[J]. 高等教育研究，2021，42（07）：1-10.

[2] 何明珂. 供应链管理的兴起：新动能、新特征与新学科[J]. 北京工商大学学报（社会科学版），2020，35（03）：1-12.

[3] 董泽芳. 高校人才培养模式的概念界定与要素解析[J]. 大学教育科学，2012（03）：30-36.

[4] 齐军领，孟庆春. 供应链管理培养体系探究[J]. 物流技术，2019，38（07）：144-151.

[5] 潘懋元，董立平. 关于高等学校分类、定位、特色发展的探讨[J]. 教育研究，2009，30（02）：33-38.

[6] 史秋衡，张纯坤. 数智时代大学教学范式的革新：虚拟与现实的融合[J]. 高校教育管理. 2022，16（03）：24-31, 90.

[7] 蔡真亮，陈民伟，吕慈仙. 高校延伸至县域办学的现象分析——基于“推拉理论”的视角[J]. 中国高教研究，2017（10）：31-34, 46.

[8] 吴康宁. 人才培养：强化大学的根本职能[J]. 江苏高教，2017（12）：1-4.

[9] 黄有方. 推进管理学领域新文科建设的方向与举措[J]. 中国高等教育，2021（1）：17-19.

[10] 刘志学，付国庆，许泽勇. 物流管理与供应链管理的比较[J]. 计算机集成制造系统，2004（S1）：126-130.

[11] 邱康伟. ERP 的企业人才培养创新模式探析[J]. 人才资源开发，2021（06）：74-75.

[12] 刘洋，温必成. 基于人才供应链管理的国企人才培养策略研究与实践[J]. 企业改革与管理，2020（24）：66-69.

[13] 李醇，卢玲. 企业后备人才培养与内部人才供应链建设研究[J]. 湖北经济学院学报（人文社会科学版），2020，17（02）：53-55.

[14] 黄颖，王金慧. 供应链管理专业人才培养之中美比较[J]. 物流科技，2019，42（09）：140-144.

[15] 王秀梅，钟肖英. 物流与供应链金融职位特征和人才需求研究——基于三大招聘网站招聘信息的分析[J]. 物流工程与管理，2021，43（02）：166-170.

[16] 彭纯军. 需求导向的高职采购与供应链管理人才培养模式探寻[J]. 职业教育研究，2013（06）：31-33.

[17] 王长琼，黄花叶，申文. 基于创造性理论的供应链管理人才培养与教学改革研究[J]. 科技创业月刊，2015，28（09）：74-75.

[18] 林强. 西部内陆高校供应链管理专业人才培养路径与模式研究[J]. 物流工程与管理，2020，42（09）：169-172.

[19] 王波，刘建功，李海燕. 融合供应链管理与金融创新的人才培养课程建设——以供应链金融课程为例[J]. 物流工程与管理，2019，41（09）：161-163，175.

[20] 朱文娟. 基于应用型人才培养的供应链管理课程教学改革[J]. 物流技术，2019，38（03）：152-155.

[21] 陈勇，于斌，李琰芬. 基于智慧供应链的虚拟仿真现实实训平台建设[J]. 电子技术与软件工程，2021（04）：56-58.

[22] 蔡建湖，宣丽园，倪瑛，等. 面向供应链管理人才培养的"互联网+"学习平台建设研究[J]. 科技与经济，2019，32（06）：51-55.

[23] 董欣，牟韦霖. 供应链管理国际化人才培养研究[J]. 合作经济与科技，2016（01）：128-129.

[24] 潘鹏. 基于国际化视野下物流专业人才培养模式探索[J]. 中国商论，2018（13）：11-12.

[25] 苏定东. 外贸服务供应链专业人才培养模式研究[J]. 现代企业教育，2014（22）：207-208.

[26] 吴迪，官毅. 基于产学协同的供应链管理人才培养探索[J]. 物流科技，2021，44（05）：172-175.

[27] 林青秀. 基于职业能力培养的"供应链管理"课程改革[J]. 科技与创新，2021（05）：74-76，79.

[28] 王晓艳. 美国高校供应链人才培养的借鉴与思考[J]. 应用型高等教育研究，2018，3（04）：90-95.

[29] 王金圣. 供应链及供应链管理理论的演变[J]. 财贸研究，2003（03）：64-69.

[30] 井文，匡瑛. 我国本科职业教育专业设置的逻辑机理与管理机制——基于类型教育的视角[J]. 中国职业技术教育，2021（15）：13-20.

[31] 苏庆义. 疫情过后的全球供应链发展趋势[J]. 中国外汇，2020（09）：18-19.

[32] 刘振中. 构建以我为重心的"3+2"区域供应链体系[J]. 中国发展观察，2021（16）：19-22.

[33] 朱庆华，尉芳芳. 动态环境下可持续供应链管理研究[J]. 供应链管理，2020，1（12）：

32-47.

[34] 洪群联，李子文，刘振中，等. 推动构建现代供应链的若干思考（笔谈）[J]. 宏观经济研究，2019（07）：107-126.

[35] 李旭章. 以双循环格局促产业链供应链升级[J]. 人民论坛，2020（23）：92-94.

[36] 段沛右，于芮华，郭振金. 供应链体系建设协同双循环创新发展的思考[J]. 物流科技，2020，43（11）：140-142，170.

[37] 万凤娇. 企业需求导向下的供应链管理人才培养模式探讨[J]. 物流技术，2020，39（06）：134-138.

[38] 詹川，龚英，杨婷婷. 大数据视角下供应链人才需求分析及其在重大疫情下变化趋势的研究[J]. 供应链管理，2020，1（09）：14-20.

[39] 黄晓地，王晓艳，宋玉军. 面向“数智”驱动的智慧型供应链本科人才培养思考[J]. 应用型高等教育研究，2021，6（03）：48-55.

[40] 胡占君，胡伟. 质量为本　特色立校　创办特色鲜明的精品型大学——访北京物资学院院长谭向勇[J]. 北京教育（高教版），2007（02）：14-16.

[41] 吴海民，王建军. “第四利润源”研究的理论与实践：一个文献综述[J]. 产经评论，2013，4（02）：92-100.

[42] 梅艺华. 基于演化经济学的供应链管理专业设置区域布局分析[J]. 供应链管理，2020，1（08）：86-96.

[43] 陈金亮，姜峰. 基于商学大类招生的供应链管理专业人才培养模式研究[J]. 供应链管理，2021，2（10）：70-78.

[44] 杨大刚. 共建枢纽平台第二课堂培养人才的实践与思考[J]. 中国教育学刊，2015（S1）：151-152.

[45] 马彪，陈婕. “企业家辅导员”激励机制在民办高校中的应用与探索[J]. 人才资源开发研究，2019（08）：38-40.

[46] 任莹莹，姚琪，范瑾，等. 新文科背景下供应链管理专业建设思路[A]. 第二十届全国高校物流专业教学研讨会暨物流与供应链产教融合创新发展高峰论坛会议手册，广西桂林，2021-07-30：242-247.

[47] 陈晖. 供应链背景下产教融合共育新商科人才的实践探索——以厦门华厦学院为例[J]. 物流工程与管理，2018，40（10）：145-146，155.

[48] 张忠华. 关于大学课程设置的三个问题[J]. 大学教育科学，2011（06）：30-34.

[49] 刘强. 中国高校通识教育价值理念与实践逻辑的有效建构[J]. 当代教育论坛，2020（01）：105-113.

[50] 吴婷婷. 职业教育校企合作失灵的表现、成因与管理调适[J]. 教育与职业，2018（19）：33-40.

[51] 吕忠达，段肖阳，王家荣. 论地方高校产教融合障碍及其破解之道[J]. 高等教育评论，2021，9（01）：241-247.

[52] 吴岩. 高等教育公共治理与“五位一体”评估制度创新[J]. 中国高教研究，2014（12）：14-18.

[53] 陈民伟，林宇虹. 供应链人才应用型本科教育的探索与经验[J]. 供应链管理，2021，2（09）：59-68.

[54] 刘小卉. 美国大学供应链管理/物流专业本科教育探析[J]. 上海第二工业大学学报，2015，32（02）：156-163.

[55] 托马斯·维默尔，刘荔. 供应链管理：杰出而专业的德国制造[J]. 中国流通经济，2014，28（04）：9-13.

[56] 刘伟华，蔡幼馨. 推进智慧供应链创新与应用的配套政策研究[J]. 供应链管理，2021，2（07）：5-15.

[57] 沈黎勇，齐书宇，费兰兰. 高校产教融合背景下人才培育困境化解：基于 MIT 工程人才培养模式研究[J]. 高等工程教育研究，2021（06）：146-151.

[58] 陈刚，付江月. 物流与供应链管理本科课程教学模式改革探索[J]. 物流工程与管理，2020，42（02）：152-154.

[59] 刘朝晖. 学分银行理念下高职院校“1+X”证书制度运行机制探索[J]. 广东农工商职业技术学院学报，2020，36（04）：16-18.

[60] 蔡进. 中国绿色供应链管理发展呈现六大发展趋势[N]. 现代物流报，2021-11-17（001）.

[61] 白非，万圆. 校企协同实践教学体系：内涵、路径与关键问题[J]. 现代教育管理，2014（10）：85-90.

[62] 潘懋元，周群英. 从高校分类的视角看应用型本科课程建设[J]. 中国大学教学，2009（03）：4-7.

[63] 陈民伟，毛雅菲. 产教融合理念的认知和实践——以厦门华厦学院物流工程专业为例[J]. 物流工程与管理，2017，39（02）：182-184，144.

[64] 李盼道，王金金. 基于人才培养供给侧与产业发展需求侧匹配性的产教融合政策研究[J]. 重庆交通大学学报（社会科学版），2020，113（04）：60-70.

[65] 原冰. 基于“产教融合、协同育人”物流专业应用型人才培养模式创新研究[J]. 物流科技，2022，45（02）：183-185.

[66] 郝燕. 数字经济时代应用型大学供应链人才培养课程设置研究[J]. 营销界，2021（28）：51-52.

[67] 万强，侯清锋，高磊，等. 基于专业认证的供应链管理在职培训途径研究[J]. 航天工业管理，2020（11）：6-10.

[68] 万凤娇. 企业需求导向下的供应链管理人才培养模式探讨[J]. 物流技术，2020，39（06）：134-138.

[69] 覃川. 1+X 证书制度：促进类型教育内涵发展的重要保障[J]. 中国高教研究，2020，（01）：104-108.

[70] 郝天聪，石伟平. 从松散联结到实体嵌入：职业教育产教融合的困境及其突破[J]. 教育研究，2019，40（07）：102-110.

[71] 杜怡萍，李海东，詹斌. 从“课证共生共长”谈 1+X 证书制度设计[J]. 中国职业技术教育，2019（04）：9-14.

[72] 石伟平，郝天聪. 从校企合作到产教融合——我国职业教育办学模式改革的思维转向[J]. 教育发展研究，2019，39（01）：1-9.

[73] 庄西真. 产教融合的内在矛盾与解决策略[J]. 中国高教研究，2018（09）：81-86.

[74] 唐未兵，温辉，彭建平. “产教融合”理念下的协同育人机制建设[J]. 中国高等教育，2018（08）：14-16.

[75] 陈光磊，张婕. 地方本科院校建设应用型高校的转型路径研究[J]. 高校教育管理，2017，11（03）：66-72.

[76] 王芳. 基于供给侧改革的高校应用型人才培养[J]. 江苏高教，2016（05）：103-106.

[77] 柳友荣，项桂娥，王剑程. 应用型本科院校产教融合模式及其影响因素研究[J]. 中国高教研究，2015（05）：64-68.

[78] 王丹中. 基点·形态·本质：产教融合的内涵分析[J]. 职教论坛，2014（35）：79-82.

[79] 杨善江. 产教融合：产业深度转型下现代职业教育发展的必由之路[J]. 教育与职业，2014（33）：8-10.

[80] 陈年友，周常青，吴祝平. 产教融合的内涵与实现途径[J]. 中国高校科技，2014（08）：40-42.

[81] 徐同文，陈艳. 英国大学应用型人才培养机制探析及启示[J]. 高等工程教育研究，2013（04）：111-115.

[82] 马建荣. 论应用型本科人才培养目标下的课程教学设计——从学科逻辑向问题逻辑转化的视角[J]. 中国高教研究，2011（04）：88-91.

[83] 张新跃，董世洪，周金其，等. 本科应用型创新人才培养模式的思考[J]. 教育发展研究，2008（Z1）：122-124.

[84] 任淑淳，杨俊和. 应用技术型本科人才培养研究[J]. 教育发展研究，2004（12）：95-97.

[85] 胡青华. 应用型大学转型背景下“产教融合、校企合作”人才培养模式的路径选择[J]. 沈阳工程学院学报（社会科学版），2017，13（02）：235-239.

[86] 李政，徐国庆. 现代学徒制：应用型创新人才培养的有效范式[J]. 江苏高教，2016（04）：137-142.

[87] 刘献君. 应用型人才培养的观念与路径[J]. 中国高教研究，2018（10）：6-10.

[88] 凤权. OBE教育模式下应用型人才培养的研究[J]. 安徽工程大学学报，2016，31（03）：81-85，95.

[89] 薛玉香，王占仁. 地方高校应用型人才培养特色研究[J]. 高等工程教育研究，2016（01）：149-153.

[90] 马小南，韩萍. 应用型人才培养的教学与评价体系构建[J]. 中国高等教育，2016（Z1）：60-63.

[91] 陈啸. 突破学科定势：高等学校转型发展的一个新视角——兼论重构能力导向的应用型人才培养体系[J]. 中国大学教学，2015（02）：21-25.

[92] 刘海峰，顾永安. 我国应用技术大学战略改革与人才培养要素转型[J]. 职业技术教育，2014，35（10）：11-16.

[93] 吴中江，黄成亮. 应用型人才内涵及应用型本科人才培养[J]. 高等工程教育研究，2014（02）：66-70.

[94] 眭平. 基于应用创新性人才培养的创新教育实践[J]. 中国高教研究，2013（08）：89-92.

[95] 陈爽. 应用型人才培养模式的实验教学改革[J]. 实验室研究与探索，2012，31（08）：1-3，38.

[96] 张德江. 应用型人才培养的定位问题及模式探析[J]. 中国高等教育，2011（18）：24-26.

[97] 魏朱宝，刘红. “错位”与“重构”——应用型人才培养方案设计的思考[J]. 中国大学教学，2011（07）：79-81.

[98] 周德俭，莫勤德. 地方普通高校应用型人才培养方案改革应注意的问题[J]. 现代教育管理，2011（03）：63-67.

[99] 周德俭，李创第，刘昭明. 地方院校面向应用本科人才培养的实践教学体系构建与实践[J]. 黑龙江高教研究，2011（03）：165-167.

[100] 杨兴林. 地方高校应用型人才培养模式应着力四个转变[J]. 扬州大学学报（高教研究版），2011，15（01）：3-7.

[101] 张世英. 新建本科院校应用型人才培养的研究与探索[J]. 中国大学教学，2011（02）：9-11.

[102] 张士献，李永平. 本科应用型人才培养模式改革研究综述[J]. 高教论坛，2010（10）：5-8.

[103] 王小虎，王乐乐，李晓辉. 产学研合作教育：应用型人才培养的重要途径[J]. 现代教育科学，2010（09）：173-175.

[104] 钱国英，马建荣，林怡. 本科应用型人才培养的定位与教学组织设计——浙江万里学院的实践[J]. 中国高教研究，2010（01）：84-86.

[105] 吴忠权. 地方新建本科院校人才培养目标定位及模式构建——基于应用型人才培养的思考[J]. 河北师范大学学报（教育科学版），2009，11（10）：49-54.

[106] 吴耀兴，陈政辉. 论应用型人才培养的内涵及策略[J]. 黑龙江高教研究，2008（12）：123-125.

[107] 黄彬，姚宇华. 新工科现代产业学院：逻辑与路径[J]. 高等工程教育研究，2019（06）：37-43.

[108] 刘国买，何谐，李宁，等. 基于“三元融合”培养应用型人才：新型产业学院的建

设路径[J]. 高等工程教育研究，2019（01）：62-66，98.

[109] 朱为鸿，彭云飞. 新工科背景下地方本科院校产业学院建设研究[J]. 高校教育管理，2018，12（02）：30-37.

[110] 陈国龙，林清泉，孙柏璋. 高校产业学院改革试点的探索[J]. 中国高校科技，2017（12）：44-46.

[111] 励效杰. 产业学院的制度逻辑及其政策意义[J]. 职业技术教育，2015，36（31）：49-52.

[112] 管天球. 地方高校本科应用型人才培养模式研究与实践[J]. 中国高等教育，2008（Z3）：69-70.

[113] 蔡敬民，魏朱宝. 应用型人才培养的思考与实践——以合肥学院为例[J]. 中国大学教学，2008（06）：14-15，21.

[114] 张洪田，孟上九，秦进平，等. 应用型人才培养体系的探索与实践[J]. 中国高教研究，2008（02）：86-88.

[115] 陈小虎. “应用型本科教育”：内涵解析及其人才培养体系建构[J]. 江苏高教，2008（01）：86-88.

[116] 周洪波，周平，黄贤立. OBE 理念下应用型本科人才培养方案的构建[J]. 高教学刊，2018（10）：76-78.

[117] 常汉东. 地方本科院校应用型人才培养的课程模式构建[J]. 黑龙江高教研究，2007（11）：55-57.

[118] 庄华洁，周金其. 本科应用型人才培养模式的研究与实践——浙江大学城市学院教学改革创新纪实[J]. 高等教育研究，2004（06）：108-109.

[119] 李兴旺. 应用型人才培养的课程模式研究与实践[J]. 中国高教研究，2004（05）：54-55.

[120] 张应强. 从政策到行动：建设一流本科教育需要面对的关键性问题[J]. 江苏高教，2019（09）：1-7.

[121] 眭依凡. 一流本科教育改革的重点与方向选择——基于人才培养的视角[J]. 现代教育管理，2019（06）：1-10.

[122] 林健. 一流本科教育：建设原则、建设重点和保障机制[J]. 清华大学教育研究，2019，40（02）：1-10.

[123] 林健. 一流本科教育：认识问题、基本特征和建设路径[J]. 清华大学教育研究，2019，40（01）：22-30.

[124] 王洪才. 一流本科教育的内涵、特征与建设[J]. 中国高教研究，2019（01）：11-15.

[125] 陈宝生. 坚持“以本为本” 推进“四个回归” 建设中国特色、世界水平的一流本科教育[J]. 时事报告（党委中心组学习），2018（05）：18-30.

[126] 陈骏. 一流人才与一流本科教育：理念、问题与方向[J]. 中国高教研究，2018（03）：4-7.

[127] 别敦荣. 一流本科教育的特征与实践走势[J]. 山东高等教育，2017，5（01）：6-14.

[128] 柳友荣. “一流本科教育”辨正[J]. 中国高教研究，2016（07）：21-24.

[129] 张大良. 创建具有中国特色世界水平的一流本科教育[J]. 中国高教研究，2016（06）：1-4.

[130] 钟秉林，方芳. 一流本科教育是“双一流”建设的重要内涵[J]. 中国大学教学，2016（04）：4-8，16.

[131] 龙宝新. 中国新文科的时代内涵与建设路向[J]. 南京社会科学，2021（01）：135-143.

[132] 黄启兵，田晓明. “新文科”的来源、特性及建设路径[J]. 苏州大学学报（教育科学版），2020，8（02）：75-83.

[133] 樊丽明. “新文科”：时代需求与建设重点[J]. 中国大学教学，2020（05）：4-8.

[134] 段禹，崔延强. 新文科建设的理论内涵与实践路向[J]. 云南师范大学学报（哲学社会科学版），2020，52（02）：149-156.

[135] 李凤亮. 新文科：定义·定位·定向[J]. 探索与争鸣，2020（01）：5-7.

[136] 陶东风. 新文科新在何处[J]. 探索与争鸣，2020（01）：8-10.

[137] 陈凡，何俊. 新文科：本质、内涵和建设思路[J]. 杭州师范大学学报（社会科学版），2020，42（01）：7-11.

[138] 安丰存，王铭玉. 新文科建设的本质、地位及体系[J]. 学术交流，2019（11）：5-14，191.

[139] 樊丽明，杨灿明，马骁，等. 新文科建设的内涵与发展路径（笔谈）[J]. 中国高教研究，2019（10）：10-13.

[140] 张俊宗. 新文科：四个维度的解读[J]. 西北师大学报（社会科学版），2019，56（05）：13-17.

[141] 周毅，李卓卓. 新文科建设的理路与设计[J]. 中国大学教学，2019（06）：52-59.

[142] 别敦荣. 学科建设与人才培养[J]. 大学与学科，2020，1（01）：37-40.

[143] 周丽娜. 供应链管理环境下企业物流管理[J]. 北方经贸，2009（04）：62-65.

[144] 王凡. 教育生态学视域下地方本科院校工程教育人才培养模式改革思考[J]. 南阳理工学院学报，2022，14（01）：90-96.

[145] 洪群联，李子文，刘振中，等. 推动构建现代供应链的若干思考（笔谈）[J]. 宏观经济研究，2019（07）：107-126.

（二）外文期刊论文

[1] Van Hoer RI. Logistics Education：Achieving Market and Research Driven Development[J]. *Physical Distribution & Logistics Management*，2001，31（07）：505-519.

[2] Heather L，Laura B. Logistics education：A Look at the Current State of the Art and Science[J]. *Supply Chain Management*，2013（18）：455-467.

[3] David Swanson，Lakshmi Goel，Kristoffer Francisco，et al. Applying Theories from Other Disciplines to Logistics and Supply Chain Management：A Systematic Literature Review[J]. *Transportation*，2017，56（03）：299-356.

[4] Marc Wouters，James C. Anderson，James A. Narus，et al. Improving Sourcing Decisions in NPD Projects：Monetary Quantification of Points of Difference[J]. *Operations Management*，2008，27（01）：64-77.

[5] Haisheng Yu，Amy Z. Zeng，Lindu Zhao. Single or Dual Sourcing：Decision-making in the Presence of Supply Chain Disruption Risks[J]. *Omega*，2008，37（04）：788-800.

[6] Arnab Basu，Tarun Jain，Jishnu Hazra. Supplier Selection Under Production Learning and Process Improvements[J]. *Production Economics*，2018（08）：15.

[7] Junjian Wu，Haiyan Wang，Jennifer Shang. Multi-sourcing and Information Sharing Under Competition and Supply Uncertainty[J]. *Operational Research*，2019，278（02）：658-671.

[8] M. Hajian Heidary，A. Aghaie. Risk Averse Sourcing in A Stochastic Supply Chain：A Simulation-optimization Approach[J]. *Computers & Industrial Engineering*，2019，130：62-74.

[9] Stephan M. Wagner，Pan Theo Grosse-Ruyken，Feryal Erhun. Determinants of Sourcing Flexibility and Its Impact on Performance[J]. *Production Economics*，2018，205：329-341.

[10] Jie Yang，Hongming Xie，Guangsheng Yu，et al. Achieving A Just - in - time Supply Chain：The Role of Supply Chain Intelligence[J]. *Production Economics*，2021，231：107-118.

[11] Changhui Yang，Ruixia Yang，Tingting Xu，et al. Negotiation Model and Tactics of Manufacturing Enterprise Supply Chain Based on Multi-agent[J]. *Theoretical Population Biology*，2018，125：168-182.

[12] Mohammadreza Sinayi，Morteza Rasti-Barzoki. A Game Theoretic Approach for Pricing，Greening，and Social Welfare Policies in A Supply Chain with Government Intervention[J]. *Electronic Commerce Research and Applications*，2020，39（C）：1443-1458.

[13] RJ Juan，FL Raquel，RJ Maria. Understanding the Generation of Value along Supply Chains：Balancing Control Information and Relational Governance Mechanisms in Downstream and Upstream Relationships[J]. *Sustainability*. 2017（08）：148-157.

[14] M Punniyamoorthy，N Thamaraiselvan，L Manikandan. Assessment of Supply Chain Risk：Scale Development and Validation[J]. *Benchmarking*，2013（01）：79-105.

[15] LE Jraisat，IH Sawalha. Quality Control and Supply Chain Management：A Contextual Perspective and A Case Study[J]. *Supply Chain Management*. 2013（02）：194-207.

[16] M Segovia-Villarreal，R Florez-Lopez，JM Ramon-Jeronimo. Berry Supply Chain Management：An Empirical Approach[J]. *Sustainability*. 2019（10）：286-292.

[17] Ming-Lang Tseng，Md Shamimul Islam，Noorliza Karia，et al. A Literature Review on Green Supply Chain Management：Trends and Future Challenges[J]. *Resources，Conservation & Recycling*，2019，141：145-162.

[18] Pik-Yin Foo，Voon-Hsien Lee，Garry Wei-Han Tan，et al. A Gateway to Realising Sustainability Performance Via Green Supply Chain Management Practices：A PLS - ANN Approach[J]. *Expert Systems With Applications*，2018，107：1-14.

[19] Luiza Cunha，Paula Ceryno，Adriana Leiras. Social Supply Chain Risk Management：A Taxonomy，A Framework and A Research Agenda[J]. *Cleaner Production*，2019，220：1101-1110.

[20] I Konovalenko，A Ludwig. Event Processing In Supply Chain Management - The Status Quo and Research Outlook[J]. *Computers in Industry*，2019，105：229-249.

[21] Tortorella Guilherme Luz，Miorando Rogério，Marodin Giuliano. Lean Supply Chain management：Empirical Research on Practices，Contexts and Performance[J]. *Production Economics*，2017，193：98-112.

[22] Minhao Zhang，Ying Kei Tse，Bob Doherty，et al. Sustainable Supply Chain Management：Confirmation of A Higher-order Model[J]. *Resources，Conservation & Recycling*，2018，128：206-221.

[23] Merve Er Kara，Seniye Ümit Oktay Fırat，Abhijeet Ghadge. A Data Mining-based Framework for Supply Chain Risk Management[J]. *Computers & Industrial Engineering*，2020，139：105-112.

[24] Carol J. Robinson，Manoj K. Malhotra. Defining the Concept of Supply Chain Quality Management and Its Relevance to Academic and Industrial Practice[J]. *Cleaner Production*，2019，220：315-337.

[25] Per J. Agrell，Adel Hatami-Marbini. Frontier-based Performance Analysis Models for Supply Chain Management：State of the Art and Research Directions[J]. *Omega*，2018，79：567-583.

[26] G. J. Hahn，H. Kuhn. Value-based Performance and Risk Management in Supply Chains：A Robust Optimization Approach[J]. *Resources，Conservation & Recycling*，2018，128：135-144.

三、学位论文

[1] 徐军伟. 县域办学：浙江省高等教育第三次布局调整研究[D]. 厦门：厦门大学，2018.

[2] 吴盼秋. “三链”视角下太康县肉牛产业发展问题研究[D]. 郑州：河南工业大学，2021.

[3] 裘宏志. 博爱电子商务产业园运营策略研究[D]. 洛阳：河南科技大学，2019.

[4] 惠文静. 电商模式下“互联网+现代农业”前景研究[D]. 咸阳：西北农林科技大学，2016.

[5] 徐亮. 来安县物流产业与经济增长关系研究[D]. 合肥：安徽大学，2011.

[6] 姚奇富. 高职院校县域办学模式与机制研究[D]. 厦门：厦门大学，2019.